社科文库

SHOUDU WENHUA JINGZHENGLI YANJIU

# 首都文化
# 竞争力研究

刘瑾 著

中国社会科学出版社

**图书在版编目（CIP）数据**

首都文化竞争力研究／刘瑾著．—北京：中国社会科学出版社，2015.8
（社科文库）
ISBN 978 - 7 - 5161 - 6406 - 8

Ⅰ.①首…　Ⅱ.①刘…　Ⅲ.①城市—文化—竞争力—研究—北京市
Ⅳ.①C912.81

中国版本图书馆 CIP 数据核字（2015）第 146955 号

| | |
|---|---|
| 出 版 人 | 赵剑英 |
| 选题策划 | 刘　艳 |
| 责任编辑 | 刘　艳 |
| 责任校对 | 陈　晨 |
| 责任印制 | 戴　宽 |

| | |
|---|---|
| 出　　版 | 中国社会科学出版社 |
| 社　　址 | 北京鼓楼西大街甲 158 号 |
| 邮　　编 | 100720 |
| 网　　址 | http://www.csspw.cn |
| 发 行 部 | 010 - 84083685 |
| 门 市 部 | 010 - 84029450 |
| 经　　销 | 新华书店及其他书店 |

| | |
|---|---|
| 印刷装订 | 三河市君旺印务有限公司 |
| 版　　次 | 2015 年 8 月第 1 版 |
| 印　　次 | 2015 年 8 月第 1 次印刷 |

| | |
|---|---|
| 开　　本 | 710×1000　1/16 |
| 印　　张 | 16.25 |
| 插　　页 | 2 |
| 字　　数 | 301 千字 |
| 定　　价 | 60.00 元 |

# 目　　录

# 导　　论

在当前全球和区域竞争新的背景下，文化转向趋势日益凸显，文化竞争的态势日益激烈。世界上一些国家和城市纷纷提出"文化立国"、"文化立市"的战略思路和构想，如法国、日本、韩国、新加坡等主要国家和伦敦等重要城市，并形成了全球国家和城市之间新的文化秩序。就城市的文化竞争格局而言，既有伦敦、巴黎等传统的文化发达城市继续辐射其文化的影响力，也有首尔、新加坡、香港等城市或国家依靠其有力的文化政策和实践而显现出后起显赫之势，文化对其城市综合竞争力的升级和转型构成强效的支撑，甚至影响到国家文化实力的构建。尤其是一些国家性甚至世界性的首都城市和文化中心城市，如具有代表性的伦敦、巴黎、纽约等，其文化辐射力和控制力不仅超出国界范畴，也对全球范围内的城市文化秩序和格局形成一种中心和枢纽的作用，其显现出来的强大文化实力和竞争力，对于中国的文化强国发展战略中的文化中心城市建设具有十分有益的启示，给首都北京的文化实力发展也带来了强劲的挑战和丰富的借鉴。

我国在2011年召开的党的十七届六中全会上把文化提高到十分关键的地位，把文化软实力和文化强国建设作为国家战略中具有突出意义的命题。2012年党的十八大对于增强国家文化实力和竞争力继续进行了关注和部署，提出推动文化事业全面繁荣、文化产业快速发展，加强重大公共文化工程和文化项目建设、完善公共文化服务体系，构建和发展现代传播体系，扩大文化领域对外开放等推进我国文化竞争力建设的战略路径。更引人注目的是，中央对于首都在我国文化发展中的特殊地位予以了重视。在十七届六中全会形成的《中共中央关于深化文化体制改革推动社会主义文化大发展大繁荣若干重大问题的决定》中，专门明确指出要"发挥首都全国文化中心示范作用"。北京作为中国的首都和文化中心城市，其文化发展在我国具有特殊地位和重要的示范、引领、带动作用。首都文化竞争力的发展问题不仅是首都自身竞争力的重大问题，也是关系到我国在建设文化强国的进程中发挥首都文化中心作用的国家战略组成部分。在此背景下，中共北京市委于 2011 年底通过了《中共北京市委关于发挥文化中心作用加快建设中国特色社会主义先进文化之都的意见》，指明了首都面向新阶段的文化发展目标、定位和内涵，提出了文化精品工程、文化惠民工程、历史文化名城保护和利用工程、文化创新工程、文化创意产业提升工程、文化科技融合工程、网络文明引导工程、文化名家领军工程、文化走出去工程九项重点工程，种种举措对于首都文化竞争力的强化与提升将发挥巨大而积极的作用。

北京作为我国的首都城市和文化中心城市，既是一座具有深厚底蕴和悠久传统的历史文化名城和文化古都，也是一座具有强大活力的现代文化城市；既有一般城市在文化竞争力上的共性构成，还承载着国家首都和意识形态中心在城市文化向度上的功能和延伸；既有国内文化发展格局的要求，也面临着全球范围内国家和城市文化激烈竞争格局的挑战。首都文化竞争力问题对于北京而言具有现实的复杂性和多向度性，其目标、内涵、资源、路径与首都的城市性质、功能、定位、发展方式密切相关，对于首都城市竞争力的综合提高具有十分重要的意义。一方面，首都北京作为一座处于建设和崛起中的文化城市，其文化竞争力表现为在一定基础上进行文化生产和创造、提供文化产品和服务、产生文化吸引力和影响力、发挥文化对区域发展的融合驱动功能的水平和实力，离不开文化基础层、文化提供层、文化表现层、文化传播层、文化影响层、文化扩展层的互动关系和整体组构。另一方面，首都北京文化竞争力的内涵构成还具有首都城市的特殊性和更高层次的要求，应包含面向全国和领先全国的文化服务力、面向国内外的文化枢纽力和文化辐射力、凸显文化中心区位优势的文化集聚和整合力、作为国家意识形态中心和中国特色社会主义文化首都的文化价值策源力、对国家和民族文化的传承力和代表力。

本书围绕当前国家和北京文化建设发展的战略背景，针对首都北京的文化竞争力构成与现状、发展路径与对策问题展开研究。第一章从理论角度论述城市文化竞争力、首都文化竞争力的构成与支撑，并结合实际特征分析首都文化竞争力的内涵与定位。北京的文化竞争力建设在重视一般性的城市文化竞争力的共通要素的基础上，必须紧密结合首都城市、首都文化的特殊性质和内涵、功能，要大力推进城市在文化生产力、文化传播力、文化服务力、文化创新力、文化感召力、文化影响力等方面的能力和水平，也要强调发展作为国家首都与政治中心的文化竞争力、作为服务和辐射全国的文化中心城市的文化竞争力、作为国家和民族的文化名城的竞争力，更全面、系统地坚持与完善首都城市的文化功能，充分挖掘发挥首都的文化潜能与文化功能，坚持首都文化竞争力的科学发展。

第二章以国际语境为背景和借鉴，以伦敦、巴黎、东京、华盛顿四个国际上的重要首都城市和文化发达城市为考察对象，分析其文化竞争力发展的状况与特点，并研究北京文化竞争力的发展问题。其中伦敦、巴黎、东京是英、法、日三大当今世界主要强国的首都和文化中心，是得到公认的四大顶级"世界城市"（World City）中的三个，而华盛顿则是世界上综合国力最强大的美国的首都和具有典型意义的文化城市，它们对于北京推进首都文化建设与发展具有充分的借鉴和启示意义。总体来说，首都文化竞争力的发展要符合首都参与国际首都城市竞争和国家化城市文化竞争的要求与定位，紧密结合首都城市在国家中的特殊性质和功能，要承担作为国家性的文化中心城市的引领、垂范、辐射等作用，要有代表国家文化参与到国际文化传播与竞争中的地位和能力，建设繁荣、发达而具有强大影响力的首都城市文化。在国际首都城市文化竞争的背景格局下，北京要注重结合国家首都的政治功能和文化职能，凸出文化竞争力构建中的价值和意识形态维度；打造国家文化高端，体现国家文化层次与文化高端、文化特色与文化底蕴，发挥首都文化首善之区的垂范作用；引领文化创新，高度重视首都文化的创新竞争力，打造具有全国乃至全球影响力的文化创新引领和辐射基地；强化首都文化资源集聚和整合优化，发挥首都在全国文化发展中的带动作用。

第三章从文化创意产业角度考察其在首都文化竞争力建构提升中的概念演变现状、作用、路径和策略。文化产业的发展水平已经成为我国以及世界的城市文化竞争力中十分关键而引人瞩目的构成，成为文化发达城市普遍带有的特征，成为包括我国众多城市在内的城市文化发展的热点，文化的大发展、大繁荣离不开强大的文化产业支撑。首都北京对于文化产品和内容的供给能力、对于文化辐射力和文化影响力的实现，都需要文化创意产业的支持体系。自20世纪90年代中期以来，北京的文化创意产业发展在全国处于领先和垂范地位，在影视、音乐、演艺、设计创意、广告会展、古玩艺术、文化旅游等若干方面逐渐形成了全国中心地位，形成了几十个具有显著集聚效应和整合优化效应的文化创意产业集聚区。目前，文化创意产业在北京 GDP 中所占的比重已达到各行业领域中的第二位，成为北京的主要支柱产业，凸显出全国文化中心在文化生产和文化市场体系中的强大竞争力，并对推进北京城市转型和发展方式转变以及城市竞争力的综合提升起着更为重大而深远的作用。

第四章从北京公共文化服务的世界水平建设，分析首都在全球的首都城市和文化城市竞争中其竞争力构建的另一重要向度。公共文化服务通过其独特的构成和功能积淀与提升，锻造着城市的文化竞争力。随着公共文化投入、设施、服务等因素在城市文化中的地位日益凸显，公共文化服务在城市文化竞争的研究和实践中得到普遍重视，高水平的公共文化服务建设在城市的文化竞争力构建中也发挥着多维而显著的作用。北京面临着与国际上主要的首都城市和文化发达城市的文化竞争，公共文化服务不仅限于对于城市居民文化均等性、文化共享性的权利和需求的满足，还要瞄准世界水平的高质量的公共文化服务，通过营造城市高度发达的公共文化服务，加大首都的文化投入和文化资源要素的积淀，塑造首都独特而富有魅力的城市文化空间和城市形象，提升首都浓郁厚重的文化气息和文化吸引力，推动对首都文化生产力、文化创新力的激发和优化。

第五章从历史文化传承与弘扬的角度考察首都的文化竞争力问题。北京具有丰富的历史文化遗产和历史文化资源，它们附载着城市的成长信息，承载着城市的历史记忆，诠释着城市的文明演进，标识着城市的文化品格。历史文化积淀是作为历史文化名城、文化古都的北京向世界展现的最具文化竞争力的内容之一，通过发挥历史资源的文化底蕴从而提升文化竞争力不仅是首都一项重要的文化发展战略，也是一个有效的实施路径。面对新世纪的城市文化竞争，北京应继续加大与升级对城市历史文化资源的挖掘和弘扬，突出首都历史文化资源的精品化、特色化、价值化，利用历史资源培育首都文化符号和首都城市魅力，在全球化和城市"文化转向"的视野下深化构建北京文化竞争力在历史文化和本土文化向度的独特来源。

第六章从现代传播体系和城市传播能力建设的角度考察首都文化竞争力的现状与策略。城市的传播力对于承担着文化交流传播中枢功能的首都城市而言是必不可少的方面，影响着首都在国内外文化秩序中的表达力和话语权，国际上许多拥有文化领先实力的首都城市都拥有成熟发达的现代化传播实力。党的十七届六中全会高度重视发展现代传播体系，首都在推进国家文化中心和中国特色社会主义先进文化之都的进程中，也必须把现代传播体系的建设提升作为其文化竞争力的重要构成之一。就当前而言，北京的文化传播能力和现代传播体系的发展水平处于全国的前列和中心地位，其图书报刊出版、广播影视、数字媒介和新媒体传播等多方面都体现出在全国的优势和统摄力、辐射力。为了进一步提升首都面向国内国际环境的文化竞争实力，北京需深化首都媒体的科学平衡发展，有效发挥新媒体后发效应在城市文化竞争力提升中的作用，加强首都对于优秀思想文化的传播体系建设，加快推进首都的世界级传媒城市建设步伐和首都传播竞争力的全球崛起。

第七章从北京文化"走出去"的角度展开对首都文化竞争力的分析。文化的"走出去"是我国经过改革开放实践和文化发展的积淀之后积极应对全球化进程和全球文化竞争的重大战略选择，是我国推进文化大发展大繁荣、首都推进文化中心建设最突出的主题之一。作为全国的政治、文化和国际交往中心，北京的文化"走出去"在首都文化建设中具有不可替代的关键性作用。文化走出去的发展也有助于首都开发利用国际文化市场资源，满足首都文化可持续发展战略的强力实施；充分使首都的文化、技术、人才、信息进入国际主流的文化技术体系，借鉴吸收国际文化发展经验，提升首都整体文化竞争力；有助于发挥北京的地缘和区位、城市职能优势，以扩大文化影响力来促进首都文化竞争力的提升；有利于在国际竞争语境中激活文化主体和体制机制的活力，提高质量和整体竞争力。北京的文化"走出去"还处于仍有较大可挖潜力与上升空间的发展阶段，在渠道、产品、机制、影响等方面仍然存在着一些亟待改进之处，如何在建设具有世界影响力的文化中心城市目标、在日益激烈的"世界城市"文化竞争向度下推动首都文化"走出去"的规划部署与成效，是首都文化战略中必须高度重视的现实主题和未来构成。

第八章从文化创新的角度考察首都的文化竞争力问题，分析北京推动文化创新的政策和体制机制，结合城市创新战略和文化管理分析首都文化创新与创新型城市建设的新进展，重点从文化创新环境、创意城市建设、文化科技的融合创新、文化创新群体和人才等方面分析首都文化创新的发展现状和水平、路径。

# 第一章　竞争力与首都文化竞争力

## 第一节　竞争力

　　文化竞争力、首都文化竞争力的内涵首先与"竞争力"的范畴紧密相关。竞争的含义是"为了自己方面的利益而跟人争胜"[①]，竞争力则是"参与者双方或多方的一种角逐或比较而体现出来的综合能力"，或者说是两个或两个以上竞争主体在追求一个或多个竞争对象的过程中所表现出来的能力和水平。具体而言，竞争力这一概念应该包含以下方面的含义："（1）竞争力是竞争主体之间相互比较、较量，没有竞争主体之间的相互较量、竞争，也就不存在竞争主体的竞争力问题。（2）竞争力是指某个竞争主体的竞争力量，从单个竞争主体自身的角度讲，竞争过程中所表现出来的竞争力量是它的能力或素质的表现。（3）从竞争主体争夺的竞争对象看，竞争主体的竞争力是对竞争对象的吸引力或获得力。（4）从竞争的结果看，竞争力是竞争主体最终取得某种收益或某种利益的能力。"[②]

　　从竞争力概念的演变来看，它最先和最主要应用于经济学领域，指的是市场竞争中在成本、价格等方面的比较优势。之后，随着经济、社会、政治、文化方面的不断发展，竞争力的概念与研究也不断丰富与深化，扩展到国家竞争力、城市竞争力、文化竞争力等多个研究领域，"在同一个领域中也出现了侧重科技研发能力、侧重国家财富创造力、侧重综合对比和地缘政治、侧重硬实力和软实力等多种研究方法"[③]。企业和产业竞争力、国家和区域竞争力、经济或文化竞争力等方面的研究，为城市文化竞

---

[①]　《现代汉语词典》，商务印书馆1983年版，第602页。

[②]　赵德兴、陈友华、李惠芬、付启元：《城市文化竞争力指标体系研究》，载《南京社会科学》2006年第6期。

[③]　花建：《文化竞争力的多元视角和评估指标》，载《中国文化报》2005年7月26日。

争力、首都文化竞争力的研究提供了丰富的理论基础与有益借鉴。

20 世纪 90 年代，普拉哈拉德（Prahalad）和哈默尔（Hamel）提出了具有重要影响的"核心竞争力"（Core Competence）概念并展开相关研究，指出了持久的竞争优势的战略内涵及其实践路径。在核心竞争力的理论模型中，价值性、稀缺性、不可替代性、难以模仿性是重要的识别标准。虽然普拉哈拉德、哈默尔对核心竞争力理论的提出主要是针对企业竞争力，但是其对于城市竞争力、文化竞争力的意义也是十分重大的。1990 年，迈克尔·波特在《国家竞争优势》一书中提出解释国家产业或企业获得竞争优势的"国家竞争优势理论"和"钻石理论"。在波特所提出的"钻石体系"中，包括生产要素，需求条件，相关和支持性产业，企业的战略、结构和竞争对手这四大竞争力要素，以及机会和政府两大辅助因素。波特的"钻石理论"是产业竞争的重要理论，在文化竞争力方面的研究中也得到扩展和应用，如杨越明在媒介传播学、电视传播力研究中对于"钻石理论"的运用[①]。罗能生等运用"钻石理论"基础，对中国文化软实力的影响因素展开了量化实证研究，分析指出中国文化实力主要的影响因素为政府对文化的支持力度、知识资源状况、生产者需求和消费者需求[②]。

竞争力研究中的另一重要领域是国家和区域竞争力的研究。瑞士洛桑国际管理发展学院（IMD）和世界经济论坛（WEF）的国家和区域的"国际竞争力"研究是该领域中具有重要影响的研究成果。IMD 每年出版的国际竞争力年度报告，从经济表现、政府效率、企业效率、基础设施几个方面构建国家竞争力的评价体系。WEF 的"全球竞争力指标"是由 3 大类指标组成，包括基本需要、效率增强以及创新因素等。这些研究对于国家或区域竞争力的内涵界定与实践分析涉及多种多样的指标选取及其研判，还具有很强的综合性、实践操作性，对于区域或城市文化竞争力的研究也具有重要的参考价值。

## 第二节 文化竞争力

当前世界和区域发展竞争越来越多地强调文化和"文化竞争"的重

---

① 杨越明：《中国电视的对外传播》，知识产权出版社 2012 年版，第 40—72 页。

② 罗能生、张希、肖丽丽：《中国文化软实力影响因素实证研究》，载《经济地理》2011年第 7 期。

要性，导致包括文化竞争力在内的综合国力竞争日趋激烈。党的十六大报告中指出："当今世界，文化与经济和政治相互交融，在综合国力中的地位和作用越来越突出。文化的力量，深深熔铸在民族的生命力、创造力和凝聚力之中。"党的十七大报告明确把"激发全民族文化创造活力，提高国家文化软实力"作为重要的国家战略，凸显出文化竞争力在国家发展与竞争中的重要意义。事实上，正如撒切尔夫人在 2002 年的著作《治国之道》（Statecraft）中针对中国所论：不用担心中国企业的竞争力，因为今天它们出口最多的电视上没有附加任何文化观念。这也凸显出我国文化竞争力的薄弱以及文化竞争的重要性。

2012 年，党的十八大报告中，党中央对推进社会主义文化强国建设、增强文化整体实力和竞争力进行了战略部署。报告指出，"文化实力和竞争力是国家富强、民族振兴的重要标志"。对此，"要坚持把社会效益放在首位、社会效益和经济效益相统一，推动文化事业全面繁荣、文化产业快速发展。发展哲学社会科学、新闻出版、广播影视、文学艺术事业。加强重大公共文化工程和文化项目建设，完善公共文化服务体系，提高服务效能。促进文化和科技融合，发展新型文化业态，提高文化产业规模化、集约化、专业化水平。构建和发展现代传播体系，提高传播能力。增强国有公益性文化单位活力，完善经营性文化单位法人治理结构，繁荣文化市场。扩大文化领域对外开放，积极吸收借鉴国外优秀文化成果。营造有利于高素质文化人才大量涌现、健康成长的良好环境，造就一批名家大师和民族文化代表人物，表彰有杰出贡献的文化工作者"。在 2012 年 2 月发布的《国家"十二五"时期文化改革发展规划纲要》中，我国提出要提升中华文化的国际竞争力和影响力、文化产业的整体实力和竞争力。2012年 5 月发布的《文化部"十二五"时期文化改革发展规划》中，也对我国"国家文化软实力和国际竞争力"、"竞争力强的现代文化产业体系"和具有"较强国际竞争力的大型文化企业"提出愿景和要求。

文化具有多种多样的定义，文化竞争力的概念也有其复杂性。美国学者克拉克洪在《文化：概念和定义的批判性回顾》一书中，曾研究了自 1871 年到 1951 年间欧美文献中出现的 164 种关于文化的定义。由于文化本身具有狭义、广义的多种区别，因此对于文化竞争力的界定也具有不同范围和程度的多种差别。项光勤对于文化竞争力在狭义、广义等多层次的内涵指出："（1）从狭义上讲，文化竞争力是文化、艺术、出版、文物保护、图书、档案、群众文化、新闻、文化艺术经纪人与代理、广播、电视、电影等部门创造的文化艺术对人类自身、社会生产（物质生产和精神生产）和人类社会的作用力。它包括文化艺术品的创造能力（文艺生产力）和文化艺术对社会的作用力（文艺产品影响力）。（2）从广义上讲，文化竞争力是人类的意识形态活动和科技、教育、文化艺术、娱乐等精神生产部门创造的精神财富对人类社会的作用力（精神产品影响力）。（3）更广义的文化竞争力是一种泛文化力，是指人类在改造主观世界和客观社会中表现出来的所有能力的总和。"① 也有学者从思想价值、文化资源、文化产业竞争等其他的不同层面对文化竞争力进行界定，例如：万君宝将文化竞争力定义为"基于共同的价值观/信仰而形成的群体性、社会性的力量，这种力量来源于人们共同的思维模式和行为方式从而形成持久的、稳定的、整体性的力量"②；祁述裕强调"文化竞争力包括如下两层含义：一是文化产业的竞争力。指一个国家文化产品在国际和国内文化市场中占有的份额。因此，文化产业本身就是综合国力的重要组成部分。二是精神控制力。指一国文化对他国文化的影响力"③。事实上，对于文化竞争力的界定不能脱离其综合性、多层次性与系统性，需要从其目的、功能、方式、路径等多方面加以整体考量。

　　总体来看，文化竞争力的内涵有如下要点。从承载方式来看，一个国家或地区的文化竞争力承载的不是经济、军事等"硬实力"，而是偏向于文化、思想、观念、艺术方面的符号载体、意义载体，偏向于国家或地区的"软实力"竞争。诚如约瑟夫·S. 奈提出的"软实力"（Soft Power）理论所强调的，"软力量是通过吸引而非强迫或收买的手段来达己所愿的能力，它源于一个国家的文化、政治观念和政策的吸引力"④。同样，文化竞争力也是对于这种软力量的强调和竞争。"只有在文化资源的开发、文化机制的完善、人文环境的优化等方面进行积极的文化创新，才能加快

---

① 项光勤：《文化竞争力的内涵及其在城市竞争力中地位和作用》，载《文化现代化的战略思考——第七期中国现代化研究论坛论文集》，2009 年。

② 万君宝：《西方文化竞争力研究的五种视角》，载《上海交通大学学报》（哲学社会科学版）2007 年第 6 期。

③ 祁述裕：《国际文化竞争力与中国文化产业的发展》，载《国家行政学院学报》2001 年第 5 期。

④ ［美］约瑟夫·S. 奈：《软力量》，钱程、吴晓辉译，东方出版社 2005 年版，第 2 页。

意态文化向物态文化的转化，迅速提升我国文化竞争能力。"① 从发展目的和功能看，国家或区域文化竞争力的目的是通过文化实力、吸引力、感召力的发展，推进本地区的综合发展与竞争优势的取得和扩大。"提升文化竞争力就是通过文化的发展来带动整个地区经济社会的发展。"② 从竞争力模式来看，就当今世界的发展趋势而言，文化在国家或区域竞争力的建构中日益重要。"文化竞争力是各种文化因素在推进经济社会和人的全面发展中所产生的凝聚力、导向力、鼓舞力和推动力。文化竞争力是综合国力的集中表现。二战以来的国际竞争，经历了从军事竞争——经济竞争——科技竞争——文化竞争的演进。"③ 从发展路径来看，文化竞争力的建构包括文化资源打造、价值观塑造、文化传播、文化产业等多个方面。例如，有研究者分析了我国文化竞争力建构的内在逻辑：保障文化权利是起点，繁荣哲学社会科学是支点，提升文化软实力是热点，优化文化品质是焦点，发展文化事业是重点，培育文化产业是难点，改善文化消费是拐点，推动文化科学发展是亮点，建设文化强国（区）是终点④。近年来，我国的国家文化软实力、区域文化竞争力建设在理念、规划、措施上日趋发展与完善，不仅把文化竞争力作为国家和区域发展战略中的重要内容，而且出台了较为丰富和完善、具有力度与创新性的多种对策举措，体现了我国在文化竞争力发展上的坚实基础与良好的前景态势。

对于文化竞争力，相关研究学者从文化软实力、文化霸权、"文化力"等角度进行了较多的理论探讨与实践分析，为我国文化竞争力的研究与建设提供了充足的土壤与学理基础。在马克思主义思想家安东尼·葛兰西著名的文化霸权理论中，以"领导权"（Hegemony）强调了不同于"强制"的统治方式，其主要特点是"同意"与"支持"，注重文化思想领域的斗争，这为文化竞争力的重要性与自觉性奠定了重要而具有开拓意义的理论基础。其后，后殖民主义、文化帝国主义等理论进展也为国家文化竞争力建设以及世界范围内的文化竞争确立了影响深远的理论范式。在

---

① 刘本锋：《论增强我国文化竞争力》，载《求实》2003 年第 8 期。

② 谭志云：《西部地区文化竞争力比较研究——基于因子分析与聚类分析法》，载《青海社会科学》2009 年第 2 期。

③ 谭宏：《重庆城市文化竞争力研究》，载《重庆文理学院学报》（社会科学版）2009 年第 5 期。

④ 王资博：《论文化竞争力建设的内在逻辑》，载《东南大学学报》（哲学社会科学版）2012 年第 S3 期。

后殖民范式中，文化的潜在渗透方式、作用及其对国家和地区文化安全的意义得到了深入细致的阐释，萨义德、霍米巴巴以发达资本主义国家对落后国家和地区的文化殖民为分析对象，剖析了在后殖民时代的文化控制方式以及文化力量的重要性。在文化帝国主义的研究中，文化成为国际控制与反控制的新的主要手段。汤林森指出，西方的文化帝国主义指涉如下层面：一是媒介帝国主义，利用媒介霸权和文化产品的大量输出，把西方生产方式和价值观念强加给他国；二是作为民族主义话语的文化帝国主义，破坏不发达国家的文化传统和本土文化认同；三是消费资本主义的扩张，从而导致全球文化的同质化；四是现代性的扩张，也即把技术、科学和理性主宰的意识形态、大众文化、城市化和民族国家等现代性当作全球文化发展的方向和唯一模式强加给世界①。尽管这些理论范式未直接涉及文化竞争力问题，但是无疑为当今世界的文化竞争、文化话语权斗争奠定了极为必要而重要的研究基础，高度突出了文化在社会经济政治发展新阶段的深远意义，并为我国的文化竞争力的战略制定提供了开阔而深刻的批判视野。

20 世纪 90 年代，美国知名学者兼政府官员约瑟夫·S. 奈提出"软实力"理论，并在我国迅速引起反响。结合中国国情的实践运用，文化软实力建设在 21 世纪以来也成为我国日益重要的国家战略。早在 1993 年，王沪宁发表了我国关于"软实力"问题的最早论文，之后软实力建设问题在我国逐步成为研究热点乃至焦点。事实上，在激烈的全球意识形态斗争领域，文化渗透与反渗透、文化的吸引力与软实力一直是各国关注的重点问题。美国的文化输出和价值观输出一直是其强有力的国际渗透手段；英国于 1993 年正式公布了题为"创造性的未来"的国家文化艺术发展战略，突出文化在国家战略中的软实力作用；日本政府在 20 世纪 90 年代发表《新文化立国：关于振兴文化的几个策略》等报告与政策文件，确立了日本在 21 世纪的"文化立国"方案；法国则体现出强烈的文化自觉意识，最早倡导"文化例外"，采取积极措施提升法国文化的世界影响力。就我国而言，文化在国家软实力中的核心性地位已经得到较为充分的重视以及实践。诚如门洪华指出的，"文化是一个国家软实力的基础，软实力的说服作用、渗透能力和吸引力主要是通过文化来展现的，文化价值

---

① ［美］汤林森：《文化帝国主义》，冯建三译，上海人民出版社 1999 年版。

观、政治价值观念的认同及其影响力是一个国家软实力的核心"①。孙亮指出，中国文化软实力指标构成的六大要素为：1. 中国文化软实力的核心："发展模式软实力"；2. 文化软实力的动力："核心价值观软实力"；3. 表现为国家形象："国家形象文化软实力"；4. 中国文化内部生态所展示出的力量："文化生态软实力"；5. 中国的外交战略："外交软实力"；6. 文化传播途径："传播软实力"②。另有学者提出"文化力"、"文化国力"等观念与理论，力图通过提高中国的文化竞争力来提升国家的综合竞争力。

## 第三节　城市文化竞争力

文化竞争力已成为当前国家和地区综合实力的重要构成，也越来越成为城市构建卓越的竞争力和影响力的关键维度。对于城市文化竞争力范畴而言，一个基本因素是城市竞争力以及文化在城市竞争力中的地位和作用。城市竞争力可以理解为"城市在社会、经济结构、价值观、文化、制度政策等多个因素的综合作用下创造和维持的一个城市为其自身发展在其从属的大区域中进行资源优化配置的能力"③，其中文化是城市竞争力不可或缺的有机组成部分。有学者指出，"城市竞争力是指一个城市在国内外市场上与其他城市相比所具有的自身创造财富和推动地区、国家或世界创造更多社会财富的现实的和潜在的能力，它是由城市所拥有的经济、政治、文化实力与潜力为支撑，由城市具有的经济力、政治力、文化力在相互区别、相互联系、相互影响、相互制约的辩证关系中形成的一种合力"④。徐康宁认为，"城市竞争力是指城市通过提供自然的、经济的、文化的和制度的环境，集聚、吸收和利用各种促进经济和社会发展的文明要素的能力。并最终表现为比其他城市具有更强、更为持续的发展能力和发展趋势"⑤。2008 年，由《瞭望东方周刊》联合复旦大学国际公共关系研究中心、中国市长协会，在全国范围内首次进行了中国城市软实力调查。

---

① 门洪华：《中国软实力评估报告》（上），载《国际观察》2007 年第 2 期。
② 孙亮：《"文化软实力"指标体系的建构原则与构成要素》，载《理论月刊》2009 年第 5 期。
③ 宁越敏、唐礼智：《城市竞争力的概念和指标体系》，载《现代城市研究》2001 年第 3 期。
④ 徐桂菊、王丽梅：《城市文化竞争力评价体系的构建》，载《山东经济》2008 年第 5 期。
⑤ 徐康宁：《论城市竞争与城市竞争力》，载《南京社会科学》2002 年第 5 期。

该课题组设置了 10 大测评项目，其中与文化相关的软实力有 6 项：文化号召力、教育发展力、城市凝聚力、社会和谐力、形象传播力、区域影响力。倪鹏飞在研究城市竞争力的过程中提出"弓弦模型"，认为城市竞争力是指一个城市在竞争和发展的过程中与其他城市相比较所具有的吸引、争夺、拥有、控制和转化资源，争夺、占领和控制市场，以创造价值，为其居民提供福利的能力[①]。他把城市竞争力分为硬分力和软分力，其中：硬分力包括劳动力、资本力、设施力、科技力、结构力、区位力、环境力；软分力包括秩序力、制度力、文化力、管理力、开放力[②]。其中，文化力包括制度化和非制度化的多个方面，是城市竞争力的重要来源，它可以全面影响人们的社会生产、生活和交往的各个方面。

对于城市文化竞争力的建构而言，不仅要把文化作为城市竞争力的有机组成部分，更要突出城市竞争力建设的"文化自觉"。文化自觉是费孝通多次提到的概念，"指的是生活在一定文化中的人对其文化有自知之明，并对其发展历程和未来有充分的认识"[③]。亨廷顿在《文明的冲突与世界秩序的重建》一书中，曾用"文化上的精神分裂症"来描述那些文化上无所依归的民族的文化精神状态。城市在其发展中也必须有充分的文化自觉和文化意识。"从一定意义上讲，未来的城市发展就是以文化论输赢，城市文化软实力最终必将转化为城市强大的综合实力和现实的竞争力"[④]。许多国际性和区域性的城市纷纷提出建设"文化城市"、"文化大都市"、"文艺复兴城市"、"创意之都"等城市战略，以增强城市的文化竞争力。纽约市文化事务部提出"促进和保持纽约文化的可持续发展，提高对经济活力的贡献度"；新加坡 2000 年制定的《文艺复兴城市》战略提出要成为"21 世纪的文艺复兴城市，即国际文化中心城市之一"；香港文化委员会 2002 年文化咨询报告提出，香港的目标是"在中国文化基础上开拓国际视野，吸取外国优秀文化，将香港发展成开放多元的国际文化都会"[⑤]。"十一五"和"十二五"规划以来，我国各省、城市、地区

---

① 倪鹏飞：《中国城市竞争力理论分析与实证研究》，中国经济出版社 2001 年版，第 43 页。

② 同上书，第 57 页。

③ 费孝通：《经济全球化和中国"三级两跳"中的文化思考》，载《光明日报》2000 年 11 月 7 日 B03 版。

④ 牛继舜编著：《世界城市 文化力量》，经济日报出版社 2012 年版，第 53 页。

⑤ 刘松泉：《文化力在城市竞争力构成要素中的地位和作用——兼评时下城市竞争力评价某些流行标准的缺失》，载《中国文化报》2006 年 1 月 10 日。

纷纷提出文化强省、文化强市、文化强区的目标。城市文化竞争力强调文化资源与文化资本在城市经济社会发展中的重要地位和主导作用，着重通过文化的发展繁荣来提升城市软实力、彰显城市魅力，强化历史文化遗产、文化创意产业、文化服务、文化科技、文化传播等方面的优势，打造具有高度文化竞争力、凝聚力和影响力的文化城市。

对于城市文化竞争力，需从以下方面进行重点理解。首要而基本的是，城市文化竞争力是城市在文化方面所体现的比较优势和竞争优势。如赵德兴、陈友华等指出，城市文化竞争力"是指一座城市在经济全球化和区域一体化背景下，与其他城市比较，在文化资源要素流动过程中，所具有的抗衡甚至超越现实的和潜在的竞争对手，以获取持久的竞争优势，最终实现城市文化价值的能力"①。这种层面的理解着眼于城市的文化，也即突出城市在区域性的文化方面的功能、实力和竞争力。在此意义上，城市文化竞争力必须体现和实现为城市在文化方面的生产力、创新力、吸引力、凝聚力等多种比较优势及其功能。正如有学者指出，一个城市的文化软实力建设不仅仅体现在城市居民的内在文化素质，还体现在全体居民对于一个城市的认同感和归属感，体现在所有市民构筑起的一个城市的凝聚力。另外，城市文化竞争力也要凸显城市文化在城市竞争力构建中更高层面、更综合性层次的意义和功能，它不仅仅是城市的文化竞争力，而且还以文化凸显和驱动城市的竞争力。"随着国内外城市间竞争的日趋激烈，文化含量和精神因素在竞争中发挥着越来越重要的作用，文化竞争力直接影响和决定着城市综合竞争力的高低。"② 在当今国际许多城市的发展中，事实上出现了以文化和软实力建设带动城市竞争力发展、提高城市发展质量的现象和态势。"提升文化软实力有助于增强城市核心竞争力，提高城市发展质量，促进城市经济增长，扩大城市影响力。"③ 在这种城市竞争力模型中，体现出了在新型知识经济时代、信息传播时代、文化时代的竞争力范式，城市可以依托区域性的文化资源、文化特色和文化优势，以其无形或有形的作用态势，发挥推动区域持续创新发展的动力效

---

① 赵德兴、陈友华、李惠芬、付启元：《城市文化竞争力指标体系研究》，载《南京社会科学》2006 年第 6 期。

② 谭宏：《重庆城市文化竞争力研究》，载《重庆文理学院学报》（社会科学版）2009 年第 5 期。

③ 吴忠：《提升城市文化软实力的意义与路径选择》，载《学术界》2011 年第 5 期。

能，成为促进城市综合实力与核心竞争力的有效支撑与辐射源，以文化的城市"软实力"作用促进城市资源的优化配置、经济社会的科学高效发展、竞争力的全面持续提升。总体来看，城市文化竞争力不仅要发挥城市文化在增强城市居民的归属感和认同感、加强对居民价值观和世界观的引导，还要加强激发城市发展的竞争力和创新力的源动力、作为城市经济的资源库和助推器的作用。城市文化竞争力的内涵、目标和功能，要"通过对城市文化的培育、提炼和发展，让城市具有个性和精神，居民自觉形成共有的城市气质及共性；挖掘一切可能成为实力的文化蕴含，增强城市对外界的影响力和吸引力，满足人们的精神文化需求，提高城市的竞争力，促进城市的完全发展"①。

城市文化竞争力的构成是城市文化竞争力包括首都城市文化竞争力研究中的重要问题。目前学界对于其构成体系持有多种的见解与模型，这既体现了学界研究中多元的局面，也体现了城市文化竞争力是一个具有因时因地的差异性的复杂问题。从城市文化竞争力的建构来看，一般需要综合考量其目标或目的层面、主要支撑层面、具体实践指标层面。例如，谭志云从"核心能力"、"目的能力"、"支持能力"三大方面对于"区域文化竞争力"的指标体系的建构，以及其他多项研究成果从目标层、准则层、指标层对于城市文化竞争力或城市文化软实力的整体架构。城市文化竞争力的建构与发展需要将其置于城市文化发展的目的与功能之中，在此总体格局之下寻求其城市文化竞争力的支撑层面与具体落实路径。

从具体的功能支撑层面，学界有多种划分与模型。罗能生等从文化生产力、文化传播力、文化影响力、文化保障力、文化创新力、文化核心力6个维度设置区域文化软实力的指标体系②。余晓曼认为，城市文化软实力包含以下五个方面：以城市精神为核心的文化凝聚力，以原创能力为核心的城市文化创新力，以文化传播能力为核心的城市文化辐射力，以文艺精品、文化品牌为核心的城市文化影响力，以生产文化产品和提供文化服务为核心的城市文化生产力③。徐桂菊、王丽梅指出，城市文化竞争力评价体系包括文化资源系统、文化管理体制系统、文化市场系统、文化创新

①　匡纯清：《论城市文化"软实力"》，载《湖南工业大学学报》（社会科学版）2008 年第4 期。

②　罗能生、郭更臣、谢里：《我国区域文化软实力评价研究》，载《经济地理》2010 年第 9 期。

③　余晓曼：《城市文化软实力的内涵及构成要素》，载《当代传播》2011 年第 2 期。

力系统、文化输出力系统五个子系统①。谭志云从城市文化软实力的角度，将其界定为经济基础上的文化凝聚力、文化创新力等多方面要素的综合作用函数，"具体表述为：城市文化软实力＝经济实力×（文化凝聚力＋文化创新力＋文化辐射力＋文化传承力＋文化保障力）"②。在2009年的深圳文化蓝皮书中，也对城市文化软实力的内涵进行了定义，提炼出了"价值创造力"、"文化创新力"、"城市文化辐射力"、"城市凝聚力"、"城市影响力"、"城市识别力"③ 等若干系统构件，这其中，价值创造力、城市识别力是其提出的较为独特而重要的标度。吴忠认为，"城市文化软实力包括以城市精神为核心的价值创造力，以城市创意为核心的文化创新力，以城市文化传播为核心的文化辐射力，以聚集民意为核心的城市凝聚力，以城市特质和历史遗存构成的城市识别力，以及由城市品牌、形象等构成的城市影响力"④。关于城市文化软实力，宋黔晖指出，城市的文化"软实力"是指城市文化的影响力、感召力和凝聚力，表现在精神、技术、物质、行为等多个层面，从精神层面看表现为城市精神的凝聚力，好的城市精神能体现这个城市的特点和它想追求的目标；从技术层面看表现为文化生态环境的吸引力和感召力，即是否制定文化发展的战略规划，是否具有浓郁的人文关怀和宽松的政策氛围，是否具备对外来文化的包容和融合能力，是否具备开放的人才引进策略等；从物质层面看表现为文化载体（包括文化产品及文化产业等）的创新力和影响力，实质是文化传播和输出的竞争力和品牌价值；从行为层面看表现为市民心理和行为对城市文化的传承与认同⑤。沈昕、凌宏彬就区域软实力发展问题认为，"提升区域文化软实力的发展路径包括提升文化感召力、提升文化创新力、提升文化传承力、提升文化服务力、提升文化传播力、提升文化推动力"⑥。牛继舜在结合世界城市的文化发展问题时指出，城市文化软实力构成要素包括以文化资源为基础的文化资源力，以文化产品生产部门为依托的文化

① 徐桂菊、王丽梅：《城市文化竞争力评价体系的构建》，载《山东经济》2008年第5期。

② 谭志云：《城市文化软实力的理论构架及其战略选择——以南京为例》，载《学海》2009年第2期。

③ 彭立勋等：《文化软实力与城市竞争力》，中国社会科学出版社2008年版，第3—32页。

④ 吴忠：《提升城市文化软实力的意义与路径选择》，载《学术界》2011年第5期。

⑤ 宋黔晖：《"首善之区"应提升文化软实力》，载《南方日报》2008年5月14日。

⑥ 沈昕、凌宏彬：《提升区域文化软实力：概念、构成、路径》，载《理论建设》2012年第4期。

生产力，以传媒业为载体的文化传播力，以城市精神为核心的文化凝聚力，以创意、原创为根本的文化创意力，以吸引企业、人才、游客等为特征的文化吸引力；以话语权、时尚引领力量等为表现形式的文化影响力①。尽管对城市文化竞争力构成体系的界定还存在着重要的差别，但是也具有一些基本而共通的构成。其中，文化资源力，对于文化的生产能力、传播能力、创新能力，城市的文化凝聚力、吸引力、影响力，对于不同城市的文化竞争力建构而言都具有高度的重要性。在此基础上，城市文化竞争力的表现及提升还有进一步的构成，例如城市的文化管理系统、文化市场系统、价值创造力与强效的城市精神等，它们共同构成城市文化竞争力多元化的复合体。中国城市的文化竞争力建设，在大力满足城市对于文化生产、文化传播、文化创新、文化影响等基本维度的需求的基础上，还需要结合城市特点和文化特质，采取进一步的提升突破策略，以在激烈的城市文化竞争中获得比较优势，实现优化路径。

现实的城市文化竞争中，所有具体的文化因素并非都处于均衡地位，而是有着不同的重要性和优先度及其发展策略。李凡、黄耀丽、叶敏思运用 AHP 层次分析法和综合评判法，构建了城市文化竞争力的指标体系及其权重。就因子重要性的从高到低而言，主要包括如下方面：传统文化、文化交流、文化素质、文化产业、都市文化、文化消费和文化环境。叶皓对于南京文化竞争力的研究，以增强区域的创新能力和可持续发展能力等为出发点与归宿点，依据国家文化发展规划的有关内容，构建了城市文化竞争力评价指标体系，以基础竞争力、公共文化服务竞争力、传媒竞争力、文化资源与文化产业竞争力、人力资源与文化创新竞争力、文化消费与生活质量为主要指标②。徐京波、翟建军在关于区域软实力的研究中，把区域文化作为区域软实力的几大主要构成之一，并且指出，作为区域软实力核心要素的区域文化，基本构成包括传统文化资源、地域精神、文化产业、教育培训与研究、新闻传媒这五个较为具体的方面③。周国富、吴丹丹从文化软实力的内涵出发，从文化传统、文化活动、文化素质、文化吸引、文化体制及政策五个方面设置区域文化软实力评价体系，并选取若

---

① 牛继舜编著：《世界城市 文化力量》，经济日报出版社 2012 年版，第 54 页。
② 叶皓：《关于提升南京文化竞争力的思考》，载《南京社会科学》2008 年第 3 期。
③ 徐京波、翟建军：《区域软实力研究与建构》，红旗出版社 2011 年版，第 90—96 页。

干重点指标对我国各省区的文化实力进行评估，其中文化传统包括物质文化遗产和非物质文化遗产，文化活动包括文化产业、文化设施、文化就业、文教事业投资，文化体制及政策包括人均文化事业费等文化支持因素和文化市场执法机构等文化管理因素①。也有研究者认为，城市文化竞争力是以城市生态、物质、精神、制度文化为基础，以城市自主学习创新能力为核心，以文化产业发展为重点的综合竞争力②。陈志、杨拉克对于城市文化软实力的研究，将之界定为文化所产生的城市凝聚力、吸引力和影响力，并强调了文化事业和文化产业在其中的主要载体的作用③。有学者结合城市区域性的发展特点与诉求指出，"城市文化竞争力，与科学技术竞争力、文化艺术人才现状、金融资本竞争力、文化设施优势、基础设施优势、相关产业比重、文化需求规模、综合区位优势、文化交流机会、人文国际化程度和历史文化资源等因素紧密联系在一起。这些因素解决得好，城市文化竞争力也就增强了，城市综合竞争力也就具有了永久生命力"④。匡纯清从文化产业、城市品牌、城市历史文化、优秀人才、城市大型文化活动等几方面探讨城市文化实力的重点改进路径。⑤ 吴忠则指出推进城市文化软实力建设的五条重点路径：孕育和培养城市精神；完善和优化公共文化服务；促进文化创意产业内涵式发展；形成城市的差异定位和特色发展模式；增强城市文化辐射力⑥。花建把文化产业竞争力作为文化竞争力的核心，"在 21 世纪中国走向和平崛起的背景下，从中国参与全球化竞争包括国际文化市场竞争的特定角度看，文化竞争力的核心实际上是'文化产业竞争力'"⑦。花建在此基础上进一步提出文化产业的七个方面的评估指标，包括产业实力、产业效益、产业关联、产业资源、产业能力、产业结构、产业环境。

---

① 周国富、吴丹丹：《各省区文化软实力的比较研究》，载《统计研究》2010 年第 2 期。

② 郭晓君、吴亚芳：《提升我国城市文化竞争力的路径选择》，载《管理世界》2006 年第 11 期。

③ 陈志、杨拉克：《城市软实力》，广东人民出版社 2008 年版，第 131 页。

④ 成晓军：《惠州城市文化竞争力问题的几点思考》，载《惠州学院学报》（社会科学版）2006 年第 1 期。

⑤ 匡纯清：《论城市文化"软实力"》，载《湖南工业大学学报》（社会科学版）2008 年第 4 期。

⑥ 吴忠：《提升城市文化软实力的意义与路径选择》，载《学术界》2011 年第 5 期。

⑦ 花建：《文化竞争力的多元视角和评估指标》，载《中国文化报》2005 年 7 月 26 日。

综合关于城市文化竞争力、软实力等方面的相关研究，我们提出，城市文化竞争力是城市在一定基础上进行文化生产和创造、提供文化产品和服务、产生文化吸引力和影响力、发挥文化对本区域发展的融合驱动功能的水平和实力。城市对文化竞争力的建设和发展，可以有效增强城市的文化竞争力、吸引力、影响力，有助于城市或地区在文化竞争和文化发展中取得和积累优势，并进一步推动城市在社会、经济、政治等多方面实力的发酵、转型和提升。就城市和地域的差异而言，不同的区域、城市在文化的生产、应用、传播、影响、功效方面存在着水平和特点上的差异，也具有特殊环节或领域的地域特色和差异化竞争力。对不同的城市而言，文化竞争力在其中也具有不同的地位和作用，例如文化型城市、世界城市与资源型城市之间的差异。另外，城市文化竞争力不同于国家、民族层面的文化竞争力，前者的出发点是通过文化而促进城市的文化实力和城市竞争力提升，后者则承担着维护国家文化安全和意识形态安全、促进国家的核心价值体系传播等文化政治维度的内容，两者在构成特点与评价路径上存在基本的差异。因此，不同于一般性、非地域性的文化竞争力，城市文化竞争力的命题提出和深化研究，有其现实上的必要性。

城市在文化竞争力上的差异，主要基于以下几方面发展程度和水平的差异。1. 文化基础层，也即城市或地区文化发展、进行文化生产和创造、提供文化内容和服务的基础条件和环境。例如，不同的城市具有不同的文化创意产业结构和水平、不同的文化经济基础，它们都潜在地制约着城市在文化生产、发展方面的水平和潜力。2. 文化提供层，也即提供文化产品或服务的承载者及其路径、方式所体现的领先状态和能力。例如，上海有占到全国两成多产值的数字出版行业，北京有我国高度集聚和发达的影视产业，它们形成城市间差异化的文化提供层。3. 文化表现层，也即所提供的文化内容或服务的丰富和发达程度，它关涉到文化产品或服务的具体表现形态和终端形态，是文化发达繁荣的终端与核心表现。4. 文化传播层，它是使文化内容、文化信息、文化服务得以传播、推广与扩散的中介渠道和方式，是文化表现层的中介与传播。有的城市由于其传媒、文化交流平台而成为文化传播的枢纽城市，而另一些城市则缺乏强有力的传播渠道和平台，并影响到城市进行文化表达、文化输出、强化话语实力的能力和水平。5. 文化影响层，也即文化及其传播所取得的实际传播效果、接受程度、文化吸引力和影响力。6. 文化扩展层，也即文化在其文化影响之外，对城市的社会发展、政治文明、经济提升等其他方面产生的融合、转型、提升作用。例如，占 GDP 比重达到 12% 的文化创意产业对于北京第三产业结构乃至经济结构、发展方式转型的重要意义，网络文化的进步对于城市增强政民互动与促进社会和谐的积极意义，完备发达的公共文化服务体系对于增进城市文化氛围与文化吸引力的有效作用。

城市文化竞争力的这几方面有机关联，不仅仅存在并行逻辑，也存在基于过程与功能的结构关系和整体构型，其内在逻辑为：城市或地区在一定的文化基础上进行文化的生产和运作，并得以实现对文化产品、内容、服务的提供，这些文化内容和服务经由一定的方式或渠道得以传播和扩散，产生一定的传播效果、文化影响，以及其他相关的扩展性的作用和功能，从而推动城市文化竞争实力以及城市整体发展水平的提升。各模块的关系结构可由图 1 表述。

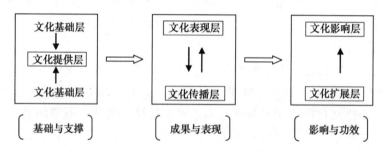

**图 1　城市文化竞争力主要构成模块间关系**

### （一）城市文化基础层

这是城市文化建设和发展、文化过程和生产得以进行、文化产品或服务得以提供的基础、条件与环境，它们不直接介入文化生产和传播过程及具体的网络内容，但是对后者具有前提性的基础和制约作用。1. 从城市经济基础而言，它关系到城市对文化基础设施建设的财力和硬件支持，关系到城市中文化产业发展所需要的相关产业链和价值链支持，关系到城市民众的文化消费层次。国内外诸多文化发展良好的城市都有其经济基础和综合实力提供支持。2. 从城市科教基础而言，文化的生产与消费需要城市具有良好的文化教育环境、文化科技实力，如新兴数字文化中文化与科技日益紧密的融合。文化的创新以及应用、消费需要较高的教育、研发水平以及城市人口素质，厚实的科教基础有助于城市形成文化人才集聚优势和区位吸引力，缺乏高度科教水平的城市在文化发展方面会出现原创力、引领力、持续驱动力等方面的相对短板。3. 就城市文化基础而言，文化的繁荣需要城市在文化资源、文化底蕴等方面的基础，为城市文化的丰富和创新、文化产品中的文化价值提供支持，这也具有一定的先天制约性。国内外许多具有较强竞争力的城市都具有充足而深厚的文化积淀与文化资源，它们是一个城市锻造文化竞争力的宝贵财富。

### （二）城市文化提供层

文化提供层是进行文化生产和创造的主体及其承载方式，体现为进行文化内容生产和文化服务提供的具体路径和能力。1. 文化成果和产品提供的主要方式之一是产业化的文化生产。文化产业和创意产业是关系到城市文化发展水平、文化竞争力的非常重要的组成，大力发展文化创意产业也是国际、国内许多大城市提高自身文化和经济竞争力的重要而基本的路径。"促进文化的产业化，发现文化的价值，以产品和服务的形式来凝聚文化，并以消费的形式来传播文化，是文化软实力建设的重要途径。因而，对于一座城市而言，文化软实力在外部更多地体现为其文化产业发展的状况与水平，这直接影响到城市文化的对外影响力和辐射力，是城市文化软实力最为直接和最为突出的体现。"① 当前，我国对文化创意产业采取大力引导和扶持的政策，各城市、地区的文化创意产业得到较为显著的提高，如何在新时期进一步保持文化创意产业的持续、快速、健康发展，是对城市文化竞争力建设的一个重要而关键的问题。2. 在产业化途径之外，还存在着大量公共文化事业和公共财政所支撑的文化生产和服务，它们也是提供文化内容和服务的重要承载方式。部分公共性的文化服务成为城市文化传承和弘扬、城市凝聚力和吸引力提升的有力平台。3. 文化提供的发达程度，离不开文化人才的生产创造，尤其是在文化、艺术、思想领域，存在大量个体性的文化劳动和思想文化作品，这些文化产品中催生出许多优秀的文化成果。4. 文化技术也是推动文化提供不断丰富和发展的主要动因之一，为文化产品

---

① 余晓曼：《城市文化软实力的内涵及构成要素》，载《当代传播》2011 年第 2 期。

提供着载体、形式、内容等方面的创新支撑，如数字技术和现代信息技术为文化产品创新与更新所提供的支持。总而言之，文化提供层作为对文化表现层进行生产、创造的承载方式和能力，既有赖于文化基础层中的区位、设施、文化等环境和条件，也构成着城市文化生产的核心竞争力来源。

### （三）城市文化表现层

文化表现层是文化的内容、产品、服务的表现形态和终端形态，主要体现为文化产品、内容、服务的规模及品质，它不能混淆于其生产和提供的过程及方式。文化表现层是文化提供层的产物与结果，具有强有力的文化生产能力和提供能力的城市不一定意味着文化产品和成果的繁荣及创新引领性。由于文化表现层具有内容性、原创性、价值性等特征，它不能直接化约为提供层的文化产业发展、文化事业投入、文化技术水平等物质性因素，而是需要对这些支撑因素的合理导向与发挥，加大其中的文化含量与文化价值注入。城市文化表现层不仅与其文化的总体规模和容量存在着紧密关联，如城市的文化企业数量、文化产品增加值等指标，更重要的是表现在各种文化成果的丰富繁荣程度，为满足人民群众的各种精神文化需求提供的文化接受对象、文化体验对象、文化消费对象。它们是与文化接受群体发生关系的直接环节，构成城市文化底蕴的核心层面。就我国城市的文化表现层而言，具有鲜明的区域层次性和差异性。总体上，我国许多城市处于文化内容创新的较落后状态，这也是当前城市文化竞争力建设所需要着力解决的问题。

### （四）城市文化传播层

文化的产品和内容并不能直接地产生影响效果和作用，而必须使其得到充分有效的传播和扩散，经过文化传播、输出的中介过程与受众发生关联，才可能使其转化为终端主体的文化接受。文化传播作为一种新媒介文化和传播范式，为文化内容的传播、扩散提供了强有力的新渠道和新方式。各种城市文化竞争力的研究中，都高度重视其中的文化传播力和文化渗透力要素。城市文化传播层的构成因素主要包括传播环境、传播方式和渠道、传播主体，如发达的网络媒体平台、丰富多元的文化"走出去"方式、拥有强大内容提供能力的传播主体，它们不仅是文化实现其完整过程的必要环节，也是参与到城市文化竞争力构建的关键因素。在城市的传播力方面，北京由于众多重量级传媒、高品质的文化交流活动的集中而拥有全国性的中心地位，也是我国对外文化传播的中枢窗口。此外，也存在着一些区域性的文化传播中心地区，其结构特点和辐射能力各异。文化传播的缺失不仅意味着城市传媒产业、文化活动、城市营销等能力的落后，还会影响到城市的表达能力和话语权，是城市在现代和未来城市文化竞争中必须高度重视的重点。

### （五）城市文化影响层

文化竞争力最为重要与核心的目标，离不开其所能产生和具有的文化吸引力、文化感召力、文化影响力，它也是文化提供层、表现层、传播层等其他层面的结果与成效体现。一方面，城市文化影响力首先表现在其强效的传播力度和受众认知效果上，如城市传媒、文化输出的受众覆盖状况；另一方面，繁荣发达的城市文化还必须将其认知效果和散播力度转变为受众的接受效果。在此意义上，具有高度品牌效应、接受度和黏性的文化内容是城市文化影响力的重要标度，它包括城市的网络平台或精品内容所具有的强烈吸引力，包括城市的文化资源实现的优化的文化接受和认可效果，包括城市具有浓厚思想文化价值的内容形成的对多元文化的主导能力等。"有一些城市，论人口、规模并不算大；论经济实力，也未到举足轻重的地步，但它们却是名副其实的'世界文化中心城市'。这些城市是思想和艺术的集聚之地，集聚了世界上一批最有创造力的思想家和艺术家，正是由于这些思想家和艺术家的存在，使这些城市形成了自己独特的文化风尚和文化精神，确立了这些城市在世界上不可动摇的文化地位。"① 这正是体现了文化的影响力对于城市在区域乃至国际文化竞争中取得优势地位所具有的作用。

### （六）城市文化扩展层

文化的繁荣发达对于城市软实力和城市发展的深层效用，不仅仅是作为城市的文化子构件，而是以其新型的文明形态和文化范式广泛地扩展和辐射到城市的社会、政治、经济等多方面的转型提升和融合发展中。文化

---

① 蒯大申：《世界文化中心城市何以可能？》，载《社会观察》2004 年第 1 期。

的发展催生着新型的文化经济和知识、信息经济，它们是当前文化城市、知识城市、信息城市的必然体现和诉求，也潜在地影响着新兴生活方式和消费文化的改变。文化以诸多新兴业态牵引着城市的文化产业以及服务业的创新升级，成为城市经济的重要新型战略增长极、城市发展转型的重要驱动器，也对城市的社会风尚、人文氛围、价值理念、城市精神、和谐社会建设起着有力的黏合剂、塑造剂的作用，对城市经济、社会、政治"多位一体"发展，增强城市潜能，驱动城市发展方式转变，提供着重要而富有未来意义的发展路向。

## 第四节　首都文化竞争力与北京文化竞争力的内涵差异

首都城市具有不同于一般城市或其他大都市的城市特点，因此首都城市的文化竞争力既有城市文化竞争力的共同特征之处，也有一些其特有的内涵。对于北京这种具有国家首都、文化古都、国家政治中心和文化中心等城市性质与特征的首都城市来说，其城市文化竞争力既有更为丰富的内涵与向度，也承载着作为首都的更多的要求、职能与责任。对于北京的文化竞争力建设问题，需要把握和区分出北京作为首都城市和国家文化中心的特殊内涵，以及北京作为首都的文化竞争力在内涵上不同于北京作为一座城市的文化竞争力之处。

### （一）首都文化竞争力是作为国家首都与政治中心的文化竞争力

北京作为全国文化中心的要求，与作为国家首都的文化职能紧密相关，其中需要承担起国际文化交流、参与国家文化话语权竞争格局等国家首都的核心职能。而政治中心是国家首都城市的首要定位与特征，文化中心既有不同于政治中心的特点和独立性，又在文化价值建构、文化话语权导向、先进文化与中国优秀文化的传播与创新、文化管理、国家文化战略的引领等方面，与政治中心的性质要求保持着必不可少的关联。"从广义上看，首都城市的文化功能是政治功能的延伸和载体"；作为政治中心的国家首都，不能离开文化中心属性的重要支撑，因此首都的文化竞争力需要关联和凸显出国家的政治软实力以及国家的文化吸引力、影响力，这是超出和扩展于北京文化竞争力的内涵与差异。

从首都的定位与功能来说，首都作为一个国家的政治中枢，其文化功能与政治功能是密不可分的，也是作为国家首都与政治中心的内在要求。彭兴业在《首都城市功能研究》中，尽管对于首都城市的核心功能的界定只包括政治功能、卫戍功能、国际功能，而把文化功能、经济功能只作为首都的叠加功能、附加功能或特色功能，但是他也指出，"现代首都城市大都具有政治与行政中心功能、文化与教育中心功能、信息与科技中心功能、金融与商业中心功能，甚至具备产业中心功能等多种功能，形成一个由'核心功能'与'叠加功能'共同构成的庞大的首都城市功能系统"①。尤其是，对于现代首都城市来说，作为叠加功能的文化功能越来越重要。"在首都城市叠加功能结构中，文化功能占有极为重要的位置。首都城市的文化功能是政治功能的延伸与载体。首都城市最集中地体现了现代社会文化与文明发展水平，首都城市是本国文化与文明发展的'窗口'。首都城市常常扮演着民族国家文化演进及推广的媒介、国民政治文化与社会文化的主要发源地或辐射源的角色。……从全球范围看，绝大多数国家的首都城市均是本国积淀深厚的'文化之都'。各个地方文化要成为'显学'，必须进军首都城市，再从首都反馈到地方，才能形成全国性影响。文化与政治、经济是密切相关的，从某种意义上说，政治冲突的根源在于文化冲突，随着科学技术的发展，政治与经济中的文化含量也越来越高，国家间的经济竞争在很大程度上已经不是资源的竞争，而是文化的竞争。因此，必须充分认识首都城市文化所蕴藏的巨大政治、经济潜能。"②这种观点的重要性在于，要把文化功能作为首都城市核心功能的必要延展与有机组成部分。

首都的文化功能与它的政治功能、国际功能等核心功能之间存在着极为重要的内在关联。有不少研究者简单地认为，北京作为国家首都和全国文化中心，其特殊的地方在于其在全国文化中的特殊作用，而忽视首都城市政治功能与文化功能之间的不可分割的作用关联。例如，吕祖荫指出："首都作为文化中心，其地位之所以异于其他城市，是因为它有着特殊的、为其他城市所不能代替的功能（或者说作用）。这些功能就是对我国社会主义文化的发展，要起到：第一，指导的作用；第二，

---

① 彭兴业：《首都城市功能叠加论》，载《北京行政学院学报》2001年第1期。
② 同上。

推动的作用；第三，示范的作用。"① 这种对首都文化的分析，尽管看似全面地论及了其指导、推动、示范的作用，但是并未直接地触及和剖析到全国文化中心的极为深刻的政治内涵和国家、民族的核心价值内涵。甚至有学者鲜明地将首都的文化中心功能从政治中心功能剥离开来论述，就文化谈文化，如认为北京自古以来就是文化中心，是全国 24 个历史文化名城中的第一个。这是将国家的文化中心简化为文化名城，大大忽略了作为国家首都文化的独特而丰富的内涵，也容易在这种框架中造成对北京的城市文化价值向度的忽略。需要明确的是，首都之所以是全国文化中心而不是全国的文化中心城市，是因为它承担着国家首都和政治中心的职责，担负着国家的文化代表中心、文化管理中心、文化政治中心、意识形态中心等方面的功能。或者说，首都北京作为全国文化中心，它不同于其他文化发达城市、文化大都市、文化中心城市的最为根本之处在于，全国文化中心是作为全国政治中心的承载和延伸。一种国家体系需要其上层建筑的支撑，政治国家机器和文化国家机器都是这个体系的有机部分，尽管文化并非经常以直接的政治性面貌出现，但它是矗立在一个国家或民族共同体之上必要的上层建筑。就此而言，首都城市的文化实力需要或显或隐，或直接或间接地彰显维护其国族的文化象征和文化诉求，以首都的文化竞争力凸显文化的国家价值和功能。

**（二）首都北京的文化竞争力是作为服务、辐射全国的文化中心城市的文化竞争力**

全国文化中心是在文化方面具有重要地位与影响的中心城市，辐射和作用范围是全国的城市体系和文化系统，在全国与其他城市和文化系统保持着紧密关联、高度互动并发挥着主要影响，并且代表国家对外文化交流与传播的窗口平台。这不同于只对国内局部具有重要影响、居于中心地位的区域性文化中心城市，也不同于作用范围主要局限于国际或国内外混合区域的区域性文化中心。承担着国家文化中心城市功能的首都，必须从国家文化的总体格局中考虑自身的战略功能与定位，其文化竞争力不仅是与国内其他城市的竞争，也是与同样承担着首都城市职能、国家文化中心城市职能的其他首都城市的竞争。

---

① 吕祖荫：《关于首都作为文化中心的一些设想》，载《前线》1985 年第 1 期。

全国文化中心是理解北京的文化作为首都文化而超越于其仅为一座城市文化的一个重要乃至关键性的向度，对于北京的文化竞争力提升和拓展提出了重大的现实诉求。张敬淦从国家文化中心的角度分析了北京的首都文化建设的特殊之处，"作为全国的文化中心，北京要不要加强文化建设，不仅仅是北京市的事情，而是关系到全国文化建设的大局；北京文化建设的目标，也不能仅仅着眼于北京市，而应该从全国一盘棋的文化发展全局需要出发，充实和强化全国文化中心的功能，充分发挥对全国文化建设的主导、示范和推动作用，以及对国际的文化窗口和文化交流作用"①。2012年，北京市人大常委会历时半年多，开展了针对北京推进全国文化中心建设的首次系统专题调研。该调研指出，首都北京作为全国文化中心，具有如下主要特征：实践社会主义核心价值的首善之区，国家民族优秀传统文化的代表地，国家文化体制改革、文化政策策源地，文化人才聚集和国内外文化交流的中心，全国人民文化需求和文化消费的服务中心，公共文化服务体系比较完善的城市，文化创意产业快速发展的聚集区②。对于首都作为全国文化中心的功能，该调研指出，其主要具有代表展示功能、示范带动功能、向心凝聚功能、服务保障功能、辐射影响功能③。面对首都在国际竞争中的地位和职能，研究者也进一步打开首都文化竞争力建设的视野，提出打造世界文化中心城市的构想。"伴随着中国的崛起，中国需要重新确立自己在世界文化中的地位。作为首都和文化中心，北京应该把握历史机遇，在中国文化崛起和文化输出中扮演新的角色，通过建设世界城市，北京应该逐步实现向'世界文化中心'的转变。"④孔建华关于北京的首都文化建设指出，"首都文化，是一个多维度、多视角、复合式的概念。从古都文化根基视角看，首都文化是一个文明型都市的文化；从当代文化创造视角看，首都文化是一个创新型城市的文化；从全国文化中心视角看，首都文化是中华文化创造和传播中心的文化，是中央和北京市共同建设的文化；从国际文化中心城市视角看，首都文化是当代中

---

① 张敬淦：《历史文化名城的可持续发展——论全国文化中心的建设》，载《北京规划建设》1997年第4期。

② 北京市人大常委会课题组：《推进全国文化中心建设》，红旗出版社2012年版，第55—57页。

③ 同上书，第57—58页。

④ 陈伟、张晓芳：《全球化背景下首都建设世界级文化中心的必要性研究》，载《经济视角》（中旬）2012年第3期。

国文化的集中代表，是世界文化舞台上的中国之窗；从中央和全国人民对北京的新要求、新期待看，首都文化是一种示范性的文化，代表新的趋势、新的潮流"①。

### （三）首都的文化竞争力是作为国家和民族的文化名城的竞争力

全国文化中心具有丰富、发达的文化资源与文化体系，具有重要的乃至世界性的文化知名度和文化魅力，是全国乃至国际范围内文化竞争力的典范。作为文化名城所具有的悠久丰富的文化遗产和文化传统、文化特色和文化底蕴，以及发达的文化创意产业、文化传播体系、公共文化与城市文明、城市精神文化形象等，都是北京打造提升首都文化竞争力的重要支撑内容。

纵观世界首都城市的发展，其作为文化中心和文化"首善之区"的特质是中国和各国首都广泛性的共同特征。"无论是在早期的文明古国，还是现代的西方发达国家，首都在文化方面的示范和导引作用都非常突出。一个国家的首都往往体现着其国家的文化发展水平和文明程度，也汇聚着国家的丰富的文化成果。根据学者们对苏美尔人、巴比伦人、罗马人、玛雅人、阿兹台克人、高棉人等古代民族的研究，这些民族建都时，无论是在选址还是规划和建设城市的过程中，无一例外地以独特的风格表达了他们对世界的观察和体认。迄于近代，圣彼得堡、华盛顿、巴黎等世界著名首都更是在进步文化理念的传播和现代文明的塑造方面功不可没。"② 这些都体现着文化实力和文化竞争力也成为世界上许多首都城市高度重视的战略问题。就首都城市的功能与地位而言，"首都的功能不同于一般城市的功能，首都的文化也不同于一般城市的文化，应当是集全国之大成者的文化，是集全国之精英的文化，是国际窗口文化"③。这也是对于首都文化的垂范性的高度要求。孙占军结合北京的首都文化特点，指出首都文化主要体现出如下定位特征：首先，北京是具有 3000 多年建城史和 800 多年建都史的皇家文化的保存地。其次，首都具有强大的凝聚功

---

① 孔建华：《论首都文化——20 年来北京文化发展战略的构建与演进》，载《新视野》2012 年第 4 期。

② 郑师渠：《"首善"之区与北京文化建设》，载《北京师范大学学报》（社会科学版）2004 年第 5 期。

③ 孙占军：《首都文化定位与文化产业的思考》，载《北京观察》2006 年第 1 期。

能。北京形成了北京特有的、集全国文化精英之大成的文化现象。北京作为新中国的首都，这种凝聚活动至今仍然没有中断。北京作为一国首都，承担对外交流的职能，同时也吸引世界各地的文化。最后，北京作为首都，政治、经济、文化相对发达，对于全国优秀人才、资本、技术具有巨大的聚集力。这些优秀人才也在不断地创造，形成北京的地域文化，形成一个个"北京模式"、"北京现象"向全国推广辐射①。

　　作为国家和民族具有代表性的文化名城，北京在首都文化建设的过程中需要超越"城市意识"而着力提高"首都自觉"，以首都文化城市的视野参与国际层次的文化竞争，其目标不仅仅是文化对于城市的发展和综合实力的推动，更是北京以其自身独特的地位而建构中国特色文化竞争力的必要努力。这需要更高品质的文化内容、更高的文化魅力、更独特的文化景观，使得北京成为推进中国特色文化强国建设中一个具有超越城市自身的文化坐标，在国际文化城市体系中焕发出首都文化的卓越性。

## 第五节　首都北京的文化竞争力构成与定位

　　北京的首都文化建设和首都文化竞争力问题具有多层面的探索和定位。新中国成立后，北京明确了作为全国文化中心的城市性质和定位，并且其内涵不断发展与演变。例如，1982 年北京正式提出《北京城市建设总体规划方案（草案）》，把北京的城市性质确定为"全国的政治中心和文化中心"，不再提"经济中心"和"现代化工业基地"的性质，这实际上凸显了文化在首都城市性质中的重要性。《北京城市总体规划 1991—2010》确定，北京是社会主义祖国的首都、全国的政治中心和文化中心、世界著名的古都和现代国际城市。在这里，首都的文化建设也被赋予了作为国际城市的国际竞争视野。1995 年，中央提出，北京的城市建设"要为党、政、军首脑机关正常开展工作服务；要为日益扩大的国际交往服务；要为国家教育、科技和文化发展服务；要为市民的工作和生活服务"的"四个服务"方针，首都北京对于国家文化发展的服务功能得到凸显和强调。2004 年《北京城市总体规划》确定北京是中华人民共和国的首都、全国的政治中心和文化中心、世界著名古都和现代国际城市，提出要

---

　　①　孙占军：《首都文化定位与文化产业的思考》，载《北京观察》2006 年第 1 期。

弘扬历史文化、保护历史文化名城风貌，打造传统文化与现代文明交相辉映、具有高度包容性与多元性的世界文化名城。

文化竞争力是北京在推进国家首都、全国政治中心和文化中心、中国特色世界城市、中国特色社会主义先进文化之都建设的重点内容。2010年2月，北京市委书记刘淇提出，文化是北京建设世界城市的重要特色，要"加快增强首都文化软实力"。2010年8月，刘淇提出要切实增强"首都文化软实力和国际竞争力"，努力建设具有国际影响力的中国文化中心。2010年4月公布的北京市《"人文北京"行动计划》（2010—2012）（以下简称《计划》），提出把北京建设成为"最具人文关怀、最具文明风采、最有文化魅力、最为和谐宜居的世界城市"。该计划高度重视首都文化软实力的问题，提出要使北京作为国际文化中心的地位更加稳固，深化文化体制改革，弘扬优秀传统文化，不断完善公共文化服务体系，不断完善文化创意产业发展政策和服务体系，使文化市场更加有序，文化特色更加明显，文化影响力更加凸显。《计划》规划了2010—2012年三年内着力实施的十大工程，其中社会主义核心价值体系建设工程、繁荣发展哲学社会科学事业工程、历史文化名城保护工程、公共文化服务体系建设工程、文化创意产业发展工程等，都是提升首都文化实力与文化竞争力的重大工程，也是提升首都文化世界影响力的重要支撑因素。2011年，在中共十七届六中全会召开并通过《中共中央关于深化文化体制改革推动社会主义文化大发展大繁荣若干重大问题的决定》的背景下，中共北京市委通过了《中共北京市委关于发挥文化中心作用加快建设中国特色社会主义先进文化之都的意见》，就推动首都文化大发展大繁荣、打造中国特色社会主义先进文化之都、发挥全国文化中心示范作用、建设具有世界影响力的文化中心城市作出了一系列重要的战略部署和设计。为了更好地推动首都文化大发展大繁荣，北京市提出了文化精品工程、文化惠民工程、历史文化名城保护和利用工程、文化创新工程、文化创意产业提升工程、文化科技融合工程、网络文明引导工程、文化名家领军工程、文化走出去工程九个重点工程，将有力地推动首都文化竞争力的全面强化与提升。拥有强大的文化生产力、文化服务力、文化传播力、文化保障力、文化创新力、文化感召力、文化影响力的首都文化，对于推动社会主义文化强国建设、引领和带动全国文化发展、提升中华文化的文化话语权，具有积极的重大意义。

　　具体来说，首都北京文化竞争力的建设，在重视一般性的城市文化竞争力的共通要素的基础上，还必须紧密结合首都城市、首都文化的特殊性质和内涵、功能，准确把握全国文化中心的定位对首都文化的功能要求，从北京作为国家首都、国家性文化中心城市、文化名城的性质和功能出发，转变文化发展理念，更全面、系统、科学地坚持与完善首都城市的文化功能，充分挖掘发挥首都的文化潜能与文化功能，坚持首都文化竞争力的科学发展。

　　1. 加强首都立足北京、面向全国的文化服务能力。首都文化的竞争力不仅仅是自身的发展，而是在全国文化发展大局中处于特殊的区位和地位，北京的文化竞争力不仅要通过自身的发展而得到体现，还要通过其作为全国文化的中枢地位对其他地区的服务效能而得以体现。首都的文化建设、文化发展、文化生产都应该具有全国性视野，首都的文化应该是面向全国、服务全国、惠及全国的文化。就此而言，北京是面向全国的文化服务中心，公共文化服务、文化市场服务、文化研发服务、文化投融资服务等都是其中的重要方面。从实际情况来看，北京要有面向国内外人流汇聚、具有高度兼容性和开放性的公共文化服务和公共文化空间，塑造国家级的公共文化之都；要有引领和激发全国文化汇集和流通、具有显著活性和效率的文化市场机制；要有对于文化生产和文化创造进行强有力的研发、资金等方面支持的保障机制，并以文化中心城市的驱动效应进一步带动全国文化的发展。

　　2. 加强领先全国、对接世界的文化带动和引领能力。首都北京的文化竞争力除了应体现其面向全国的服务能力之外，还应体现作为国家文化高端的带动引领作用，体现首都文化在国家文化发展格局中的牵引器作用。首都文化是国家文化发展的示范领域，是国家文化创新和文化发展繁荣的强大驱动，是国家文化生产高端和文化消费前沿的引领中心。从事实来看，国家的文化中心城市如果缺乏对于一国文化的引领作用，不能走在国家文化发展的最前沿，也就缺乏对于一国文化的统御能力和实际的中心地位。在当前我国文化大发展大繁荣的背景下，北京要有领先全国以及对接世界文化发展前沿阵地的战略视野。北京作为全国的科技创新中心、人才集聚和人才培养中心，也应该是全国的文化创新中心。北京的文化的体制机制创新、文化的创意设计、文化品牌的研发塑造、文化传播的创新拓展、文化经济的结构转变、文化服务的跨越推进、文化生活的提升优化、文化科技与文化教育的提升等，都应该在全国乃至世界上发挥引领带动的功能。

3. 加强首都的文化枢纽效力。在城市体系中，具有处于汇聚枢纽节点的城市，其文化显现着在不同的国内外城市之间的交往、联系、流通、互动。首都城市由于其文化上的特殊性，一般是国内外文化交流的荟萃之地，也具有对各地文化的重要的"集散"功能。各种官方或非官方的文化机构、组织，事实上对于城市的文化枢纽地位具有显著的塑造作用。甚至还存在着一些城市，由于大量国际组织的存在，其枢纽节点特征更显得十分突出。城市的这种枢纽作用，在文化上表现为促进不同城市之间的文化交流与合作、沟通与传播。在全球化、一体化的语境下，这种文化功能显得日益重要。作为国家首都、文化中心和建设中的"世界城市"，北京应具有对内和对外的文化中心枢纽地位，着力打造国内文化交流、文化汇聚、文化流通的中心，强化发挥对外文化交往、文化辐射功能，塑造超越国内其他城市、联结国内与国外的文化汇聚集散中心，并以此凸显北京在国内外的城市体系和文化竞争中的竞争优势。

4. 加强凸显首都区位优势的文化吸引和集聚能力。一座城市的文化竞争力，也来源于城市对于优秀文化资源的集聚能力，并在这种资源集聚中体现出城市的文化区位竞争优势。这种吸引集聚能力是由城市的历史积淀、发展基础、文化政策、文化环境等多方面因素所形成的，一般具有难以复制性以及与其他文化城市的"零和博弈"特性。由于首都城市在国家的政治、文化等方面的不可替代性优势，其在吸引各种文化资源并发挥作用上也具有特殊的优势和中心性。北京的文化应是汇聚国内乃至世界优势文化资源的中心高地，吸引着大量而优质的文化人才、文化资本、文化技术、文化设施、文化品牌、文化消费、文化组织、文化活动、文化生产要素，具有领先全国的文化势能，这种集聚能力有助于北京大力打造和强化其面向区域、全国乃至全球文化发达城市的竞争力。

5. 加强体现首都区域竞争力的文化整合和优化能力。城市的文化竞争力还表现在其文化生产、运营、发展的效率问题，以及在规模化的文化发展综合体中表现出来的优化的文化运作效率。对于首都和国家文化中心城市来说，仅有各种文化要素的集聚还是不够的，还应该在这种有利的环境中推进各种文化元素的化合与发酵，从而提升城市的文化竞争优势。北京作为全国文化的中心汇集地，应有良好的体制机制，促进文化资源的整合和提升，通过顺畅的管理机制、完善的集聚机制、健全的配套机制、积极的创新机制，通过打造面向全国的文化生产中心、文化市场中心、文化金融中心、文化信息中心、文化中介中心、文化消费中心、文化研发中心、文化改革示范中心，使首都成为文化生产和文化资源优化、文化大发展大繁荣的优质孵化地。

6. 加强覆盖和影响全国的文化辐射力和文化传播力。"世界城市"往往表现出城市对于全球城市体系的控制力，而这种控制力一般通过城市在经济、金融、流通等方面的辐射能够得以实现。在文化上而言，发达的乃至具有世界文化中心地位的城市，应该具有其文化媒介、文化产品、文化渠道向全国乃至全球的辐射机制，在文化全球化的语境中演奏出自己的强音。现实中，首都一般是传播媒介、文化活动的集中城市，例如伦敦、柏林、新加坡等许多国家的首都都是发达的"全球媒介城市"（Global Media City）。首都北京在向文化高度繁荣的文化名城建设进程中，应具有发达的文化传播体系和文化覆盖网络，是文化生产和传播的重要基地，不断构筑强大的现代传媒控制力、传播介质创新力、传播渠道影响力。这是首都参与国际文明对话和文化交锋的重要竞争力保障。

7. 加强首都文化价值策源能力。彭兴业在其首都城市研究中指出，作为承担国家文化中心功能的"首都城市是本国的文化艺术、教育科学、生活方式、社会风俗、价值观与审美标准的中心"，突出指出首都在民族国家文化价值构建与整合中的功能①。首都文化必须符合国家首都、政治中心的文化特征和要求，以首都文化的中枢地位承担起文化价值导向的职责，成为与时俱进地传播与创新先进文化的话语权控制中心。从文化与政治的关系来说，首都的文化建设必须着重于其"政治文化"向度，它一般是指文化的政治方面，即一个民族与国家在特定历史发展过程中所创造的与其政治制度和组织机构相适应的一套体现意识形态、政治信仰及民族国家感情的文化符号。富有竞争力与活力的首都是国家"政治文化"与社会文化的主要策源地与辐射源，也是国家和民族文化凝聚力的承载重心，首都文化的竞争力必须呈现这一重要维度。

8. 加强首都文化对国家和民族文化的传承能力。文化传统和历史积淀是城市物质文化和精神文化中具有不可替代性甚或唯一性的独特因素，

---

① 彭兴业：《首都城市功能研究》，北京大学出版社 2000 年版，第 139 页。

有形或无形的文化遗产构筑着城市独特的风景线和集体记忆、精神财富。对于国内外许多文化实力厚重的城市，深厚的文化底蕴和文化传统都是使其焕发着强大生命力的组成因子，生成着城市的独特魅力。首都城市往往是一个国家长期以来的政治与文化中心，积聚着一个国家和民族在其延续中的悠久历史积淀，烙刻着国家和民族诸多深厚的"集体记忆"。巴黎、伦敦、罗马、东京、伊斯坦布尔等不少首都城市，都是知名的历史文化名城，并且以其自身的历史文化传承而构筑着其文化软实力和文化竞争力中的特殊层面。首都北京是国家历史文脉的承载和象征，是国家和民族文化遗产、文化传统、文化记忆传承的重要中心，也是国家和民族文化演化及推广的媒介。在国际首都城市的文化竞争力比较中，缺乏对于国家和民族文化传承力、表现力的首都城市是缺乏足够的首都竞争力与影响力的。

9. 加强首都对国家文化的国际代表力和垂范力。首都作为国家文化形象的代表，其竞争力还表现在其所承载的国家优秀文化的品质。强有力的首都文化是国家优秀文化与文化高端的荟萃，是国家文化层次与文化水准的体现，是国家文化精神与文化形象、文化特色的彰显，具有面向全国的文化典范性和面向世界的文化代表性。这表现在首都具有的国家标志性的文化设施、文艺精品、文化阶层、文化创新等方面。正如彭兴业所指出的，"首都最集中地体现了现代社会文化与文明发展水平，绝大多数的首都城市均为本国文化与文明发展最高水平的'窗口'"①。首都城市必须有体现其文化质量的内容与品质，以参与到全球范围内激烈的首都文化竞争中，并取得应有的影响力与话语权。

---

① 彭兴业：《首都城市功能研究》，北京大学出版社 2000 年版，第 138 页。

# 第二章　世界主要首都城市文化竞争力及其对北京的借鉴意义和启示

## 第一节　伦敦文化竞争力

伦敦是英国首都城市，行政区划分为伦敦城和 32 个市区，由伦敦城、内伦敦、外伦敦构成大伦敦市，整个大伦敦市面积为 1580 平方公里。伦敦作为世界知名的城市，在近几百年来一直处于世界体系的中心地带，也经历了从工业城市向金融中心城市、文化城市的多元转型和提升。在萨森、弗里德曼等对于"世界城市"（World City）的研究中，伦敦都是毫无疑义的最为突出和典型的几个"世界城市"之一，体现出十分强大的城市竞争力与控制力。中国社会科学院相关机构发布的《全球城市竞争力报告》（2011—2012）[1] 中，伦敦的城市竞争力居于全球第二位，体现出在多方面强大的综合实力。花旗集团与莱坊联合发布的《2012 年财富报告》显示，在对全球 120 个城市的竞争力的调查中，就全球的城市吸引财富的格局而言，伦敦仍然是名列榜首的最具竞争力的国际大都市。作为"世界城市"的主要指标，城市的影响力包括文化等软实力所生成的影响力，这也是伦敦这座知名首都城市所具备的极为重要的实力，而且不断生成与强化着伦敦在全球城市体系中的竞争优势。

### 一　具有引领性和前瞻性的城市文化战略

一个城市的文化战略与政策、体制与机制等方面的因素是该城市文化竞争力形成的关键构成之一，它构成许多研究者对城市文化竞争力中所指

---

[1]　倪鹏飞、彼得·卡尔·克拉索：《全球城市竞争力报告》（2011—2012），社会科学文献出版社 2012 年版，第 13—24 页。

出和强调的"城市文化保障力"。具有前瞻性、引领性的文化战略有助于城市把握正确的发展导向，抢占城市文化发展的先机与制高点，推进城市文化竞争力的培育与发酵。在这方面，伦敦作为英国的首都和文化中心城市，作为具有世界意义的重要文化城市，为城市文化竞争力的塑造、文化之都的构建提供了具有典型意义的范本。

英国政府 2000 年发布了《创造机会——英格兰地方政府制定地方文化战略指南》，其核心是构建世界文化都市。伦敦作为首都城市和文化中心城市，在推进构建世界文化都市方面需要发挥其带动、示范等应有的积极作用。2000 年初，伦敦提出《伦敦计划》，突出城市的文化战略规划，其目标是构建"文化多样性的世界创意都市"；提出了一系列城市的文化政策和发展方向，包括增强世界创意之城的吸引力，更新地方社区等；规定了文化政策的实施范围，包括艺术、旅游和体育运动，历史古迹和考古，博物馆、画廊和图书馆，自然珍宝和古物，广播、电影和其他媒体等。2003 年，伦敦颁布了《市长文化战略纲要》，该纲要从伦敦文化战略规制角度，提出伦敦文化战略的主要目标：一是多样性，要满足各市民群体不同文化需求；二是卓越性，要提升世界一流文化都市地位；三是创造性，以文化创新作为城市发展动力核心；四是参与性，使市民人人有机会参与文化活动；五是价值性，从本市文化资源中获取最大价值。该战略纲要充分体现出了伦敦城市发展中的文化自觉和明晰完整的城市文化理念，对于伦敦文化竞争力的激活起到了进一步的推动作用。同时，伦敦把文化战略与城市整体紧密结合。例如，伦敦城市整体发展的五大要素是：1. 公平城市：平等宽容、反对歧视、邻里和睦、社区自觉；2. 人性城市：社区安全、街巷迷人、商品丰富、服务到位、人民安居；3. 绿色城市：崇尚自然、开放空间、生态设计、循环经济、绿色产业；4. 便捷城市：交通便捷、教育普及、健康休闲、娱乐多样、网络覆盖；5. 繁荣城市：经济活力、创造财富、人人分享。在这样的城市整体定位中，可以看到城市的文化性、人文性、创新性、知识性等因素所处的重要地位，这也是与伦敦建设世界文化都市和创意城市的目标理念具有内在关联与统一性的，同时也体现了文化在结合城市发展方式、推动城市发展方式转型中的意义。

21 世纪以来的发展中，伦敦持续地对城市的文化竞争力予以高度关注。2003 年颁布的伦敦战略目标定位中，包含着"模范的可持续发展世界级城市"（An Exemplary, Sustainable, Development and World-class city）、"卓越的创新文化国际中心"（An International Centre of Excellence for Creativity and Culture）。2003 年，伦敦出台《伦敦创新战略与行动纲要》（2003—2006），旨在把伦敦建设成为"世界知识经济领头羊"，目标是支持和推动创新，而创意、知识等也成为伦敦知识型城市建设中不可或缺的关键词。2004 年，伦敦颁布了城市文化战略《伦敦：文化资本，认识世界级城市的潜力》，提出要将伦敦打造成为英国最具有文化创意以及世界上最具有文化多元化的城市，要建设成为世界级的文化中心。为了文化竞争力的实施与推进，伦敦在体制机制等方面进行了多方改革。例如，伦敦于 2006 年成立了创意空间管理局，成为最早成立城市创意空间管理机构的城市。伦敦创意空间管理局资助和批准的项目均考虑了当地艺术家或艺术组织的诉求，资助了英格兰艺术委员会——观众聚焦基金、古本基尔基金、乡村首都伦敦孵化器计划、2007 年欧盟多媒体计划、多媒体"121 视听"计划、青年音乐艺术家奖、WREN 文化遗产保护基金等诸多活动，为伦敦文化实力的打造提供了有力的制度保障。

2008 年，伦敦公布《文化大都市——伦敦市长 2009—2012 的文化重点》，对未来三年伦敦的文化发展从 12 个方面进行了规划：（1）维持伦敦全球卓越的文化中心的地位；（2）塑造面向 2012 年以及更为持久的世界级文化；（3）加强对年青一代的艺术和音乐教育；（4）提高艺术的覆盖面和参与率；（5）加大对（伦敦）外围区域的文化供给；（6）为新人提供发展之路；（7）创造一个充满生机的公共空间；（8）支持草根文化；（9）推介伦敦；（10）为创意产业提供有针对性的支持；（11）捍卫文化在特定领域中的地位；（12）加大政府对伦敦文化的支持力度。此外，在《大伦敦规划》2011 年版本中，政策 4.6 "支持和加强艺术、文化、体育和娱乐供给"专门提出了伦敦文化创意产业规划的一些指导性原则。该部分的条款指出，自治市应该：（1）加强和保护创意工作、演出空间和与之相关的设施，尤其是那些有特定需求的区域；（2）支持闲置建筑临时用于表演和创意工作；（3）指定和发展创意园区用来容纳新的艺术、文化和休闲活动，使它们更加有效地利于城市重建；（4）推广和开发现有及新的文化设施和能够吸引游客的地点，尤其是在外伦敦和那些利于城镇中心更新和重建的地区……（7）在主要的混合用途开发（工程）中提供艺术和文化设施；（8）寻找艺术、文化、专业运动和娱乐设施在社区中的角色，并增强其经济贡献。在政策 4.5 "伦敦的游览者基础设施"

中，提出通过伦敦的战略文化区重点吸引旅游者，其中战略文化区主要就是伦敦的文化遗产和艺术表演区域，是每年吸引外国游客最多的地方，也是未来应该重点支持、保护和引导发展的地区。

2010 年 11 月，大伦敦市推出《文化大都市区——大伦敦市长的文化战略：2012 年及以后》，对于伦敦未来的文化建设予以了具有指导性的战略规划。该战略文件认为，伦敦仍然是世界上最为重要的文化艺术城市，文化创意产业在伦敦的世界城市排名中起着至关重要的作用，伦敦要维持在文化领域的世界城市地位，要求实施"文化奥林匹克计划"。该战略对伦敦的世界文化中心地位建设，提出了打造面向 2012 年乃至更久的世界一流文化等 12 个重点发展领域，提出了增进文化财富和文化多样性等发展思路，从提升区域文化机构建设、推动文化产业投资、对时尚企业和"电影伦敦"的支持等方面，提出了发展伦敦高品质、高竞争力文化的对策和举措。

### （二）卓越而突出的文化创意产业竞争力

文化产业和创意产业已成为当前城市文化竞争的突出维度，伦敦作为着力建设创意城市、世界文化中心的首都城市，其文化创意产业在城市发展中占有极为重要的地位。事实上，伦敦已经成为举世公认的文化创意产业之都，创意产业在伦敦成为仅次于金融和商业服务的第二大产业部门，这个比例凸显了文化与创意在伦敦的城市发展方式中的地位和作用。据伦敦统计局的统计数字，1995 年到 2000 年之间，伦敦创意产业每年提供的就业机会以 5% 的速度增长，产出以 8.5% 的速度增长。伦敦创意产业的劳动生产率和人均产值也远超全国水平，2000 年伦敦创意产业人均产值为 2500 英镑左右，几乎达到全国创意产业人均产值 1280 英镑的两倍[①]。2002 年，创意产业对伦敦的总产出贡献率已经排在了第三位，创造了 210 亿英镑的产值。据 2003 年 2 月公布的《伦敦市长文化战略草案》披露，伦敦的创意和文化产业估计年产值为 250 亿~290 亿英镑，从业人员达到 52.5 万。在随后数年的发展中，"据伦敦年度经济报告显示，2005 年在创意产业部门就职的从业人员占伦敦全部从业人员的 12% 和英国创意产业总从业量的 25%"[②]。创意产业成为伦敦近 10 年来增长最快的产业，鲜

---

① 贺艳：《创意产业在国外》，载《经济》2009 年第 7 期。
② 闻瑞东：《国外发达城市文化软实力的提升及启示》，载《社科纵横》（新理论版）2011 年第 3 期。

明地体现出伦敦的创意之都战略成效。GLA 的官方数据显示，2007 年有 38.6 万人就业于伦敦文化创意部门，间接就业于文化创意部门的有 41.1 万人，总共达到 79.7 万人，文化创意产业的总增加值达到了 185.45 亿英镑。总体来看，伦敦的创意产业劳动力占英国全国的 32%，占英国东南部地区的 58%。截至 2010 年，伦敦的创意产业劳动力岗位达到 65.8 万个，发达的文化部门为伦敦带来年近 200 亿英镑的巨大经济效益。

　　伦敦的文化创意产业具有其自身的产业特点与结构，创意因素在其中得到突出。根据 GLA Economics 的数据，2005 年伦敦文化创意产业就业人数为 55.4 万人，其行业分布中，出版 7.8 万人，休闲 7.8 万人，音乐、视频和表演艺术 7 万人，这三个行业就业人数最多，之后是广播和电视（4.8 万人）、广告（3.8 万人）、电影和音像（2.5 万人），见表 1。休闲、音乐、演艺、视频、广播电视等行业都是具有高创意量与内容性的文化产业部门。同时，伦敦地区文化创意产业的规模及其从业人员状况，也反映出伦敦在英国文化创意产业中高度的"首位度"。

表 1　　　　　2005 年伦敦文化创意产业从业人数及其所占比重[1]

| 项目 | 伦敦（万人） | 英国（万人） | 占伦敦文化创意产业的比重（%） | 占英国该文化创意产业的比重（%） |
|---|---|---|---|---|
| 出版 | 7.8 | 19.7 | 14 | 40 |
| 休闲 | 7.8 | 34.9 | 14 | 22 |
| 音乐、视频和表演艺术 | 7 | 21.3 | 13 | 33 |
| 广播和电视 | 4.8 | 9 | 9 | 54 |
| 广告 | 3.8 | 10.4 | 7 | 36 |
| 电影和音像 | 2.5 | 6 | 5 | 42 |
| 建筑设计 | 1.2 | 6.5 | 2 | 18 |
| 艺术和古董 | 0.7 | 4 | 1 | 18 |
| 时尚 | 0.4 | 1.9 | 1 | 23 |
| 文化创意产业之外的创意职位 | 19.4 | 104.7 | 35 | 19 |
| 合计 | 55.4 | 218.4 | 100 | 25.4 |

　　[1]　转引自屠启宇主编《国际城市发展报告》（2012），社会科学文献出版社 2012 年版，第 189 页，原出处为 GLA Economics（2007）。

就核心竞争力与特色竞争力而言，伦敦的出版、传媒、广告、艺术、演出等行业在全球都具有显著的影响力和竞争力。就书籍报刊的出版而言，伦敦拥有路透社等世界知名书刊出版集团的总部。伦敦的舰队街作为英国报业的集中地，集聚着《泰晤士报》《卫报》《金融时报》《每日电讯报》《观察家报》《周刊》等诸多媒体。作为首都城市，伦敦的书籍报刊出版在英国具有举足轻重和"牵一发而动全身"的核心地位。"英国40%以上的出版业从业人员集中在伦敦，英国排名前11位的报纸中，伦敦占据10席，有1850多家书籍及杂志出版商和7000个学术杂志社，出版产业产值高达34亿英镑，占到全英国36%。"① 如此高密集度的出版产业，打造了伦敦具有世界影响力的出版中心城市地位。其报刊、书籍的发行在国际范围内也具有举足轻重性，对于增强英国的国际影响力起着积极作用。

现代的广播、电视媒体也是伦敦文化产业中显著的组成部分。英国广播公司（BBC）等国际知名的传媒总部汇聚伦敦。广播与电视产业一半以上的雇员在伦敦工作，多达2.5万多人；当今，英国全部约1100个独立电视制作公司中，近700个（包括几乎所有的大公司）位于伦敦②。从经营状况来看，伦敦拥有全英国电视广播和电影产业收入总额的约3/4。事实上，伦敦已经成为英国广电传媒行业的高度集中地与"巨无霸"，极为鲜明地凸显出首都城市在广电传媒话语中的控制力与竞争力。电影产业也是伦敦具有强大竞争优势的文化产业。据伦敦外商投资局等政府部门公布的数据显示，伦敦是世界上仅次于纽约和洛杉矶的第三大影片制作中心。据2003年公布的《伦敦市长文化战略草案》披露，伦敦的电影业年产值为7.36亿英镑左右。作为英国的电影产业中心城市，伦敦拥有全英国70%的电影工作者、80%的电影产业、1.2万个在伦敦电影委员会登记的电影拍摄地，包揽了英国约3/4的电影后期制作业务，平均每天有27个摄制组在伦敦街头取景拍摄。

伦敦具有发达的广告业，是知名的广告中心城市和"世界广告之

---

① 丛海彬、高长春：《创意中心城市竞争力的国际比较及其启示》，载《城市发展研究》2010年第8期。

② 王琪：《世界城市创意产业发展状况的国际比较》，载《上海经济研究》2007年第9期。

都"，被公认为全球三大广告都城之一，2/3 的国际广告公司把它们的欧洲总部设在伦敦，全英国广告从业人员总数的 46% 汇集于伦敦。对于广告而言，其创意内容居于十分重要的地位，因而也成为凸显伦敦"创意城市"竞争力的一大支撑。此外，演艺产业也是伦敦文化吸引力的重要内容。英国的 1600 多个表演艺术公司中超过 1/3 的公司位于伦敦，伦敦"聚集了英国 1/3 的表演艺术公司、70% 的录音棚、90% 的音乐商业活动"①，是英国当之无愧的演艺文化产业中心。伦敦西区作为表演艺术产业的集聚地，是与美国纽约百老汇齐名的世界两大戏剧中心之一，是具有显赫国际知名度的表演艺术产业集聚平台，也是英国戏剧演艺界具有标签性的指代。2007 年，伦敦西区的 5 家剧院共上演了 153 部剧目，创造了 4.69 亿英镑的票房收入，对伦敦经济的贡献超过 15 亿英镑。就音乐产业而言，伦敦是世界第三大音乐市场，集聚了英国 70% 的唱片公司，拥有全国 90% 的音乐商业活动，音乐产出量基本占英国的一半。

创意城市中，"设计之都"是一种重要的范式。联合国"全球创意城市网络"中，"设计之都"有柏林、布宜诺斯艾利斯、蒙特利尔、名古屋、神户、深圳、上海、北京等城市。伦敦尽管没被列入"世界设计之都"的名单，但是无可否认其在设计产业方面的强大实力。从英国整体来看，其拥有超过 4000 家商业设计咨询公司以及大量的自由设计师，广泛涉及品牌打造、图文制作、包装和商业室内设计，以及产品设计、多媒体和工艺设计。伦敦汇集了英国 1/3 以上的设计机构，产值占英国设计产业总产值的 50% 以上；占有全英国 85% 以上的时尚设计师；"时尚设计业增加值 80 亿英镑以上，出口额高达 4 亿英镑以上"②。伦敦设计业的发达及其面向国际的竞争力，与它的设计业的教育水平与产业发展环境紧密关联，它拥有诸多世界级的设计教育机构和设计单位，其中近 3/4 的单位有全球客户。游戏等数字产业的设计制作也是伦敦文化创意产业的主要构成和新兴元素，"近 1/3 的 TIGA 成员和英国游戏业开发业联盟处在伦敦。据估计，在伦敦的游戏开发人员约 1300 人"③。伦敦也集中了众多国际性

① 陈伟、张晓芳：《全球化背景下首都建设世界级文化中心的必要性研究》，载《经济视角》（中旬）2012 年第 3 期。

② 丛海彬、高长春：《创意中心城市竞争力的国际比较及其启示》，载《城市发展研究》2010 年第 8 期。

③ 王琪：《世界城市创意产业发展状况的国际比较》，载《上海经济研究》2007 年第 9 期。

的著名游戏公司，如索尼的欧洲游戏部门就是以伦敦为中心。此外，伦敦还拥有拍卖销售额仅次于纽约的、位居世界第二的艺术品交易产业，艺术及古董代理商人数占到全国的约1/3。

伦敦的文化创意产业发展起步早、基础好，对于伦敦从工业城市向文化城市、从"雾"伦敦向"酷"伦敦的转变，起到了十分重要的推动作用，也深刻影响着城市的空间与结构面貌。伦敦市在其文化战略中，在西区、东区等区域加强了不同类型与分布的文化创意产业园区和集聚区域建设，形成了东区的数字媒体产业、西区的演艺产业、SOHO区的影视产业等具有国际性知名度和竞争力的文化集聚区，它们都构成伦敦文化竞争力提升与辐射的宝贵资源，也在一定程度上对于城市形象的改善与优化起着积极作用。2007年，在第二届全球年度城市品牌指数报告中，伦敦击败纽约、巴黎，再次位居全球城市国际品牌形象调查第一名。"据伦敦市政府的调查研究，每10个访问伦敦的外国游客中，有7个游客在做旅游决策时，会将伦敦文化作为重要的考虑因素。"① 可以说，文化伦敦、创意伦敦的城市战略，对这座古老的首都城市与知名的世界城市的竞争力提升与影响力发挥，起着具有当下和未来意义的显著作用。

### （三）繁荣发达的城市文化设施与公共文化环境

伦敦是世界文化名城，深厚的文化底蕴、发达的文化设施、领先的公共文化都是其焕发城市文化竞争力的优势领域与支撑内容，对于增强城市的文化吸引力、文化影响力有着不可替代的作用和功能。

伦敦是历史悠久的文化名城，早在公元1世纪，罗马军队就已在此筑城。作为一座历史文化城市，伦敦有4处世界文化遗产，18901个其他类型的历史文化遗址。在目前的伦敦城中，受保护的建筑多达1.7万座，广泛涉及教堂、宫殿、园林、博物馆、剧院、市政设施等多种多样的类型，体现着伦敦的历史底蕴与内涵。紧靠泰晤士河的伦敦塔是具有900多年历史的城堡，于1988年被列入世界遗产名录。

在城市文化建设方面，伦敦素有"博物馆之都"的美誉，拥有世界上数量最多的博物馆。到2011年，"伦敦已创建281座博物馆。……每29149个居民就拥有一个博物馆，人均博物馆拥有数量居世界前列，伦敦

---

① 牛继舜等编著：《世界城市 文化力量》，经济日报出版社2012年版，第92页。

已成为世界知名的博物馆文化城市"①。其中，伦敦国家级的博物馆数量达到了 11 家。于 19 世纪上半叶建造的大英博物馆历史悠久、气魄宏伟，也是世界上规模最大、最著名的博物馆之一，现有 10 个分馆，100 多个陈列室，藏有展品 400 多万件。此外，伦敦还拥有泰特大英艺术博物馆和泰特现代艺术博物馆等其他诸多国际知名的博物馆。"伦敦的博物馆有 41 个门类，即生活、科学、玩具、教育、娱乐、食品、时装、军事、风车、蜡制品、魔术、法律、考古、海洋、媒体、监狱、工业、剧院、钟表、共济会、消防、宗教、医疗、童子军、园艺、芭蕾舞、体育、传记、钱币、种族、航空、图书馆、综合类、音乐、集邮、技术、设计、运输、艺术、历史以及废弃博物馆等。"② 全世界每年有 1 亿人前来伦敦参观各类博物馆和画廊。伦敦每 10 平方公里就有 1.1 座博物馆，这些优质、分布广泛、藏品丰富的博物馆，极大地提升与凸显着伦敦的城市文化品位，形成伦敦文化竞争力建构中的品牌效应和"主题文化"特色。

图书馆也是城市文化底蕴的核心性体现。根据文化审计（Cultural Audit）（2009）的数据，伦敦有公共图书馆 395 个，高于同期巴黎的 303 个、东京的 369 个、纽约的 255 个，伦敦平均每 10 万人口就有 5 个公共图书馆；共有 802 家书店。大英图书馆是英国最著名的图书馆，其收藏上溯 3000 年，馆藏数量高达 1.5 亿件，藏品来自世界各大洲，包括各类典籍、地图、报纸、杂志等印刷出版物，也包括手稿、录音带和 CD，免费向公众开放，形成具有全国性乃至国际性的文化吸引力。丰富的剧院也是伦敦文化魅力的重要来源，伦敦共有 214 个剧院，每 10 万人就拥有 1.4 个剧场，每 10 平方公里就拥有 1.3 个剧场；每年有数万场表演，其数量仅次于纽约，居于世界顶尖水平；在全世界最好的 5 所流行音乐表演场所中，伦敦有两座，分别为 O2 表演中心和温布雷表演中心，这是其他世界级的首都城市所无法比拟的；有伊丽莎白女王音乐厅、艾伯特音乐厅、皇家庆典音乐厅等音乐厅。伦敦至少有 1000 个以上的剧场，其中著名的皇家大剧院、英国国家剧院、皇家节日厅、国家剧场、伦敦帕拉斯剧院和环球剧场等，主要集中在西区，大多上演莎

① 杨红：《伦敦博物馆文化给海南博物馆文化发展的启示》，载《海南人大》2012 年第 1 期。

② 同上。

士比亚、萧伯纳的作品，年度戏剧表演逾万场。根据文化审计（2009）的统计数据，伦敦的公共艺术馆总数达 92 个，远高于巴黎的 59 座和东京的 40 座。此外，伦敦还有 857 家画廊，100 多家电影院。浓厚的文化氛围，使得伦敦体现出巨大而深厚的文化资本，产生了世界性的文化吸引力和影响力。以图书馆为例，伦敦不仅是世界上的"博物馆之都"，其公共图书馆服务也十分发达，人均拥有的公共图书馆数量显著多于巴黎、东京以及北京等其他首都城市，成为城市的文化竞争力和吸引力的有力表现之一，见图 1。

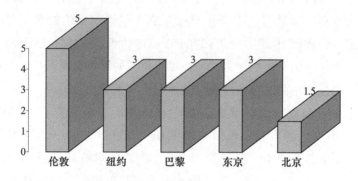

**图 1 主要城市每 10 万人公共图书馆的数量（单位：个）**

资料来源：伦敦政府统计报告《London：A Cultural Audit 2009》、《北京统计年鉴》、《中国国家图书馆年鉴 2009》、维基百科等。

政府对于文化设施、文化服务的大力投入和多方扶持，使得伦敦的城市公共文化发展处于领先水平，为城市的公共文化环境提供着必要而有力的支持。为了能更好地促进城市文化发展，伦敦政府在《伦敦市长文化战略草案》中提出了若干文化政策，包括更多地投资世界级文化设施的建设和维护、吸引和创办更多的世界级文化盛会、建立文化的特色品牌、充分发挥公共场所的文化潜力等①。其中城市的公共文化和文化环境建设都是关注的重点方面。英国伦敦对于公益性公共文化的投资力度具有充分保障，有力提升着城市的公共文化环境。例如，伦敦 2002 年的全年文化投资中，纯艺术 3.2 亿英镑，图书馆 2.9 亿英镑，博物馆 2.2 亿英镑，公园

---

① 杨荣斌、陈超：《世界城市文化发展趋向——以纽约、伦敦、新加坡、香港为例》，载张晓明、胡惠林、章建刚编《2004 年：中国文化产业发展报告》，社会科学文献出版社 2004 年版。

1.4 亿英镑①，而电影和旅游等经营性文化项目则分别只有 3000 万和 1000 万英镑；博物馆、图书馆、公园和艺术这些公共文化服务项目显然得到了政府的重大扶持。伦敦充分调动社会化多元主体的力量，基金会、企业赞助、发行彩票等多元化和多样化的资金来源形式虽然在一定程度上降低了政府对于公共文化的直接掌控力，但是显著增强了城市的公共文化活力。"伦敦文化机构大约每年收到来自公共和私人部门 11.33 亿英镑的资金支持，其中财政拨款 46.10%，地方政府 31.10%，彩票 15.20%，赞助商 5.30%，信托基金 1.50%，欧盟 0.20%，其他 0.60%。"② 伦敦文化机构资金来源支持情况见图 2。

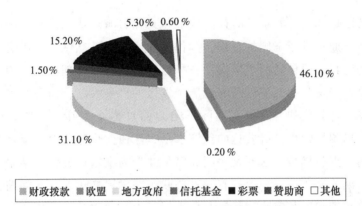

**图2 伦敦文化机构资金来源支持**

城市中丰富多彩的文化活动也为伦敦的城市文化竞争力提供了一道道亮丽的风景线。为了推动城市文化的活力与城市辐射力，伦敦开展了一系列重要的城市节会与文化活动，形成了伦敦时装周、伦敦电影节、伦敦设计周、弗瑞兹艺术博览会几大品牌性活动。从 1993 年开始的伦敦时装周如今已成业界公认的重要时装舞台；从 2003 年开始举办的伦敦设计节已成为全球最具影响力的设计节；1957 年创办的伦敦电影节是英国最重要

---

① 《对英国公共文化艺术多元共生及全球市场战略的思考》，浙江文化信息网，http://www.zjcnt.com/Article/2007-09-18/97922.shtml。

② 杨荣斌、陈超：《世界城市文化发展趋向——以纽约、伦敦、新加坡、香港为例》，载张晓明、胡惠林、章建刚编《2004 年：中国文化产业发展报告》，社会科学文献出版社 2004 年版。

的主流电影节，也是欧洲优秀电影节之一；1985 年正式创立的伦敦国际广告奖每年有近百个国家和地区参加。为了迎接奥运，伦敦策划了一系列重大文化活动，鼓励市民在街上举办各种各样的"大歌舞"舞蹈活动。政府也积极鼓励一些企业和文化机构在晚上 12 点后举办书会、电影会、音乐会等各种文化活动，组织街头艺术家表演等，发展自身的城市特色文化。这些事件与活动丰富了伦敦的城市文化内涵，激发了其文化生成、传播与互动的活力，促进了城市公共文化与文化品质的提升。

## 第二节　巴黎文化竞争力

巴黎是具有世界意义的首都城市和文化名城。从公元 6 世纪起，巴黎便被定成法兰西王国的首都，其作为法国都城具有悠久的历史。现在所说的巴黎主要包括两个层次：一是巴黎市的行政管理区域，为 105 平方公里；二是包括巴黎以及邻近 7 个省区的巴黎大区，面积约 1.2 万平方公里。与其他的具有重要国际影响力的首都城市或"世界城市"相比较，巴黎尽管也具有发达的经济水平，然而文化竞争力无疑是其城市的突出特点和优势。这既是法国和巴黎政府高度重视文化的结果，也与法国长期的文化历史积淀有着紧密关联。在发展文化艺术的问题上，法国国家政府和巴黎市政府都对文化进行了大量的政府主导扶持和具有自觉性、前瞻性的文化投入，对文化事业给予大力支持，对文化及相关产业给予多种形式的财政补贴或赞助，"对外积极推动文化交流，提升法语地位，加强法国文化的世界影响力"[1]。1959 年，戴高乐政府成立了法国历史上第一个文化部，提出法国的文化政策要"使最大多数的法国人能接触全人类的、首先是法国的文化精华；使法国的文化遗产拥有最广泛的群众基础；促进文化艺术创作，繁荣艺术园地"。在保护和发展本土文化方面，法国最先提出"文化例外"观念，倡导"文化多样性"理念，显示了对于国家和民族文化的自豪感、自信心和"文化自觉"。

---

① 贾烈英：《走向世界文化中心之路——来自巴黎的启示》，载《北京精神：构建精神家园 提升文化软实力——第五届北京中青年社科理论人才"百人工程"学者论坛论文集》，2011年版。

在浓厚的文化传统和文化氛围中，巴黎的城市文化建设与发展也体现出具有世界意义的典范性和影响力。诚如有学者所指出的，"巴黎虽然是法国最大的工商业城市，它的北郊集聚了汽车、电子、食品、医药等大型制造业，其中不乏世界500强企业，市中心也有各种贵重金属、皮革、时装等精细加工工业存在，但是所有这些在巴黎历史悠久、声名显赫的文化设施、文化名胜、文化精品、文化大师的名头下黯然失色"①。巴黎还拥有"世界艺术之都"、"时尚之都"、"世界花都"等美誉，体现着巴黎卓越的文化实力。"世界花都"之称实际上是对巴黎时尚、流行、文明、艺术、风雅、浓丽等风格的描述和代称，这些都是许多国际化大城市所无法比拟的浓厚的城市文化风格和韵味。当前的城市发展和国际城市竞争中，巴黎政府继续高度关注其城市的文化问题。2007年巴黎颁布《巴黎市文化政策》，2008年总统萨科奇主持"大巴黎计划"（Greater Paris Plan），将巴黎的目标定位于建设具有"创造力、革新力、凝聚力"的世界城市，文化部长被指定跟进整个规划过程。巴黎的文化竞争力既是巴黎保持世界城市竞争地位的重要影响因素，也在相当大程度上代表与提升着法国的国家文化竞争力与软实力。

## （一）深厚卓越的历史底蕴和历史文化竞争力

巴黎城市的一大特点是较为完整的历史风貌保护传承和作为历史文化名城的突出优势，巴黎文化政策的重点也是对城市文化遗产的保护。早在1840年，法国就颁布了《历史性建筑法案》，这是世界上最早的一部关于历史建筑保护的法规。1859年，巴黎通过了不建高楼的相关法规，法规规定巴黎市楼房高度不得超过20米，此后"市区不建高楼"成了巴黎人的共识。巴黎的《城市规划和保护法》是世界上最全面、最完善和最严格的城市法律之一。在纽约、伦敦、巴黎、东京四大世界城市中，巴黎是"历史风貌保护最为完整，城市历史风貌最有序列感，形态特征最为突出的典型城市"②。巴黎在经历了18世纪大规模的城市改造以后，就未再有过大的城市改造与改建，其城市历史风貌具有整体性良好的显著特征。巴黎市政府在1994年制定的《大规划》中提出："巴黎的发展目标是拥有

① 巫志南：《永不落幕的嘉年华——巴黎·纽约·伦敦扫描》，载《社会观察》2004年第1期。
② 陈宇飞：《文化城市图景》，文化艺术出版社2012年版，第156页。

历史古迹、艺术建筑和文化遗产的城市，也是充满活力、创造力和生机的城市。"为了保护巴黎的历史文化，巴黎成立了"老巴黎保护委员会"。从城市的产业分布看，为了保护文物古迹众多的市中心区，巴黎把主要工业区分布在郊外，市内仅安排一些与文化相关的产业，这充分有利于城市街区、建筑等风貌的保护。有学者指出，"在巴黎，90% 以上的老区得到了保存。城市保护法律的诞生，使城市为完整保护历史街区的原貌提供了法律依据。城市作为历史和文化载体的功能在巴黎得到了完美的体现"①。

　　丰富的历史文化古迹使得巴黎凸显出强烈的世界历史名城风范和文化魅力，吸引着世界性注视。巴黎有 500 多处列入国家保护的历史古迹，具有历史文化价值的大型古建筑有 96 处，受到保护的古建筑有 3115 座，这在法国各城市中占据着较大的比重。巴黎著名的历史遗产和古迹多具有世界性知名度。例如，路易十四建造的凡尔赛宫、建于 12—14 世纪的巴黎圣母院、建于 1863 年的高 45 米的凯旋门、1889 年由菲尔设计的高 307 米的埃菲尔铁塔、1775 年建的协和广场，它们不仅成为巴黎的象征，也成为具有国际意义的地标。从 2001 年到 2007 年，巴黎政府一共投入了 8700 万欧元用于对历史建筑的修缮，对城市的历史古迹进行了大力度的资金和财政投入。种种强力保护措施也使得巴黎的诸多历史文化遗产保存得较为完好，其底蕴和魅力也得到更为充分的发挥。巴黎的卢浮宫、埃菲尔铁塔、巴黎圣母院、凯旋门等历史建筑到目前为止，经历了种种城市改造和扩建、发展后，依然保存得较为完好，就连城市的下水道都得到了很好的历史遗存保护，甚至成为具有一定知名度的旅游景点。巴黎的历史风貌保护不仅是对于独立的建筑、场所的保护，还是大规模、高规格的整体保护，巴黎市中心沿塞纳河两侧 10 公里为世界遗产，这一区域按照巴黎市的规划不再增添新的建筑，巴黎针对其城区的历史保护以及城市的长远持续科学发展，建了 5 座卫星城，其城市发展和扩张中的新建筑也主要集中在新建的卫星城，从而使得旧城区得到科学、严格的整体保护。

　　城市历史文化魅力不仅体现在其有形的历史建筑和文物上，还体现在城市历史遗留的文化传统、历史文化氛围以及非物质性的文化遗产上，这些也成为巴黎在世界历史名城竞争中独特的重要构成。巴黎对于其所拥有

---

① 蒯大申：《世界文化中心城市何以可能？》，载《社会观察》2004 年第 1 期。

的非物质文化遗产具有强烈的文化自豪感，采取了有效的保护、推广举措。例如，对于"法国大餐"习俗礼仪和各种传统手工业技能的保护。就世界知名的法国美食文化传统而言，它包含着巴黎乃至法国具有丰富意味的社会文化习俗，包括从备餐到食用礼仪的全部过程，体现着巴黎的日常生活所散发的历史底蕴和魅力。联合国教科文组织已经将法国的美食传统以及巴黎的法国手工业行会传统、阿朗松针织花边技艺等列为人类非物质文化遗产名录，这些都是巴黎深厚的历史积淀的体现。在对巴黎历史街区的保护中，也注重涵盖对于无形文化遗产的整体保护，传统街区中的所有老建筑和文化习俗、手工艺技能等都被共同作为保护对象。18 世纪时未经过奥斯曼男爵改造的玛黑区和具有独特艺术风味的圣杰曼区，都是得到较为完整保护的巴黎知名传统特色街区，它们也成为巴黎独具特色和竞争力的城市文化空间。

### （二）具有高度活力和创新性的城市现代文化

思想文化、艺术文化、时尚文化等是巴黎高度活跃的城市现代文化构成，它们不同于城市中由历史积淀形成的历史文化，而是具有当下性、创新性的文化因子。巴黎所拥有的"世界艺术之都"、"时尚之都"等美称，体现了其在文化软环境和软实力上具有的独特竞争力和优势内容。事实上，巴黎在现代文化方面的活力和竞争力是巨大的，这成为其构建世界文化中心城市的十分重要的向度。

就艺术文化而言，巴黎是世界的艺术长廊和艺术教育中心，是世界各地艺术家向往的艺术殿堂和圣地。这里荟萃着来自全球的著名艺术机构、艺术家，也向全球输送着在这里学习过的艺术人才。位于巴黎的法国国家音乐学院和舞蹈学校等在艺术界都具有极其重要的地位。巴黎的美术、音乐、文学、文艺门类等都十分发达而具有创造力，可谓大师云集。这种文化创造活力与政府的扶持、引导不无关系，但也不是仅靠政府的扶持就可以实现的。"巴黎文化软实力的逐步提升并最终成为'文化之都'，最重要的不是资金，而是创造适宜文化生存的土壤。"① 在这种土壤中，一方面，我们不能忽视政府和管理组织的作用，例如：巴黎成立了由专家和市民共同组成的文化政策机构"城市艺术委员会"，制定艺术定位标准，进行文艺

---

① 邓鑫：《巴黎 一座城市的文化软实力》，载《深圳特区报》2011 年 10 月 31 日。

作品审查，扶植优秀文化因素；巴黎每年给予面向年轻人的文化表演的发行津贴超过715万欧元，并制订了关于青少年影视才能的教育计划，对于城市中的文艺活动和文化教育予以引导和鼓励。另一方面，巴黎具有浓厚的文化氛围和文化底蕴，这也是其文化创造活力的一个重要源泉。巴黎具有一系列灿若明星的全人类的文化艺术大师，包括莫里哀、雨果、巴尔扎克、大仲马、莫奈、普鲁斯特、毕加索、萨特等，成为其他城市难以比肩的厚重的底蕴，这些成为巴黎文化土壤中极为核心性和差异化的构成。

巴黎之所以具有高度活跃的城市文化活力，与它的政府和居民高度的文化意识和"文化自觉"具有紧密关联。在这样一座文化之都中，文化和艺术成为融入市民深层血脉和意识的一种追求，而不只是一小部分从事文化艺术职业群体的工作。例如：巴黎的"街头艺术"十分活跃，泰尔特尔艺术广场是世界闻名的露天画廊，每天都有不少画家在这里即兴作画出售；市中心的沙特莱广场和圣·日耳曼德伯广场等地，经常有青年学生和市民自带乐器举行音乐会，表演各种节目。这不只是一种公共文化空间和群众文化活动，它体现着这座城市对于文化艺术的高度认同、高度包容和追求，也是城市浓厚文化氛围的体现。巴黎左岸地区是著名的文化集聚区，也是巴黎著名的文化景观，是城市社会和民众强烈的文化意识的体现和生发地、策源地。"左岸天然地具有自由、热烈、活力无限的气质，与之相配套的是各种博物馆、剧场以及花色繁多的小咖啡馆、小书店、小餐馆、酒吧间、啤酒馆等，成为知识分子喜欢聚集的圣地。……是巴黎自由文化的象征，是巴黎流行文化的大本营。"[1] 左岸地区集中着巴黎大学、法兰西大学、法兰西学院、罗丹博物馆、克吕尼馆、MK2 艺术院线等主要的文化机构和场所，在一定程度上引领着巴黎乃至法国的思想文化潮流，催化着巴黎的思想文化更新活力和创新驱动力。

城市公众性的文化艺术活动对于夯实巴黎的艺术文化土壤具有不可忽视的作用，强化着城市的文化艺术基础。巴黎多种知名的文化艺术节也是其城市现代文化活力的重要体现，并且产生着国际性影响力。其中，创建于1972 年的"巴黎金秋艺术节"是世界十大知名艺术节之一，其主题是欧洲国家以外的音乐、戏剧、舞蹈、歌剧、电影等多种当代艺术内容，注重挖掘青年艺术家。"据统计，在2010 年艺术节期间，音乐、戏剧和舞蹈

---

① 陈宇飞：《文化城市图景》，文化艺术出版社2012 年版，第197 页。

剧场的上座人数达 17 万人，电影和展馆的入场人数达 2 万人。"① 在开始于 1982 年的一年一度的法国音乐节中，所有专业、非专业的音乐人或团体走上街头，免费展示自己的音乐艺术，这是一种每个人都可以参加的群众性文艺活动，并已扩散到全球五大洲 300 多个城市的法国音乐节分会场。创始于 2002 年的"巴黎沙滩节"是全民消夏文娱活动。"巴黎不眠之夜"由巴黎市政府在 2002 年发起，该活动邀请所有巴黎市民共同参与，鼓励大家走入博物馆、画廊、图书馆，免费参观各类常态展出和特展。这项活动再次强化了巴黎艺术创作、消费和创新的核心地位，并引得布鲁塞尔、马德里、罗马、阿姆斯特丹等欧洲其他国家首都城市纷纷效仿，甚至创建"欧洲不眠之夜"②。巴黎以其极富引领性与竞争力的城市现代文化艺术和文化活力，打造着具有面向欧洲和国际辐射力的文化中心城市。

### （三）高水准的城市公共文化设施和服务

具有强烈文化竞争力的首都城市大多离不开高质量和高水准的城市公共文化，如城市的博物馆、图书馆以及各种公共文化空间。巴黎的公共文化设施和服务也是其文化竞争力中必不可少而且具有世界知名度的一个环节，在一定意义上构建着巴黎的文化地标体系和文化符号象征。

在面积不大的巴黎市区中，分布着总数多达 300 多个的文化中心、艺术中心、体育中心，拥有 134 座博物馆、170 多家歌舞厅、350 个电影厅、141 个剧院和 64 所市属公共图书馆。在巴黎大区中，"有 1000 多家书店，300 多家影剧院，每年有 190 多个电影节日，还有 800 多家公共图书馆，以及 350 多家剧场和剧院"③。尽管在博物馆的数量上少于有"博物馆之都"之称的伦敦，但是巴黎具有与伦敦的大英博物馆、纽约大都市博物馆并称为"世界三大博物馆"之一的卢浮宫，以及其他众多具有世界声誉的博物馆，它们构成巴黎公共文化体系中极为重要的组成部分。始建于 1204 年的卢浮宫是世界上最古老、最大、最著名的博物馆之一；蓬皮杜国家艺术文化中心是一个现代艺术博物馆，分为

①　李建盛等：《中国特色社会主义先进文化之都建设研究》，知识产权出版社 2012 年版，第 98 页。

②　尹明明：《巴黎文化政策初探》，载《现代传播》（中国传媒大学学报）2010 年第 12 期。

③　［法］奥迪勒·苏拉尔、卡里纳·卡莫尔：《巴黎独特的文化韵味及其文化产业布局》，载《毛泽东邓小平理论研究》2012 年第 6 期。

工业创造中心、大众知识图书馆、现代艺术馆和音乐音响谐调与研究中心四大部分；位于巴黎市中心的奥赛博物馆是巴黎三大艺术宝库之一，也可说是欧洲最美的博物馆。根据文化审计（2008）的资料显示，巴黎的博物馆和艺术馆年总参观人数达到了 2020 万。巴黎拥有 1000 多家美术馆，其数量达到了上海的 5 倍；800 多家公共图书馆，其数量也达到了上海的 2 倍。创建于 1364—1380 年的国立图书馆规模宏大，藏书1000 万册、手稿 30 万卷、图片 1200 万张，是巴黎公共文化服务的标志性场所之一。2009 年巴黎参观人数排名前 20 的文化场所情况见表 2。

表 2　　　　　　　2009 年巴黎参观人数排名前 20 的文化场所

| 名称 | 参观人数（人） | 变化率（%） |
|------|---------|---------|
| 巴黎圣母院 | 1365000 | |
| 巴黎圣心大教堂 | 10500000 | |
| 卢浮宫 | 8387700 | − 0.40 |
| 埃菲尔铁塔 | 6603792 | − 4.70 |
| 蓬皮杜中心 | 3533858 | + 28.60 |
| 维耶特科学工业城 | 3058000 | + 0.50 |
| 奥赛博物馆 | 3022012 | − 0.10 |
| 巴黎奇迹之金币圣母院 | 2000000 | |
| 国家历史自然博物馆 | 1621692 | − 6.70 |
| 凯旋门 | 1530634 | − 2.50 |
| 巴黎原始艺术博物馆 | 1496439 | + 7.70 |
| 巴黎军事博物馆 | 1221796 | − 3.50 |
| 巴黎圣礼拜堂 | 905710 | + 5.60 |
| 罗丹博物馆 | 792967 | + 5.50 |
| 巴黎蜡像馆 | 772000 | + 4.40 |
| 巴黎市立近代美术馆 | 708720 | − 14.80 |
| 巴黎阿拉伯文化研究院 | 704540 | − 14.60 |
| 蒙帕纳斯大厦 | 657826 | + 2.20 |
| 巴黎先贤祠 | 635863 | + 11.10 |
| 巴黎卡纳瓦雷历史博物馆 | 621787 | − 14.80 |

资料来源：巴黎旅游局：《巴黎旅游 2010 年主要数据》，转引自任一鸣《巴黎公共文化发展及其启示》，载《文化艺术研究》2012 年第 4 期。

西方城市中，歌剧院是很重要的文化场所和文化空间，就法国而言，其大部分剧院都集中在首都巴黎。占地 11 万平方米的巴黎歌剧院是世界上面积最大的歌剧院，是巴黎具有象征性与代表性的文化场所。巴黎还拥有巴士底广场新歌剧院、喜剧剧院和大量的小剧场，有力满足着戏剧、歌剧等的表演和消费需求。巴黎市政府对于剧院等文化场所的建设和发展也高度重视。从 2001 年起，巴黎向巴黎剧院的专项投入每年增加约 120 万欧元，向夏特莱剧院拨款每年增加约 190 万欧元。2007 年，巴黎兴建了一个国际视觉剧院，进行以手语为语言的戏剧演出。"巴黎也鼓励新的艺术作坊的成立，巴黎现存的艺术作坊数量从 2000 年的 876 所增加到现今的超过 1500 所，其创造的艺术价值自然也成倍增长。"① 此外，相较于巴黎歌剧院等高雅的剧院演出场所，巴黎还有"红磨坊"等知名的世俗性演出场所，对于多种艺术演出和表演场所予以了多样化的包容和发展。巴黎每年戏剧演出达到了 1 万多场，既是法国的文化消费的重要中心，也是文化艺术发展的重要策源地。

巴黎也是法国的文化教育和研究中心，坐落着一批在欧洲和世界范围内享有著名声誉的高等院校和文化机构、科研机构，如著名的法兰西学院、巴黎大学、高等师范学校等，创建于 1253 年的巴黎大学是世界上最古老的大学之一。这些构成巴黎公共文化体系中十分重要而具有显著竞争力的一个组成部分，不仅提供着优质知识文化服务，而且还为巴黎文化发展提供着充足的文化人才支持。此外，巴黎公共文化还体现在其他各种文化组织或团体对于文化服务的参与。各类专业的文化协会如音乐协会、话剧协会、舞蹈协会等多数为非营利性，通过募捐、赞助以及政府补贴等方式获取活动经费，并积极投身到巴黎的公共文化活动中②，提升着巴黎公共文化体系的质量和服务水平。

2008 年，法国总统萨科奇提出的巴黎城市建设新规划"大巴黎（Grand Paris）计划"正式启动。法国试图通过"大巴黎计划"改变巴黎形象，把首都巴黎建成具有国际竞争力的大都市，建成具有文化感的"人类的首都、世界的首都"。该规划在城市的文化设施和文化空间方面

---

① 尹明明：《巴黎文化政策初探》，载《现代传播》（中国传媒大学学报）2010 年第 12 期。

② 辛文：《国外文化产业投融资体系简析》，载《文化月刊》2010 年第 3 期。

投入了诸多关注。根据规划，大巴黎文化的版图将以塞纳河为轴向四面扩张，在中心区域，有法国国家图书馆、卢浮宫、奥赛博物馆、布朗利博物馆、大皇宫、建筑遗产城，在西部有路易·威登创意基金会以及赛甘岛；东部围绕着法国国家视听学院、歌布兰学院以及玛尔纳拉瓦雷市和克雷伊泰市多个大学城，将形成一个影像和多媒体中心；北部除了吕克·贝松的电影城，布尔日还将建成一个文化科技中心；南部的 MACVAL 博物馆是推广现代艺术的前沿阵地。这些瞄向未来文化竞争的大巴黎文化建设规划，将有力提升巴黎现有的公共文化设施体系与空间结构，使得巴黎的公共文化体系也更加具有世界首都的色彩。

### （四）具有特色竞争力的文化产业

巴黎的文化产业并不像伦敦那样在城市战略和规划中具有十分突出的地位，但是却同样具有强大的实力和竞争力。尤其是一些特色文化产业的发展，有效塑造与提升着巴黎文化产业的核心竞争力。

就文化产业的总体发展与规模而言，巴黎作为首都城市和法国的文化中心城市，其文化产业在法国具有高度的"首位度"和集聚性。2003 年，法国文化产业部门吸收就业人口 249800 人，企业 19500 家，其中 45% 集中在大巴黎，38% 集中在小巴黎①。就具体的行业与领域而言，巴黎在文化产业的一些重点行业拥有较强的实力，而且还拥有一些自身具有特殊竞争力的行业领域。其中，新闻、出版、电影、设计、时尚、会展、文化旅游等产业都是巴黎具有较为突出优势的领域，它们不仅为巴黎创造着巨大的文化经济价值，也为这座法国首都城市和立志于打造世界首都的文化城市提供着有力的支持。

强大的媒体与传播能力是许多首都城市和"世界城市"的共同特征，新加坡等许多城市甚至明确把建设"全球媒介城市"（Global Media City）作为城市战略和目标。巴黎作为一个著名的重要文化城市，其传媒竞争力也是具有世界水准的。世界最大的通讯社法新社设在巴黎，巴黎出版《世界报》《费加罗报》等的报刊媒体也享有国际声誉。截止到 2003 年，全国有 136 种法文日报，全年发行总量 90 亿份。就作为法国"第一文化产业"的出版业而言，全球图书市场中法国的图书销售额和版权贸易量

---

① 转引自黄辉《巴黎文化产业的现状、特征与发展空间》，载《城市观察》2009 年第 3 期。

占到了全世界的 14.7%，而法国的出版机构主要集中在巴黎。巴黎的出版业及相关的印刷等产业主要集中在拉丁区和雷米街。2000 年，巴黎市区出版业就业人数达 41318 人，企业 2829 家，占整个大巴黎地区的比例达到 51.1%①。巴黎的新闻出版业的高度发达与它的长期积淀和国家文化中心的城市集聚性有关，也与政府的扶持引导政策紧密相关。"法国政府通过制定相关法律制度来保障出版自由、对出版业征收低税率鼓励出版，而且还对出版业提供各种特殊资助。在法国，小出版社和独立书店的数量要远远多于其他许多欧洲国家。"②

影视文化也是当今世界文化产业发展中的一个重点领域，得到许多国家和地区的重视。巴黎的电影业不仅是法国的高度集聚区，也是具有世界竞争力的一个电影文化中心。这种世界性的中心地位，体现在生产、消费、传播等各个方面和环节。从电影产出而言，大巴黎的电影生产量占到了法国电影生产总量的 3/4。巴黎对电影产业予以了充分的重视和扶持，"巴黎大区的影视产业基金目前是法国第二大影视产业资助机构，2001 年电影产业基金创建时，基金总额为 150 万欧元。2005 年以来，每年资助总金额提高到 1400 万欧元。截至 2010 年底，大区共对 448 部影视作品提供了资助，其中电影 269 部，电视片 179 部，资助金额达 111 亿欧元"③。事实上，这种大规模的电影生产也对巴黎的城市形象传播带来有利的影响，从 2001 年起，每年有超过 700 部的电影在巴黎取景，而每两部法国电影中就有一部在巴黎取景，推动着"电影城市"辐射力的进一步提升。就电影的消费及电影文化的传播而言，巴黎政府从 2003 年起支持举办巴黎电影节，它不仅是具有全球性的电影汇聚与碰撞的盛会，也包含了一系列可以让公众市民共同参与的活动。

巴黎最具有特色的是其时尚产业，这也为巴黎赢得了"时尚之都"的美称。巴黎的时尚产业广泛涉及服务、装饰品、时髦家具、化妆品等多个方面，其产品在流行文化、时尚文化方面具有全球引领性。巴黎聚集着世界顶级服装设计师和品牌营销总部，也是世界四大时装周举办城市中的重要城市。起源于 1910 年的巴黎时装周每年举办一届，如今已成为"时

---

① 转引自黄辉《巴黎文化产业的现状、特征与发展空间》，载《城市观察》2009 年第 3 期。
② 邓鑫：《巴黎 一座城市的文化软实力》，载《深圳特区报》2011 年 10 月 31 日。
③ 任一鸣：《巴黎公共文化发展及其启示》，载《文化艺术研究》2012 年第 4 期。

尚之都"标志性盛会。巴黎香水驰名全球，有"梦幻工业"之称，也成为巴黎具有代表性的城市符号意象。在创意设计方面，据法国工业设计促进协会的统计，巴黎集聚了法国 55% 的设计公司，提供了全国 76% 的创意设计工作岗位。

文化旅游、会展业也是文化创意产业中的重要构成，北京等首都城市都把它们纳入城市文化战略中的重点发展目标。巴黎的首都地位和文化中心地位也通过其发达的文化旅游、会展、文化交流活动得到体现。"据法国相关部门统计，作为文化产业的一部分，巴黎的文化旅游业城市 GDP 的比重一般年份均能达到 20% 以上，成为法国旅游业的领头羊。"[①] 尤其是作为首都城市而言，承担着文化展示、交流等功能与职能，会展的发展水平一定程度上成为衡量其履行首都功能与世界城市地位的标杆。巴黎拥有联合国教科文组织、经济合作与发展组织、国际商会、巴黎俱乐部等国际组织总部，这为其世界中心城市的地位奠定了重要基础，首都拥有的诸多国内国际资源为其会展业的发达提供了必要而有益的条件。"巴黎每年接待的国际会议有 400 多个，连续多年居世界各大国际性城市之首。这些国际会议每年给这个城市带来将近 40 多亿法郎的收入。"[②] 按照国际协会联盟（UIA）的统计标准，2008 年巴黎举办了 419 个国际会议，位居世界城市第一。巴黎以其丰富的首都资源、文化要素、文化吸引力推动着城市文化创意产业中会展业的有力发展，成为一座"世界会议城"，这既有利于巩固巴黎在城市体系中的文化地位，也有利于巴黎通过文化交流和会展等产业的发展进一步提升与散发自身的城市魅力和城市竞争力。巴黎参观人数排名前 10 的展会情况见表 3。

表 3　　　　　　　　巴黎参观人数排名前 10 的展会列表

| 排名 | 展会名称 | 每年参观人数（人） |
| --- | --- | --- |
| 1 | 国际农业展 | 669725 |
| 2 | 法国国际博览会 | 642589 |
| 3 | 巴黎国际海洋博览会 | 236318 |
| 4 | 巴黎书展 | 199456 |

① 《巴黎　如何打造"文化之都"》，载《南京日报》2012 年 1 月 8 日。
② 王廉主编：《2009 世界城市经营年鉴》，中国经济出版社 2009 年版，第 125 页。

续表

| 排名 | 展会名称 | 每年参观人数（人） |
|:---:|:---|:---:|
| 5 | 日本展览会 | 165501 |
| 6 | 葡萄酒博览会 | 142158 |
| 7 | 休闲车博览会 | 116542 |
| 8 | 欧洲教育博览会 | 116000 |
| 9 | 巴黎马术展 | 106362 |
| 10 | 巴黎国际旅游展 | 93110 |

资料来源：巴黎旅游局：《巴黎旅游 2010 年主要数据》，转引自任一鸣《巴黎公共文化发展及其启示》，载《文化艺术研究》2012 年第 4 期。

# 第三节　东京文化竞争力

东京是日本的首都和经济、文化中心，被公认为是与纽约、伦敦、巴黎处于同一层次的四大主要顶级"世界城市"之一。东京在历史上又称江户，始建于 15 世纪，1868 年日本明治维新后，天皇由京都迁居至此，把江户改名为东京，此后东京一直作为日本的首都。在国际范围内，东京具有其自身的文化特点与文化竞争力，在日本的国家文化战略和国家软实力建构中也发挥着首都城市所应有的重要作用。

## （一）综合实力强劲的文化产业体系

日本将文化产业界定为与出版物、影像、音乐、动漫等产品的制作以及流通相关的产业，包括内容制造产业、休闲产业等多种主要构成，强调文化内容的生产、创造与传播。东京的城市发展与城市竞争力建设对文化和文化创新给予了高度重视，而文化产业则是其构建世界城市竞争力与影响力的重要一环。早在 1981 年东京通过的《首都改造构想草案》中，就明确将城市目标定位为：作为世界主要城市，东京将要在推动世界协调发展和文化进步等方面做出贡献。20 世纪 90 年代以来，东京都有关部门相继推出《我的东京都计划》《东京都国际化政策推进大纲》，强调文化在东京的城市国际化进程中的作用。1994 年颁布的《东京都国际化政策推进大纲——展望 21 世纪国际政策新方案》，重点提出要利用文化产业强化东京的城市文化功能，提高城市的国际服务能力和文化魅力。东京都

2006 年提出的《东京都文化振兴指针》（草案），旨在将东京建设成"产生创造性文化的城市"，由日本经济、贸易和产业部提出的"创意东京"（Creative Tokyo）则通过一系列的活动培育城市的创意环境。在这些城市政策和文化政策的演进中，文化生产、文化创新、文化创意越来越成为城市的重点和关注热点，文化产业被置于日益重要的位置。

在日本"文化立国"的背景下，日本文化创意产业在世界上具有领先的竞争力，具有充分的活力和国际影响力。根据日本《数据内容白皮书 2010》的统计，全球创意产业生产总值约为 130 兆日元，日本约为 13 兆日元，占世界总产值的约 1/10，占亚洲地区总产值的一半以上。而作为首都城市的东京，其文化产业发展也起着引领与示范作用，在多方面体现出综合性的强劲实力。东京文化产业的主要支柱性产业有影视、音像制作、报纸杂志、游戏产业等，根据东京都产业劳动局的《创意产业实际状况与问题调查报告》相关资料，2006 年东京都的创意产业企业数较 5 年前增长了 3.9%，跟全产业 -4.5% 的负增长形成鲜明对比。除了设计业，东京集聚的全日本这些产业的企业数超过了 50%，设计业则集聚了全日本 40% 的企业。东京以其优越的文化区位和文化资源，集聚着全日本 50% 以上的文化创意产业从业人员，其中动漫产业的 72%、信息服务业的 73%、音像制作业的 79%、游戏和软件业的 50%、出版业的 67%、时尚设计业的 47%、演艺业的 54% 从业人员均集聚于东京。

就影视产业而言，2003 年日本政府启动了影像产业援助法案，2004 年把对电影等影像产业的援助资金列入政府财政预算。2006 年，日本正式推出国产电影 417 部，比 2005 年的 356 部多出 61 部，其国产电影全年票房收入达到约 69 亿元人民币[①]。东京的国际电影节是日本电影业知名活动和文化品牌，对东京乃至日本的电影产业都具有十分重要的意义，也显示了作为日本国家文化中心的东京在电影文化方面难以替代的地位。"在亚洲，唯一一个发展成熟并有期刊出口能力的国家就是日本，日本是世界第二大期刊大国，仅次于美国。"[②] 在报刊和广电媒体方面，首都东京显现出显著的品牌化效应和领头羊地位，在世界范围内的城市传播能力

---

① 曹允迪：《2006·日本电影》，载《电影艺术》2007 年第 5 期。

② 向勇、李天昀：《国外文化产业发展经验与启示》，http：//www.yzhjxc.gov.cn/news/new621.html。

建设上也具有强烈的优势。东京的三大著名报纸《读卖新闻》《朝日新闻》《每日新闻》日销量位居全球前列，此外东京还有《经济新闻》《日本体育报》《体育日本》《东京体育报》等几家日报的日销量达到全球前25名。读卖新闻集团有3家本社、3家支社、139家总支局、205个通信部[①]。在广播电视方面，处于东京的NHK、日本电视网、富士电视台、东京广播公司、朝日电视台、东京电视台等机构拥有巨大的国内国际影响力。NHK是与CNN、BBC等并列的世界可数的媒体组织，电通（Dentsu）是六大全球广告传媒集团之一。在出版产业方面，东京拥有全国80%的出版社，汇集了讲谈社、小学馆和集英社等在日本出版市场占前几位的出版社和其他诸多重量级出版机构。日本游戏业在世界上有着举足轻重的地位。根据恩特布莱（Enterbrain）的调查数据，2007年日本游戏市场的规模为6876亿6000万日元，创下历史新高[②]。东京也是日本乃至更大范围内的游戏之都，其游戏产业在激烈的世界游戏业竞争中占有较为稳固的先发优势和引领地位。

### （二）城市公共文化和文化活动

东京作为世界性大都市和文化城市，具有高水准的文化设施、文化活动、文化服务，这为城市文化环境吸引力和文化标识度提供了有力支撑。日本在2001年制定颁布了《文化艺术振兴基本法》，东京根据该基本法制定了明确的文化政策，就发展城市的公益文化等方面提出了许多切实可行的具体措施。2006年，东京市政府颁布了《10年改造东京计划》，提出要把东京建设成世界各国向往的魅力都市和"具有活力与风格的世界都市"。东京2007年的《东京未来10年》提出的文化战略规划就发展东京的城市文化环境提出了多方面的目标和措施，包括促进多元文化共融、增加日本人与外国人相互学习交流的机会，促进文化与产业相结合，展示东京传统与现代文化，重视文化教育与传承、提高年轻人对日本传统文化的理解和交际能力，加强城市形象建设、打造和展现"东京亲和力"等。东京在其城市文化战略和规划中，积极利用江户时代酝酿而成的东京传统

---

① 郑玉冰：《日本读卖新闻集团经营策略分析》，硕士学位论文，吉林大学，2011年。

② 《07年日本游戏市场规模创历史新高》，http://comic.chinaren.com/20080111/n254595072.shtml。

印象"江户风情"以及东京集聚的国内一流的文化设施，开展众多历史遗产活动，展示东京都立上野公园"文化之林"等东京近代城市新文化。这些对于提高东京文化的标识度、认可度、接受度都起到了积极作用。

作为日本文化之都，东京有 380 家公立图书馆、3676 座公园、82 家电影院、众多的博物馆和艺术馆，拥有皇居、迪斯尼度假区、东京文化会馆等不同时期、不同功用、不同风格的知名文化设施，这也有助于树立和强化东京在日本乃至全球范围内的文化地位。据统计，东京迪斯尼乐园每年吸引 1200 万人次以上的观光者，这对东京的辐射力、吸纳力以及相关产业的发展也起着不可忽视的增长助推作用。就各国首都城市、文化城市普遍重视的博物馆而言，东京拥有 100 多家博物馆，其中不仅有着诸多历史较为悠久的大型知名博物馆，还体现出博物馆集群化发展的显著特点和优势。位于日本东京都台东区的上野恩赐公园是目前东京面积最大的公园，也是日本知名的博物馆群集聚区，这里先后建立起了东京国立博物馆、科学博物馆、东洋馆、表庆馆、法隆寺宝物馆、东京文化会馆、日本艺术馆、市街风俗资料馆、东京都美术馆、国立西洋美术馆、上野之森美术馆和黑田纪念室等博物馆、美术馆、艺术馆。东京国立博物馆是日本第一座近代意义的博物馆，收藏并陈列着多达 8.9 万件藏品，其中有近 100 件国宝、500 多件国家指定的重要文物，这也成为日本乃至亚洲文化遗产收藏展示的一个重要地标①。1995 年开馆的东京都现代美术馆收藏和展出现代美术家作品，拥有与美术相关的图书 10 多万册和 3800 余件藏品，举办各种美术文化事业、美术讲座等，是东京以及日本一处主要的美术场所。"这里的人文景观无论是在建筑外观风格还是内在涵养上都体现着多元艺术文化相交融的痕迹，同时也展现着日本这个民族集体记忆的独特性和包容性，彰显着自然生态性和文化性相互渗融及全民参与的意识。"②从图书馆情况来看，东京具有很高的公共文化服务效能，东京的图书外借量达到 1.1 亿册③。东京的公共图书馆其人均借阅量也高于伦敦、巴黎、柏林等其他一些重要首都城市，大大高出北京的平均水平，见图 3。

①　百度百科：东京国立博物馆，http://baike.baidu.com/view/249655.htm。

②　张蕊：《城市博物馆群发展研究》，硕士学位论文，河南大学，2011 年。

③　杰夕：《世界城市文化报告 2013：用数字考量城市文化实力》，载《中国文化报》2013 年 11 月 15 日。

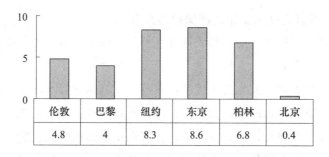

**图 3　公共图书馆年人均借阅量（单位：册）**

资料来源：《世界城市文化报告》（2012）；《北京统计年鉴》（2013）。

　　多数首都城市具有该国集中而优越的教育资源。东京大都市圈作为日本文化事业的核心区，集中了全国 1/3 以上的大学，其中有著名的东京大学、庆应大学、早稻田大学等；并拥有全国 1/3 的国家级文化机构①。东京在其城市规划和发展中注意对文化空间和文化设施的建设，规划或形成了多种与文化相关的集聚区域，涵盖文化艺术、教育、科技等方面。六本木新城是一座传播全新的都市文化和资讯之城，拥有大量的艺术文化与休闲设施，是东京的文化重心地区之一。东京首都圈内的筑波科学城是日本最大的科学研究城，其中科研人员占到了日本国立科研机构人数的约一半②。

　　此外，东京市政府和管理部门对于城市的文化活动和民间文化力量也保持充分重视。东京政府部门先后成立东京文化振兴会、东京国际交流财团、东京都国际和平文化交流基金等机构，资助和引导城市的文化机构和文化事务。作为国际化大都市，需要各种具有国际影响力的文化交流传播活动来保持城市的活力以及在世界城市体系中的地位，东京音乐节、东京国际电影节、东京国际动画展销会、东京书展、东京电玩展等都是具有东京特点和优势的重要活动，它们增强着东京在当前全球文化体系中的活力和作用，强化着东京城市文化在日本、亚太乃至全球范围的枢纽性和影响力。

　　①　冯春萍、宁越敏：《美、日大都市带内部的分工与合作》，载《城市问题》1998 年第 2期。

　　②　卢明华、李国平、孙铁山：《东京大都市圈内各核心城市的职能分工及启示研究》，载《地理科学》2003 年第 2 期。

### （三）卓有力度的文化遗产保护与开发

日本高度重视文化遗产和民族文化传统的保护传承，并注重其与现代都市文明的和谐共存与良性发展。大力度文化遗产保护措施和实效，也使得日本堪称亚太地区文化遗产保护的典范。尤其是在日本的现代化、全球化进程中，高度发达的现代化城市的迅速扩张使得传统的文化遗存、文化记忆面临着严重冲击，在此背景下，首都东京等城市的文化遗产保护及其合理开发为诸多现代化大都市的文化传统建设树立了良好示范。对于各种文化遗产资源的综合重视和保护尤其是对于非物质性的"无形"文化遗产的保护，使得东京在迈向国际化大都市的进程中能够充分保持自身的本土特色和文化底蕴。

日本的文化遗产分为有形文化财、无形文化财、民俗文化财、纪念物、传统建造物群、保存技术等类别。1975年日本颁布的《文化财保护法》重新设定民俗文化财的范畴，把民俗文化财分为"无形文化财"和"有形文化财"，鼓励社会全面参与文化财的保护。日本的城市在国家政策背景下自身的文化遗产和传统文化风貌得到了富有成效的保护。曾经的日本首都京都，通过这种受到高度重视的历史遗存保护，成为"日本文化的守护者和守望者"："这座城市至今还保存着上千座庙宇、整片的古典街巷和完整的'历史地段'，传统产业和建筑空间的有机结合成为这个城市的个性文化空间意向，如代表典型日本文化符号的'町屋'建筑的保留和开发、'西阵织'作为传统高级纺织品手工业的保存与创新（'西阵织'虽然已经有五百多年的历史，至今仍然作为日本重要的文化产业而成为城市的一种文化资本，为这座城市增添了无穷的魅力）等。京都一年一次的全城男女老少市民都参加的'大文字祭'，成为京都市民的'集体记忆'和城市文化，建构了京都文化的特质和'文化丛'。"① 事实上，这种高度的历史遗产保护在现代首都东京中同样可以见到鲜明迹象。东京作为日本的首都和文化中心，在文化遗产保护方面大力垂范实施，打造着东京的文化底色。例如，东京都心区天皇居住的宫城是具有历史感的日本传统建筑，也是得到较好保护的知名文化遗存。"虽然东京远不如伦

---

① 张鸿雁：《城市定位的本土化回归与创新："找回失去100年的自我"》，载《社会科学》2008年第8期。

敦的历史悠久，但日本对传统文化的保护性政策，使东京即使在城市迅速
扩张进程中也没有破坏其传统的神韵。东京民俗风情浓厚，传统的祭祀活
动和节日依然保留着原来的功能，建筑物的风格与历史一脉相承，实现了
传统文化和现代化的完美结合。"[1]

　　与伦敦、华盛顿等首都城市相比，东京的文化遗产中具有较为丰富的
非物质性、无形文化遗产资源。例如，板桥田游、小河内鹿岛舞、鹫宫催
马乐神乐、秩父祭的屋台行事与神乐、相模人形芝居、茨城纲火等，它们
与历史文化生活和社会民俗等资源的关系较为紧密。这种无形文化财是东
京城市较为突出的一种文化资源和文化资本，"东京拥有国家级无形民俗
文化财 10 项，差不多占全国的 1/10"[2]。东京政府采取多种措施，促进传
统文化资源、历史生活风貌等的推介与开发，加大其与都市现代生活的融
入、现代文化产业的结合与转换。例如，"东京核心城区之一的目黑区，
在昭和初期曾是盛产竹笋的广阔农田，现在人们借助当地遗存的古民居回
味目黑农村氛围，每到正月、七夕节等传统节日，古民居还被装点一番，
重现传统的庆祝方式和古代生活"[3]。这些历史文化资源用于文化旅游的
开发也显现成效，东京首都圈内几乎每天都有与历史文化传统相关的各类
节庆活动，在旅游观光中的推介力度也逐年增加，祭神、集市、赏花、烟
火表演等成为东京及其附近地区文化旅游中较为常见和受欢迎的项目。东
京地区的"三社节"、七夕节隅田川河的烟火表演，参与人数都在百万以
上。独特的地方性文化打造着东京在文化全球化语境中独特的地方坐标和
文化认同度。

### （四）"动漫之都"的城市主题文化和国际文化品牌

　　日本文化产品在国际上具有典型性和品牌知名度的是其动漫产业和动
漫产品，因此日本有"动漫王国"之称。日本政府一直致力于通过发展
漫画和动漫产业来推销日本文化，树立国家形象，博取各国认同，进而提

---

　　① 王晓红：《国际化城市文化发展战略的比较研究》，载《首都经济贸易大学学报》2006
年第 3 期。

　　② 翁敏华：《东京无形民俗文化财概貌及其保护经验》，孙逊、杨剑龙主编：《全球化进程
中的上海与东京》，上海三联书店 2007 年版，第 89 页。

　　③ 《东京文化遗产周：把古建筑当宝贝》，http://blog.sina.com.cn/s/blog_ 4ac539700100nev3.
html。

升日本的软实力。① 动漫不仅是日本极为重要的文化创意产业部门，而且也是日本的主要经济支柱之一，广义的动漫产业的产出已占日本 GDP 的 10% 以上。据 2007 年的统计数据资料，动漫产业成为日本第 6 大产业，并占据了全球动漫市场 62% 的份额②，显现了日本动漫文化在世界上极强的竞争力。2004 年日本本土出品的电影中，在票房收入居前 20 位的电影中，动画影片占到了 10 部，其票房排名分别占据第 1 位、第 4 位、第 5 位、第 6 位等显著靠前的位置。日本首都、文化中心东京则是日本动漫生产最为集中的地区。据东京都产业劳动局的资料显示，东京的动漫企业占到了日本动漫企业总数的约 4/5。它不仅是亚洲动漫文化的领军力量，也是世界范围内动漫文化的中心城市，具有"动漫之都"的美誉，这也提高了日本文化的国际传播度和认可度。

东京市对动漫产业进行了大力扶持和引导，对其动漫竞争力的培育起到了不可忽视的作用。2001 年，东京发布的《东京观光产业振兴计划》，把卡通产业确定为其重要的地方产业和观光资源。东京政府 2002 年开始每年举办的"东京国际卡通展览会"，已发展成为世界规模最大的动画主题创意展览会，每年都有来自全球的数百家企业参展，对于提高东京动漫产业的国际地位显现出巨大品牌作用。2008 年，著名动漫形象机器猫"哆啦 A 梦"和"Hello Kitty"被日本政府分别任命为"动漫文化大使"和"旅游大使"。首都政府的政策推动、动漫资源集群化发展和市场化运作机制等种种因素显著提升着东京的动漫软实力，涌现出了手冢治虫、宫崎骏等国际知名的动漫大师，并且在动漫产业的基础上衍生出的游戏、服装、玩具等也形成了一个巨大的创意产业链。总体来看，动漫文化形成了东京的一种特殊的主题文化，并包蕴着丰富的日本文化内涵，对于东京的文化辐射力和文化驱动的城市竞争力起着重要的推动作用。

## 第四节　华盛顿文化竞争力

华盛顿是美国的首都城市，建城时间只有 200 余年，市区面积 178 平

① Peng Er Lam. "Japan's quest for 'soft power': attraction and limitation", *East Asia*, 2007, 24 (4): 349 – 363.

② Wang Ping. "China must promote its cultural industry", *China Daily*, 2007, 12: 12.

方公里，特区总面积 6094 平方公里。华盛顿主要承担着首都的政治功能并发挥着国家政治中心作用，但是其文化中心的地位和实力也同样显著。正如有研究者指出的："单单把华盛顿看作一个大型办公室实在有些'刻板偏见'。除了是美国的政治中心，华盛顿还是美国的文化艺术中心之一。"① 作为重要的首都城市和外交城市、知名的国际性城市，华盛顿也是众多跨国公司总部所在地、国际机构的集中地、世界交通枢纽之一，是美国技术、资金、人才流动的重要区域，在城市人口和文化背景上也体现出多元荟萃的特点。美国统计局 2010 年的数据显示，华盛顿市区有601723 人，其中黑人占 50.7%，白人占 38.5%，亚洲人占 3.5%，印第安人占 0.3%，其他种族占 4.1%，0.1% 是太平洋岛屿居民② 。这些都为华盛顿的多元文化环境、国际性文化语境、多层面文化动力提供着有力基础与支撑。华盛顿在城市发展进程中，逐步积淀着自身的文化优势，不断提升着城市的文化影响力与文化竞争力。

### （一）城市文化规划与文化政策

华盛顿自建城以来，严格执行了优秀的城市规划。作为单功能性的首都城市，华盛顿的许多非核心性的首都城市功能都被控制与剥离，如城市的工业功能、金融功能等。然而其城市规划中的文化向度一直得到重视并予以发展，为城市文化建设与文化竞争力构建打下了重要基础。

在华盛顿建城之初的著名"朗方规划"中，在突出城市作为国家政治中心的基础上，其文化功能与文化中心意义也得到了充分重视。在"朗方规划"的有限空间布局中，文化机构与文化设施占有突出地位。就华盛顿城市规划总体格局而言，在华盛顿政治中心白宫周围分布着华盛顿纪念碑、杰斐逊纪念堂、林肯纪念堂等；在纪念碑与国会大厦之间轴线两侧是史密森尼纪念馆，其中包括航空太空馆、国家美术工艺馆、历史技术博物馆、自然历史博物馆等。华盛顿城市规划的文化空间特点在之后的规划及其不断补充、修订的过程中得到了加强。在当今的华盛顿城区格局中，不仅有众多政府机关建筑，还有大量属于博物馆、图书馆、纪念广

---

① 《文艺华盛顿》，载《东方早报》2012 年 7 月 17 日。

② 百度百科：华盛顿哥伦比亚特区，http：//baike. baidu. com/view/84674. htm? fromId =185078。

场、纪念性建筑、公园等的文化空间。就城市空间规划内涵而言，华盛顿城市布局具有鲜明的政治文化象征意义，突出体现着城市的"政治伦理"，这也成为华盛顿城市文化的一个显著特色。与美国的国家政治体系与政治文化紧密契合，政府（以总统府为代表）、议会（"国会山"）和最高法院被布置在三条轴线的顶端，象征行政、立法、司法"三权分立"，这三组建筑围绕着作为全体公民公共空间的"国家林荫道"。这种规划奠定了华盛顿城市结构的基本骨架，彰显着政治中心的国家文化精神内涵①。

　　与城市的整体规划相结合匹配，华盛顿也有其自身的文化战略与发展政策，这成为华盛顿首都城市文化竞争力形塑与构建的重要动力与规约因素。2001 年，华盛顿制订了"创意城市草案"，对城市文化整体进行了创新设计。2006 年推出的《华盛顿特区综合规划》，阐述了华盛顿城市发展的 10 多个要素，其中与文化相关的主要有"历史建筑保护"等章节。该规划的最后一章的主题为"艺术与文化"，首次把文化作为独立的类别写进综合规划。增加的"艺术与文化"章节内容，目的在于强调和突出城市的创意基础结构，明确指出艺术社区在特区的经济共同体中占据的坚实地位，并且制定了具有操作性、具体性的对策措施。例如，该规划结合城市文化发展，在创意城市环境建设方面提出，要改进全市的艺术设施分布，在新建的或修建后的建筑物中增加公共艺术；保留现有的艺术建筑群，鼓励新艺术区的设计与建造；营造一种能吸引创意人才的公民文化。在留住创意人才方面提出，"为创意阶层提供住房"，为艺术家提供其负担得起的住房；要确保华盛顿特区的区域改善计划和土地使用规划能支持艺术家的生活和工作空间的发展等。在城市环境及其文化功能方面，华盛顿注重"花园城市"、"公园城市"式的特色并充分增强其文化内涵。例如，2008 年，华盛顿把中心城区公园的规划设计作为城市建设的重点，在现有的 400 多个小公园基础上，进一步建构起首都城市的公园网络化系统，满足社区的多样化功能与文化需求，注重这些城市空间作为联邦历史的记忆承载功能，发挥公园的纪念意义；充分展示小公园作为城市公共场

---

① 张庭伟：《超越设计：从两个实例看当前美国规划设计的趋势》，载《城市规划汇刊》2002 年第 2 期。

所的潜力；更充分发挥其塑造社区统一性、促进邻里和睦的功能[①]。2011年，华盛顿在保持重视城市文化发展的背景下，对《华盛顿特区综合规划》继续进行修订充实，为城市文化竞争力与吸引力的提升注入持续保障与文化政策动力。

### （二）高水准的公共文化设施及服务

作为首都城市，华盛顿承担着文化展示、交流、传播等国家公共功能，需要突出首都文化所应有的发达的公共性，这也成为华盛顿吸引、集聚其国内外文化要素的显著特点和重要竞争优势。总体上来看，华盛顿有200多所规模大小不等的图书馆、博物馆，在华盛顿的林荫大道两旁分布着博物馆群，其公共性、公益性水平居于世界前列。华盛顿城市中有很多免费开放的高水准公益博物馆、美术馆，成为这个首都城市独具气韵的文化名片。例如，世界知名的史密森尼博物馆（Smithsonian Museum）属下的博物馆包括阿瑟·M.萨克勒美术馆、赫什霍恩博物馆和雕塑园、国家航空航天博物馆、国立美国历史博物馆、国立美国原住民博物馆、国立自然历史博物馆、国立肖像馆、国立美国邮政博物馆、美国艺术博物馆、史密森国立动物公园等，大多数都坐落于华盛顿市区。其中许多公共博物馆都有极为丰富的馆藏与世界级的水准，国家自然历史博物馆是个典型的人造“地球村”，从化石到现代文化无所不包；国立美国历史博物馆展示了数百年间美国在科学、文化、政治、技术等领域的发展过程，被尊称为“美国博物馆的栋梁”；国家航空航天博物馆号称全美观光人次最多的博物馆；国家艺术馆规模宏大，西馆珍藏的绘画、雕塑名品繁多，东馆展示20世纪以后的作品，流派纷呈，精品荟萃。就图书馆而言，紧邻国会大厦的国会图书馆是仅次于莫斯科列宁图书馆的世界第二大图书馆，分别由托马斯·杰斐逊馆、约翰·亚当斯馆和收藏多媒体的詹姆斯·麦迪逊馆组成，全馆藏有3000余个类别、1亿多册、世界各种语言文字的图书，存有超过5800万份的珍贵手稿、逾100万份美国政府刊物、100多万份跨越3个世纪的来自世界各国的报纸、50万个微缩胶卷、6000本珍贵漫画、480万张地图、270万首音乐，拥有最早的以活字印刷的《圣经》等珍品

---

[①]　刘士林、朱宁嘉、汤莉华、盛蓉、张晔、王俞波：《2009世界都市文化发展报告》，载《文化艺术研究》2010年第3期。

馆藏。华盛顿的国家档案馆不仅拥有丰富的档案馆藏，还藏有美国《独立宣言》和美国宪法原件等珍贵档案。

在公共文化设施的免费和服务力度上，华盛顿体现出具有世界领先性和示范性的水准，其绝大部分博物馆、艺术馆、图书馆都具有鲜明的公益性，这与纽约等非首都城市文化设施的商业性运作也形成了一定对比。作为世界上最大的博物馆联合体，位于华盛顿的史密森尼博物馆由联邦政府每年拨款近 8 亿美元维持运营，此外还通过大企业捐款、慈善捐款、出租场地、授权许可、出版杂志、出售商品等途径获得资金，为其公共性提供了充足的经费支持与保障方式。肯尼迪艺术中心作为全国最大的艺术中心，在其日常运营维持中，除了少部分的联邦政府拨款，还有数成来自企业、个人、基金会的募捐，以及通过停车、礼品、餐厅等方式解决的经费。在此多样化的公益经费支持下，肯尼迪艺术中心每天提供免费演出，针对学生、残障弱势群体等对象提供低价票或赠票。华盛顿附近的狼谷艺术基金会，土地和资金全靠捐赠，具有免税条件，运营良好。在美国政府的大力投入下，配合以多样化的有效资金运作，华盛顿的公共文化设施及服务体系呈现出高度的免费性，成为华盛顿体现其文化特色竞争力的重要内容方面。

### （三）文化创意产业

全球范围内强势兴起的文化创意产业是城市文化竞争力的关键方面，华盛顿的文化创意产业不仅在城市发展中占据着显著地位，也体现着首都功能定位需要与华盛顿自身特点。从华盛顿文化创意产业的发展基础来看，具有多方面的有利条件与优势。华盛顿作为首都城市主要承担着服务功能，其服务业尤为发达，广泛覆盖金融、商贸、物流、旅游、法律、教育培训、中介咨询、公关、电子信息网络等诸多领域，与文化相关的第三产业在华盛顿的经济构成中占据着重要比重。根据华盛顿市规划办公室 2012 年所提供的信息，目前创意经济和文化产业已经占到了华盛顿 GDP 的 10%，每年产生的收入达到 50 亿美元[①]。就首都城市性质而言，华盛顿作为世界上知名的政治、经济和金融中心之一，集聚了大量的国内外公共机构、文化机构、团体组织等。世界 200 多个国家和地区在华盛顿设立

---

① 孙超逸：《文化已成城市可持续发展动力》，载《北京日报》2012 年 6 月 29 日。

使馆和办事处，众多国际机构使华盛顿与世界各地保持着密切联系，每年吸引着超 2000 万以上的游客到华盛顿进行文化旅游与互动交流，对文化产业具有较强烈的需求。华盛顿所具有的发达的教育业和教育基础、人口素质，也成为其文化创意产业发展的有力支撑。在这座城市中，有建于1789 年的乔治敦大学以及乔治·华盛顿大学、国家国防大学、美利坚大学、霍华特大学等高等学府。美国康涅狄格州立中央大学历经数年时间对美国主要城市市民阅读喜好度展开调查，结果首都华盛顿被评为美国最爱读书城市①。这体现着华盛顿在人口文化素质方面的实力。教育水平较高的年轻白领在华盛顿城市人口中占了很大一部分比重，也使得华盛顿的城市文化展现出了创意经济和文化产业上的"双丰收"。

智库与咨询产业是华盛顿具有显著首都特色的智力文化产业。作为集中着国会山、白宫、五角大楼、最高法院的美国首都，与之相关的智库和咨询公司在这不到 200 平方公里的城市中呈现高密度集聚。"仅有 60 万人的华盛顿特区，员工超过 500 人的智库有 8 家，超过 100 人的智库有上百家，其他从 3 至 5 人到几十人的智库估计超过 2000 家。"② 在有"智库街"之称的马萨诸塞街上，分布着普鲁金斯学会、卡耐基国际和平基金会、传统基金会、国际经济研究所等十几家研究机构，也毗邻着战略与国际问题研究中心、美国企业研究所等机构。华盛顿的智库产业不仅充当着美国政府与学术界、研究界的中介地带与"旋转门"角色，也打造着华盛顿具有国际知名度与影响力的智力产业。例如，普鲁金斯学会各部门主管和主要的资深研究员中，有超过 2/3 的人在美国政府中担任过副国务卿、国安会副主任、驻外大使、助理国务卿等职位③。这些优势使得华盛顿的智库产业体现出世界性的强竞争力。

传播能力也是城市文化竞争力的重要体现。华盛顿作为政治中心以及文化城市，吸引着世界性媒体或其分支机构入驻其间。《华盛顿邮报》是在华盛顿的最重要的报纸，也是美国最有影响力的日报之一。"XM 卫星广播"、"国家公共广播"以及"美国之音"的总部设于华盛顿，这些都是美国不可忽视的媒体力量。由于华盛顿的政治中心地位和文化重要性，

---

① 《美国首都华盛顿被评估为全美最爱读书城市》，http：//www.zsnews.cn/News/2011/01/12/1610234.shtml。

② 王琳：《美国智库的发展状况》，载《求知》2012 年第 10 期。

③ 张振安：《美国"智库街"藏龙卧虎》，载《领导文萃》2008 年第 4 期。

许多著名传媒以及海外的媒体机构都在华盛顿设有办事机构或重要的分支机构。华盛顿集聚着全国广播公司（NBC）、美国广播公司（ABC）、哥伦比亚广播公司（CBS）、福克斯广播公司（Fox）、公共电视网（PBS）、CW 电视台、CNN 等美国主要传媒公司和国际上的 BBC、CBC、半岛电视台等机构部门。2012 年，中国国家广播电视台 CCTV 在华盛顿新成立了美国中心，体现出华盛顿在中国中央媒体全球战略中的突出地位。事实上，作为首都城市，对于传媒产业的集聚效应和吸引能力是其软竞争力不可或缺的向度，也是其对世界媒体话语和文化传播格局产生作用的必要条件，而传媒产业也成为华盛顿彰显其城市功能、体现城市竞争力的重要组成。

2006 年，华盛顿在全球文化创意产业大力兴起的背景下，做出发展文化创意产业的重大决策和规划，打造"酷"城市。华盛顿特区成立了一个专责小组，致力于推动当地的"创意经济"，该小组组成包括华盛顿特区规划局（the Office of Planning）、特区艺术与人文学科委员会（the Commission on the Arts and Humanities）的官员和华盛顿特区的经济合作伙伴。该专责小组从创意文化发展与"酷"城市建设的角度，探讨如何吸引更多的艺术家来此居住和让已在此地的艺术工作者们居住得更久些。诚如华盛顿特区规划局远景规划师 Sakina Khan 所论说的，"欧洲城市之所以蓬勃发展，是因为它们有能力吸引有创意的人"，对于华盛顿而言同样也很重要的是，"如果你把重心放在创意产业上，那么你就能大大提高城市生活的质量"①。把文化创意产业与城市本身的发展愿景目标和规划、城市性质与职能结合起来，而不是追求文化创意产业的盲目发展，这也使得文化创意产业与华盛顿城市竞争力的结合更为紧密。

### （四）艺术文化竞争力与吸引力

华盛顿是美国的主要艺术中心城市之一，其音乐、表演、舞蹈、歌剧、民间艺术等多方面的艺术文化都具有较强实力和竞争力。许多首都城市都体现出其在艺术文化的领先实力与浓厚的艺术文化氛围，不仅包括伦敦、巴黎等世界发达首都城市，也包括北京等发展中国家的首都城市。华

---

① 祝碧衡：《华盛顿特区：多方力推"创意经济"打造"酷"城市形象》，http://www.istis.sh.cn/list/list.aspx? id = 4394。

盛顿以其浓厚的艺术文化环境和氛围吸引与激发着城市中的艺术生产与艺术创作、艺术消费，并成为在美国乃至国际范围内都具有影响力的文化艺术中心之一。

从艺术场所与公共空间而言，华盛顿拥有肯尼迪艺术中心、艾森豪威尔剧院、KC 爵士俱乐部、家庭剧院、实验剧院、舞台剧院、福特剧院等知名的演出场所，入驻着华盛顿国家歌剧院、华盛顿芭蕾舞团、美国国家交响乐团等美国知名艺术机构，也是美国最重要的戏剧城之一。肯尼迪艺术中心包括歌剧院、音乐厅、两个剧院、电影院、图书馆等场所设施，具有世界性知名度和影响力；Arena Stage 是美国第一批非营利性剧场之一。就艺术文化的内容和层次而言，华盛顿歌剧院、肯尼迪艺术中心等众多机构每天都有芭蕾、歌剧等高雅艺术上演，U 街是华盛顿的爵士乐表演集聚区。硬核朋克（Hard-core Punk）、"go-go" music 的诞生地都是华盛顿，这体现出其在艺术方面的创新引领性和多元文化融合性①。例如，"go-go" music 是一种后朋克、打击乐驱动的 R&B 音乐，掺杂有大量的即兴演出和舞蹈节奏，这与美国黑人文化及其与美国文化的融合创新具有密切联系。华盛顿也是美国朋克摇滚的重要中心。在华盛顿，充分体现着一个艺术城市所具有的创新活力。

华盛顿对城市的艺术发展予以高度重视。华盛顿特区规划局 2006 年在公布的城市综合规划中特意加入了"艺术与文化"内容，明确指出创意产业在特区经济共同体中占有重要的地位，也对各种民间艺术的发展予以多方鼓励与扶持。文件制定了一系列措施，旨在营造一种能吸引创意人才的公民文化，其中包括为艺术家提供负担得起的住房，以及确保城市建设规划能支持艺术家的生活、工作空间等。华盛顿丰富的艺术资源和文化活动、展览，为其艺术活力的激发创造了良好环境，也推动了城市艺术创意产业的发展。2009 年，华盛顿市对艺术和人文领域的预算达到 1400 万美元。2012 年，美国总统奥巴马呼吁加大对美国文化资助机构和艺术类机构的扶持力度，华盛顿市政府也经过商议和投票，决定在 2013 年向艺术和人文领域投入 1440 万美元资金②。

---

①　祝碧衡：《华盛顿特区：多方力推"创意经济"打造"酷"城市形象》，http：//www. istis. sh. cn/list/list. aspx？id＝4394。

②　吴云、陈一鸣、张旸：《美国文化产业发展之道》，载《人民日报》2012 年 7 月 26 日。

### （五）丰富多元的城市文化环境与氛围

作为一个有世界竞争力的文化城市，文化环境、文化景观、文化氛围也是其文化竞争力不可或缺的构成。这些文化软环境或者体现着城市的价值伦理，或者提升着城市人居环境和人文品质，或者构成城市形象与城市吸引力的主要来源。缺乏有质量的文化环境的城市在其吸引力、竞争力乃至城市品牌的建构上也会打折扣。

华盛顿具有高质量的城市景观和建筑文化，它"既是政治行政中心，也是建筑文化艺术较集中的地方，这个城市以其整体的美丽风光而举世闻名"[1]。由城市轴线、国会山、林肯纪念堂等诸多地点构成的城市景观群落布局合理而有特色，而且具有强烈的规划整体性，彰显出作为国家政治中心、文化中心的特点与内涵。诚如有人所指出的，华盛顿"城市的基础设施和环境质量，均为当今世界一流水平。与之相辉映，其文化形象也十分耀眼。闻名世界的国会大厦和白宫大楼，是两会议员和政府首脑办公的场所，同时也是反映美国民族精神的艺术佳作；全城到处可见的雕像、纪念碑、纪念堂，无不在诉说城市的昨天、今天和明天。特别是第一流的文化设施，如享誉全球的美国国会图书馆和世界最大的博物馆综合体——博物馆城等，完全可以与世界文化名城相媲美"[2]。华盛顿近年来一直努力让市民感受到更包容和多元的文化选择，例如越来越重视人行道的建设，为普通的行人创造生趣盎然的街景，并贯彻绿色理念，打造更为可持续的城市人居环境。

城市的文化活动既是进行"事件营销"、城市营销而日益引人瞩目的手段，也是作为首都城市进行文化展示、文化传播、文化交流的应有向度。华盛顿具有一系列有影响力的文化活动，例如：以历史文化和民俗为主题的有史密森美国民俗节、林肯诞辰纪念日活动、美国扁豆节、基督普世香肠节；以自然风光类为主题的有樱花节、郁金香节、国家大教堂花市、水仙花节、苹果节、白宫春季花园旅游；现代文化类的有"夏季消融"音乐节、汤森港电影节；国际会展类的有国际马展；关于城市中少

---

① 王庭熙：《美国建筑文化的若干特点》，载《中外建筑》1996 年第 5 期。
② 张玉珠：《现代化国际都市文化建设若干问题研究》，硕士学位论文，大连理工大学，2011 年。

数族裔和亚群体文化的有非洲裔历史文化月、中国农历新年活动、中国文化节、爱尔兰圣帕特里克节；体育方面有数个成规模的马拉松赛事以及其他活动①。这些文化活动分布领域广泛，构建着华盛顿具有活力而丰富多元的城市文化氛围，既体现着首都城市的文化辐射力，也体现其文化的兼容性。各种各样的城市文化环境及活动打造着华盛顿作为美国首都和重要文化中心的城市魅力及其品质，"得益于强大的社区自信心和华盛顿越来越有魅力的城市文化，以及华盛顿多元种族多元文化的氛围，这个绿色而有条理的城市正在成为一个很酷很有创意的地区。越来越多的人把华盛顿视为和纽约、旧金山一样的有趣而有深度的城市"②。这构成着华盛顿文化竞争力的一个重要来源，表述着华盛顿在世界首都城市群落中的意义与价值。

## 第五节　国际语境背景下的首都文化竞争力定位与战略

北京的文化竞争力，不仅关系到在国内城市体系中的竞争问题，还关系到在当前全球化日益加紧、"世界城市"地位日趋凸显、国家文化软实力竞争愈加迫切的背景下，国家首都和文化中心城市的发展定位和战略格局。伦敦、巴黎、东京、华盛顿四个首都城市，是世界上主要而具有代表性的首都城市，其中伦敦、巴黎、东京不仅是英、法、日三大当今世界主要强国的首都和文化中心，也是得到公认的四大顶级"世界城市"中的三个，而美国的华盛顿则是世界上综合国力最强的国家的首都和重要的知识文化城市。这些国际语境背景下的主要城市的文化竞争力构建，对于北京推进首都文化建设与发展具有充分的借鉴和启示意义。在国际文化语境下，首都文化竞争力的发展要符合首都参与国际首都城市竞争和国家化城市文化竞争的要求与定位，紧密结合首都城市在国家中的特殊性质和功能，承担起作为国家性的文化中心城市的引领、垂范、辐射等作用，要有代表国家文化参与到国际文化传播与竞争中的地位和能力，建设繁荣、发

---

① 参见李建盛、陈玲玲主编《北京公共文化服务体系与惠民工程建设》，知识产权出版社2012年版，第59页。

② 杨晓春《双子座华盛顿之二 酷首都》，载《商务旅行》2007年第8期。

达而具有强大影响力的首都城市文化。

## （一）注重结合国家首都的政治功能和文化职能，突出文化竞争力构建中的价值向度和意识形态维度

首都文化的定位和功能不同于一般意义上的文化大都市或文化名城，而是作为国家行政中心、政治中心的文化功能及其文化承载和延伸。而作为这种政治中心的文化功能，其一个特殊而重要的维度就是国家和民族意识形态、文化价值的构建与传播。从另一意义来说，由于政治意识形态必须依靠文化手段得以表达、巩固和产生效果，因此文化中心功能往往是与首都的政治中心功能紧密相连并相贯通的，首都城市的文化职能不仅是其核心功能中难以剥离的部分，也必须与其国家性的文化价值相关联。

巴黎在其首都文化建设中，高度重视"文化自觉"以及对法国国家和民族文化的弘扬，保持其本土文化和历史文化名城风貌，并以高于一般文化城市的战略视野，着力打造具有国家代表性的世界文化之都。首都巴黎的城市文化对于增强法国在国际上的文化竞争力和影响力产生了切实的效果，巴黎的整体保护完好的历史文化、云集各类文化名家和艺术家所带来的人文底蕴、左岸城区表达的自由文化精神，赋予法国在全球文化语境下的独特标记和烙印，并且向世界输出着法国所特有的精神文化。美国首府华盛顿则更为鲜明地体现出了首都文化对于弘扬国家文化和价值的政治意识形态意义，尽管其作为首都城市的规模不大、功能被高度减缩，但文化依然是其十分重要的功能之一。华盛顿众多的国家级公共文化设施、具有强烈政治性或历史性的文化空间和服务等，显著不同于美国的另一主要文化中心城市纽约，前者作为首都强调其城市文化中的政治功能、意识形态功能及其公共性和公益性，如其城市规划中对美国三权分立格局的体现和投射。而同为美国的文化中心城市，纽约作为一个知名的国际文化大都市而不是首都，则更多地体现出产业性的文化运作机制和市场化的文化原则，显现出与首都华盛顿在特点上的显著差异。就我国国内而言，上海、广州等其他城市即使已有发达的文化产业和文化服务，也难以替代作为首都和政治中心的北京在中国特色先进文化和意识形态文化表达中的特殊的核心地位。缺乏自身价值维度与核心价值的首都文化难以起到作为国家政治中心和文化中心的引领代表

作用，也难以在国际交流与文化传播中起到塑造民族文化形象、传播国家思想文化价值的作用，难以获得和体现在国际首都城市竞争中的优势文化实力。

在当前激烈的国际文化竞争背景下，尽管"冷战"早已结束，但一个国家思想价值体系的输出能力依然是衡量其文化软实力十分重要的标志。在中国能够向世界输出其强有力的价值观和意识形态之前，即使其成为文化大国，也难以成为真正意义上的文化强国，因为只有繁荣的文化生产和中转的国家难以真正屹立在世界民族文化之林。国际上主要首都城市的文化发展事实也向我们提出，首都的文化不能只是文化的繁荣，而必须把文化中的精神、价值、意识形态层面放置在其特殊的重要位置，承担起首都在国家中的特殊职能。对于北京来说，作为国家主流文化的代表和国际文化交往、文化输出的窗口，要注重承担对于国家和民族的文化价值策源、文化话语导向的重要功能，充分使首都文化体现出中国特色社会主义先进文化之都的内涵；发挥北京作为中国古都的历史文化名城的资源优势、首都的政治区位优势、文化传播的渠道优势、文化产业的人才优势，通过首都符号增强民族凝聚力、中华文化的影响力和国际竞争力、先进文化价值导向力，促进具有中国首都特色的先进文化以及核心价值的创新与传播，建设中国特色社会主义先进文化之都。

### （二）打造国家文化高端，发挥首都文化的垂范作用

国家首都城市的文化功能的发挥必须来源于其在国内国际范围里、位于高端前沿的、高度发达的文化，起着在城市体系中文化的重心地位和引领作用。首都城市一般而言是一个国家的文化中心城市，即使不是最为主要与核心的文化中心，也是重要的文化中心城市之一。首都城市参与的国际城市文化竞争乃至国家间的文化竞争，都需要其高品位、高质量的文化内容作为支撑，树立和显现首都文化竞争力的国家水准与国际标杆。

伦敦、巴黎、东京等国际上诸多首都城市无不具有在本国具有标杆意义和领先地位的文化资源、文化设施、文化品牌，其竞争力是国内其他城市难以望其项背的。这也有利于首都通过优越的文化环境、优势的文化氛围提升其对内凝聚力、辐射力和对外吸引力、影响力。例如，巴黎、伦敦、华盛顿都具有世界级的知名博物馆和图书馆，巴黎的"时尚之都"、东京的

"动漫之都"、伦敦的创意产业无不具有世界性的高端竞争力，对于国家文化软实力的构建也起着重要作用。伦敦、巴黎等老牌知名首都城市，其文化创意产业的国际竞争主导权、历史文化名城保护与弘扬的高度重视、公共文化设施的品牌、文化人才和文艺阶层的高质量集聚，都使得其成为国家乃至国际范围内的文化高地，产生着难以比肩的垂范作用。即使是城市规模较之其他主要首都小很多的美国首都华盛顿，在面临纽约的强势文化竞争下，也具有其符合首都性质和定位的国家级高端文化设施和文化服务，其博物馆、传媒、知识产业等领域具有世界级的领先地位，同样成为美国的文化中心城市之一。又以东西方文化交汇路口的土耳其为例，尽管其历史文化名城伊斯坦布尔由于光辉的历史和底蕴而占据着国家文化中的显赫地位，但其首都安卡拉也同样汇集着国内部分最为高端的文化要素，发挥着首都文化的功能。东京、柏林、罗马等首都无不具有其国内优势性的文化资源或品牌，并且往往成为一个国家在国际文化场域中的形象和标识。

北京近年来明确提出了建设具有世界影响力的文化中心城市的目标，这是作为首都和全国文化中心的角色定位和功能的进一步升华。首都北京事实上已经度过了文化发展在数量和粗放型增长上的原始积累阶段，其文化创意产业、公共文化、传媒体系、文化活动等都迫切面临着在高端质量、优质内涵上的提升，从而巩固和发挥北京在国内外文化竞争中的"高地"和辐射源地位。针对首都的国家文化高地建设，北京要立足于其历史积淀和独特优势，挖掘潜力资源，深化著名古都的历史文化遗产保护、社会主义文化首都的标志性公共文化集群建设，重视重点工程与精品、品牌建设，着力打造历史文化名城、创意城市、国际文化城市、文化首善之区，推进世界设计之都、东方影视之都、中国网都、当代艺术中心的建设发展，推动国家级的历史文化遗产、现代文化设施、大型文化活动、文化功能区等的优化，凸显北京在国家文化中的代表、垂范、引领功能。使北京文化要素、文化环境、文化氛围高度优化，成为全国性的"文化地标"和文化象征，增强首都作为国家文化形象的代表的功能，体现国家文化层次与文化高端、文化特色与文化底蕴，建设领先全国、具有世界影响力的文化圣地和文化首善之区。

### （三）引领文化创新，高度重视首都文化的创新竞争力

首都由于其区位、资源、历史积淀等多方面的优势，在一国文化发展

中往往具有很高的"首位度"，集聚着国家的大量文化企业、文化人才、文化要素，其创新竞争力对于国家的文化发展具有很强的引领、带动和辐射作用。创新型国家和创新型城市不仅需要科技的创新、管理的创新，也需要文化的创新。文化的创新发展在当前文化城市发展特征出现雷同、文化产业竞争日益激烈、文化产品多显现复制和同质化倾向、文化流水线生产在内涵上相对不足的情境下，已经显现出其凸显城市个性与核心文化竞争力的迫切价值。

作为世界主要的文化城市和英国文化中心，从"雾伦敦"到"酷伦敦"的发展充分体现了其充分的文化创新力及其在英国国家文化中的巨大作用，伦敦的"创意城市"建设和创意经济使得伦敦通过创新文化的转型而成为英国文化创新力的重要策源土壤。东京在内容产业方面的创新和创意能力也体现出高度的引领性，并打造着日本在对外文化输出和竞争中强大的"动漫软实力"、"游戏软实力"。巴黎在艺术、时尚、社会科学等方面积淀着深厚的人才和风气环境，曾经云集着并且依然吸引着一批具有显赫地位的文化名家，是具有世界魅力的文化创新牵引地，在此意义上我们难以否认其"世界首都"的文化地位和功能。华盛顿与典型的国际大都市型和"世界城市"型的首都城市相比可以称为小型首都城市，但是依然十分重视城市的创新土壤的培育和实践，其对文化艺术人才的吸引、对创意文化环境和社区文化的培育，以及在一些特定文化创意产业上的创新引领、在一些文化艺术门类和内容上体现出来的创造活力，也值得其他首都城市吸收借鉴。文化创新人才是一个文化城市必须具备的核心性创新力量，在这个方面国外首都城市可以给北京很好的启示。纽约的创意产业就业比例为8%（2008）、巴黎为8.8%（2008）、伦敦为12%（2007）、东京为11.2%（2006），其他较为发达的首都城市中，悉尼只有5.3%（2010）、柏林为7.5%（2006）[①]。而2012年北京文化创意产业从业人数为152.9万，占全市人口比例的7.4%，与国际上创新和创意的发达首都城市仍有一定的差距，见图4。

---

① ［英］罗伯特·保罗·欧文斯等：《世界城市文化报告》（2012），黄昌勇、侯卉娟、章超等译，同济大学出版社2013年版，第148页。

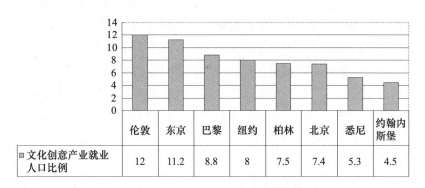

| | 伦敦 | 东京 | 巴黎 | 纽约 | 柏林 | 北京 | 悉尼 | 约翰内斯堡 |
|---|---|---|---|---|---|---|---|---|
| ■ 文化创意产业就业<br>人口比例 | 12 | 11.2 | 8.8 | 8 | 7.5 | 7.4 | 5.3 | 4.5 |

**图 4    北京文化创意产业就业人口比例与主要首都城市比较（单位：%）**

资料来源：［英］罗伯特·保罗·欧文斯等：《世界城市文化报告》（2012），黄昌勇、侯卉娟、章超等译，同济大学出版社 2013 年版，第 148 页。其中，伦敦为 2007 年数据，东京为 2006 年数据，巴黎为 2008 年数据，纽约为 2008 年数据，柏林为 2006 年数据，北京为 2012 年数据，悉尼为 2010 年数据，约翰内斯堡为 2008 年数据。

文化是精神文化的激荡与碰撞，文化竞争若脱离了具有蓬勃活力与创新生命力的文化创新，则难以体现不同的竞争主体在文化竞争力上的特殊附加值和核心优势，首都在此意义上必须把文化的创新驱动作为其城市文化发展的主旋律之一。北京具有深厚的科技教育积淀和人才基础，是全国重要的创新中心，在全国文化发展格局中也应起到带动和引领文化创新的重要作用。与一些国际上著名的创新型首都城市相比，北京在文化创新方面的活力还有待进一步激发，加快从全国文化创新重要城市向具有国际竞争力和引领力的文化创新首都的转变与提升。要大力培育创新主体和创新环境、创新能力，吸引文化人才和创意、创造性人才，实施科技创新与文化创新的双轮驱动。借鉴伦敦等城市发展"酷"城市和创意城市的经验，完善文化创新激励机制和扶持体系、服务体系、创新氛围，健全文化创新权益保障和利益分享机制。为文化新兴业态和新兴形态提供良好孵化、成长环境，推动文化产业转型升级。借鉴"中关村国家自主创新示范区"的模式，打造全国文化创新示范区，建设有全国乃至全球影响力的文化科技、文化研发创新中心。充分发挥北京作为科技教育中心和人才集聚之都的优势，推动文化研发和文化科技、文化创意，打造"北京研发"、"北京创造"、"北京创意"的文化品牌。充分针对首都北京在全国乃至国际文化竞争中的高端定位，打造具有全国乃至全球影响力的文化创新引领和辐射基地。

**（四）强化首都文化资源集聚和整合优化，发挥首都在全国文化发展中的带动作用**

首都文化竞争力不仅体现在其自身的发展，还体现在首都在国家文化格局中的枢纽、牵引、驱动等作用，并使得首都成为具有国家意义的文化战略"增长极"。首都由于集聚着一个国家的主要文化资源，承担着一个国家在文化上的管理、组织、交流等功能，具有历史或现实形成的一些累积优势或区位优势，因此其文化中心地位不仅体现在文化发展与其他城市相比在数量、规模、内容等方面的比较优势，也体现在对于其作用范围内的文化资源利用与整合上。

纵观伦敦、巴黎、东京等大型首都城市，无不是国家优势文化资源大量集聚、流转、运作的中枢地带，对于国家文化起着重要的牵引和驱动作用。即使是华盛顿这样的规模较小、功能单一的首都城市，也集聚着许多优质的文化公共资源、文化机构和组织、知识文化人才。换而言之，首都的文化发展还必须着眼于国家的全局空间，文化中心的地位更需体现在作为促动区域或国家文化发展的牵引离合器的作用。这种整合带动作用，一方面体现在首都在国家城市文化等级体系中的"首位度"，聚合着国家众多的优质资源和优势，使首都借助其特殊的性质和功能而打造国家文化发展的中枢地带，甚至也成为国际文化大都市带乃至城市文化群的核心；另一方面也体现在首都要通过其体制机制的改良与创新，加强对于区域和国家文化发展的服务能力、促动能力，使得各种文化主体和资源得以优化发酵，达到更好的发展效率和层次，并推动国家整体层面的文化实力提升。

对于北京来说，要充分借鉴世界重要首都和大都市的经验，把全国文化中心的引领带动作用作为城市的战略架构方向，以进一步增强全国文化中枢的核心地位与竞争力。要强化文化资源集聚，优化文化发展配套支持体系，加强引导和扶持政策，进一步增强首都对文化智力资源、文化产权资源、文化产业资源的集聚效应、融合互动和整体提升；注重吸引文化人才、文化团体、文化总部落户北京，提供优越的生活工作条件、文化政策环境、创新氛围和配套服务体系，完善激励奖励机制、竞争合作机制和利益保护分享机制。基于首都在文化资源及其流转的"活跃"向度，首都凸显在文化生产、消费领域对国内外的联结纽带作用，承担起国内外文化流通与贸易、集散平台的重要职责，促进国内外文化要素、文化产品、文化消费、文化资本的流通与周转循环，以文化枢纽的建设服务和带动全国文化的发展，并促进北京自身文化竞争地位的提高。着重加强首都的文化市场、文化物流、文化交流、文化展示、文化中介、文化金融、文化连锁经营总部和文化市场服务商以及其他枢纽型文化平台、文化组织、文化单位的建设发展，使北京成为全国的文化总部基地、交易基地、流通基地、信息基地和产业服务基地，使首都成为文化资源的集聚辐射中心、文化生产的整合优化高地、文化繁荣的可持续性动力源。

### （五）统筹首都文化区域，打造具有强大国际竞争力的"首都文化圈"

世界上的一些主要首都城市之所以具有强大的文化综合实力和影响力，与环绕首都区所形成的城市群和城市带的整体实力崛起密不可分。就当今的世界文化竞争态势而言，首都城市的文化竞争不仅是城市个体的竞争，也是其首都圈或城市群的整体实力竞争。伦敦、巴黎、东京等国际上具有重要文化竞争力的首都城市或世界城市不仅具有文化发达的中心城市，也具有纵深"文化腹地"的有力支撑。即使在一些非首都的文化大城市，其向城市带、都市圈化的扩展发展趋势也较为显著。以本章选取的伦敦、巴黎、东京等几大重点首都样本为例，伦敦城及其更为广阔的大伦敦市、周边城市带乃至以英国东南部地区为依托共同构成的伦敦首都圈，巴黎市及其邻近的7个省区构成的巴黎大区和更广范围的"环巴黎"大首都圈，以日本东海道地区为依托的东京首都圈，其整体优化的文化实力对于首都文化在国内国际的竞争力起着十分重要的作用。东京城市群集中了全国电影产业的60%、出版产业的35%、印刷产业的40%。华盛顿事实上也属于和依托于由纽约、波士顿等城市共同构成的美国的大都市带，该城市带不到全国1.5%的面积，却集中着美国近20%的人口，这为华盛顿的文化中心城市地位的确立提供了重要的基础与客观条件。即使在我国，长三江、珠三江城市带、都市圈的整体发展，也为其文化竞争力的规模化和整体效应提供了更为强劲的现实基础。相较之下，北京周边的腹地文化发展与首都存在较显著差距，形成"环首都文化弱势带"，首都圈文化一体化程度和整体实力建构不足等问题成为北京文化竞争力提升的重要现实短板。同时，"首都经济圈"建设在"十二五"期间成为国家战略，这对北京的"首都文化圈"建设既形成良好机遇，也带来强烈而迫切的现实要求。北京需要借鉴国际上主要首都圈的文化发展经验，统筹北京与周边城市的整体格局、协调发展和共同崛起，补充与强化首都的文化功能，增强首都文化圈的服务功能和产业链、价值链、资源链的完备性和系统性，构筑发展北京、联动京津冀和环渤海、服务全国、面向世界的"首都文化圈"，将首都文化圈作为北京文化竞争战略的重要目标和远景部署，充分提高首都北京的文化整体控制力、竞争力、影响力。

# 第三章　文化创意产业与首都文化竞争力

## 第一节　文化创意产业概念及认知

从 1995 年至 2006 年，首都北京在城市发展重心上经历了从发展文化产业到发展文化创意产业的变化。理解这种变化需要梳理清楚两个关系，一个是文化产业与文化创意产业的关系，另一个是文化产业或者文化创意产业与首都文化竞争力乃至首都城市竞争力的关系。

迄今为止，从不同角度、不同学科对文化进行阐释的相关中外定义有200 多种，第一次把文化作为中心概念提出来的英国的泰勒（E. B. Tylor）这样定义文化，"文化或文明是一个复杂的整体，它包括知识、信仰、艺术、法律、伦理道理、风俗和作为社会成员的人通过学习而获得的任何其他能力和习惯"（1871）。对文化与国家关系的认识产生了广泛影响的美国外交学者塞缪尔·亨廷顿则定义文化为"人类生产或创造的，而后传给其他人，特别是传给下一代人的每一件物品、习惯、观念、制度、思维模式和行为模式"（1945）。联合国教科文组织在《世界文化多样性宣言》中指出，文化是"某个社会或某个社会群体特有的精神与物质，智力与情感方面的不同特点之总和"。

在中国的文化建设道路上，党的十六大报告中第一次非常正式地提到了"文化事业"与"文化产业"的概念。文化事业主要是指在我国文化体制改革中那些不易按照市场运作规律进行操作的文化领域，通常是公益性较强、非营利性的、公民文化生活不可或缺、丰富完善公众文化精神生活、主要由政府进行扶持补贴的文化公益性事业。而文化产业就是可以按照经济法则、产业规律对相关文化进行产业链模式运作、有投入产出、追求盈利、有生产、有消费的文化范畴。目前，我国的文化政策强调文化的事业性与产业性发展并举的方针。

　　有关文化产业的定义纷繁复杂，一直存在很多争议且无确定性的能被广泛接受的解释。各国对文化的理解和统计以及发展政策制定在大同的基础上有各自的特点和差异。对文化产业（Culture Industry）进行最早论述和研究的是 20 世纪三四十年代的德国法兰克福学派，代表性学者阿多诺、霍克海姆等在其《文化产业：欺骗公众的启蒙精神》中从哲学的角度对带有贬义的文化工业一词进行了批判。他们认为当对人类的文化，尤其是大众文化进行工业化生产行为时，文化已经背离了初衷，不再是人类精神价值和自由创作的体现，已经不是文化本身的产业，而是渗透了来自社会的权力关系的诱导、操纵的体现。同时，不断更新的科技与文化的结合应用，使文化的灵感与创作面临枯竭，生产出来的文化产品单调、一致，与艺术的追求背道而驰，同时造成了拜金主义的泛滥。其提到的商业资本及意识形态对文化自由性、多样性本旨的入侵有积极作用。

　　但是英国的伯明翰学派则在法兰克福学派的研究基础上，温和地肯定了文化工业的积极作用。虽然文化产品被流水线统一复制生产，但是广大消费受众由于个体的阶级、种族、性别等差异，会产生差异性解读和接受，对产品产生新的认知和解读。伴随着后期其中的一些学者移民美国，他们看到美国的文化工业、大众文化欣欣向荣的发展，使更多的普通受众可以享受到更多种类的文化产品时，更加肯定了文化从小众的贵族化精英型消费产品走向普通大众的积极作用。随着时代的发展，文化工业从哲学概念逐渐过渡到经济学概念上的文化产业这样一个颇具中性色彩意义的词汇上。联合国定义文化产业是"按照工业标准，生产、再生产、储存以及分配文化产品和服务的一系列活动"。

　　发展至今，各国和地区根据自身的认知和特点对文化类产业采取了不同的称谓。美国遵从其宪法中的公民享有言论和出版等方面的自由权利，对文化的管理采取"无为而治"的策略，也没有成立类似我国的文化部的国家级管理机构，对其文化产业统称为"版权产业"，倾向于对知识产权、专利、商标等的保护。英国、澳大利亚等国家则把其文化产业称为"文化创意产业"，强调对文化的创意性使用。韩国以及一些欧洲国家称之为"文化产业"，强调文化产品的传播扩散功能，倾力包装、向外介绍宣传及输出本国文化产品、文化传统。日本将其称为"内容产业"，强调在硬件、科技等基础上的新颖内容的打造与呈现。中国香港、中国台湾将其称为"文化创意产业"。澳大利亚则是启用了包括体育运动技能在内的

"文化和休闲产业"。

在21世纪之初，我国的文化发展经历了从文化产业到文化创意产业的发展转变。北京市是在城市发展战略层面上对文化产业进行研究和部署的先知先觉型城市。当面临新时代的新挑战，也就是产业结构的转型、生产力在各级产业中的调整分配等机遇性选择问题迫在眉睫时，北京在城市功能与性质上提出了与时俱进的变化。早在1996年，北京市委等召开的首都文化发展战略研讨会上，与会者就"文化产业"的概念及相关产业进行了研讨。北京市社会科学院成立了首都文化发展研究中心专门对文化产业及北京的发展进行相关研究，在其相关研究人员起草撰写的《关于加快北京市文化发展的若干意见》中，提出要发挥首都优势，"大力发展文化产业，使其成为北京的支柱产业之一，使北京成为全国重要的文化产业基地"，发展朝阳产业，以加快城市经济发展。当时提出了北京的一些优势文化行业及相关发展建议。在当时的中国，文化领域普遍属于国人认知中的意识形态领域，文化领域基本属于文化事业或者行业，提出文化的产业化概念的确是中国文化发展史上具有里程碑性质的事件。

随后，文化经济建设、文化体制改革在北京的示范下，在中国大地风生水起，出现了从中央到地方都开始强调大力发展文化产业的局面。发展文化的重要性和举措屡屡在国家性政策文件上出现，自上而下地开始了中国的文化自觉、文化自信之路。2003年，中国文化部在其《关于支持和促进文化产业发展的若干意见》中定义文化产业是"从事文化产品生产和提供文化服务的经营性行业……文化产业是社会生产力发展的必然产物，是随着中国社会主义市场经济的逐步完善和现代生产方式的不断进步而发展起来的新兴产业"。在2004年，国家统计局在与中宣部、国务院相关部门联合调研基础上，依据《国民经济行业分类》（GB/T 4754—2011）出台了《文化及相关产业分类》，根据我国当时理论与实践的实际情况，定义文化产业是"为社会公众提供文化娱乐产品和服务的活动，以及与这些活动有关联的活动的集合"。在中国经历了文化体制改革、文化产业市场化不断深入的8年后，国家统计局与中宣部再次结合实际工作情况，参考国外相关机构的统计分类方法，对我国的文化产业分类提出了更具科学性、统一性的新标准，也就是《文化及相关产业分类》（2012）。新标准中，增加了文化创意、文化新业态、软件设计服务、具有文化内涵的特色产品的生产等内容和部分行业小类，删除了休闲健身娱乐活动、旅行社、教学用模型及教具制造、其他文教办公用品制造和彩票活动等。取消了原有的核心层、外围层的划分，取而代之的是文化产品生产活动、文化产品生产的辅助生产活动、文化用品的生产活动和文化专用设备生产活动四个方面。

在 2005 年前后，"文化产业"一词逐渐被"文化创意产业"一词替代，标志着我国文化产业发展进入新阶段。从 2006 年开始，在"十一五"期间，伴随着北京市的文化优势产业已经初具规模，以及产业园区打造、构成了相应的产业空间，北京市顺应时代潮流提出了发展文化创意产业，将北京市文化发展引入一个新阶段。文化产业包括传统型文化产业和创新型文化产业。创意产业包括文化型创意产业和科技型创意产业。文化产业与创意产业的交集区域就是文化创意产业。虽然最终产品都是文化产品，但文化产业是相对保守的，依然带有一定传统色彩的文化门类的新式划分，属于工业经济，强调生产方式。文化创意产业是在文化产业基础上，突出创意的作用，强调原创性生产，属于知识经济，产品是含有个人智慧的文化产品，不是简单的文化资源的复制。此概念的提出，标志着北京市在初期意识到可以对文化进行工业化生产和加工制作的观念基础上，更注重创新性人力智慧资本在文化产业发展中的核心地位与实际驱动功能，利用人工创意避免简单的资源呈现，从而大大提升原初性文化产品的价值。为了统计记录文化产业的发展数据及对当地的经济贡献，鉴于国家统计局公布的标准缺乏可操作性，各地纷纷出台一些本地性文化产业分类及统计标准，往往纳入当地的一些文化优势资源，造成各地之间的统计数据不具有可比性。2006 年，北京市统计局、国家统计局北京调查总队联合公布我国第一个文化创意产业分类标准——《北京市文化创意产业分类标准》，对文化创意产业领域进行了分类。

"文化创意产业"（Culture and Creative Industry）一词，最早出现在 1994 年的澳大利亚的国家文化报告中，将本地存在的多元文化进行融合、创造，由此打造出新型国家文化形象。而将"文化创意产业"一词带向全世界、产生示范作用的是英国，1998 年布莱尔主政的英国政府的"创意产业特别工作组"提出了这一英国国家经济发展的中心词，它突出了在文化生产上创新性应用头脑中理念、设计、想法等的重要性，从而打造出高附加值的、具有鲜明个性的、无可复制的、高体验性的文化产品，突出了生产力元素中生产者的作用，在文化硬件的基础上强调了软实力的竞争。在其发布的《英国创意产业路径文件》中，如此定义创意产业，即指那些"源于个体创造力、技能和才华的活动，而通过知识产权的生产和取用，这些活动可以发挥创造财富和就业机会的潜力"。文件明确涵盖了 13 个文化创意产业领域：电视广播、互动休闲软件、音乐、表演艺术、工艺品、设计、电影、出版、建筑、时装设计、软件设计、艺术和文物交易、广告装潢。联合国贸发会议将创意产业分为四大组别：文化遗产；艺术；媒体；功能创意。

## 第二节　文化创意产业与首都文化竞争力的关系

### （一）发展文化创意产业是城市转型发展的现实需要

人类的集聚产生了城市，城市是人类文明发展到一定阶段的产物。城市为文化创意产业的发展提供了一定的物质条件、人力资本、消费市场、社会文化等。首都是一个国家的重要中心城市，至少是政治中心城市，有的也同时是文化与经济中心城市。北京市是中国的政治与文化中心，具有悠久的历史和良好的中华文化传统，有着 3000 多年的建城史和 850 多年的建都史，国际交往中心和国家创新中心功能在不断加强。

在 2012 年 11 月 8 日，胡锦涛同志作出的中国共产党第十八次全国代表大会上的报告中，提出要"大力推进生态文明建设"。面对中国现在经济增长要靠消耗大量自然资源的现象，党中央提出要"坚持节约资源和保护环境的基本国策……着力推进绿色发展、循环发展、低碳发展……从源头上扭转生态环境恶化趋势，为人民创造良好生产生活环境，为全球生态安全作出贡献"，"要把资源消耗、环境损害、生态效益纳入经济社会发展评价体系，建立体现生态文明要求的目标体系、考核办法、奖惩机制"。这是我国头一次在党的国家报告中把环境和资源上升到如此高度进行总设计。北京从 1996 年起，就在市委市政府的带领下，开始调研北京的文化建设现状，出台加快北京文化发展的各种意见、扶植政策等，在城市转型的问题上走在了国内其他城市的前面，抢占发展先机。

根据《北京城市总体规划》（2004—2020 年），北京市拟将自身打造成"世界城市、文化名城和宜居城市"，"弘扬历史文化，大力发展文化产业，形成具有高度包容性、多元化的世界文化名城"。提出"深化改革开放，全力推动人文北京、科技北京、绿色北京战略"、"努力打造国际活动聚集之都、世界高端企业总部聚集之都、世界高端人才聚集之都、中国特色社会主义先进文化之都、和谐宜居之都"的指导思想，以及"文化大发展大繁荣。社会主义核心价值体系建设更加深入，市民文明素质和城市文明程度进一步提高。历史文化资源得到有效的保护、挖掘、传承和利用，文化创意产业和文化事业迅速发展。首都科技、教育、文化等资源优势充分彰显，城市文化软实力显著提升，全国文化中心功能显著增强"的具体主要目标。

发展文化产业及文化创意产业是顺势而为、与时俱进的举措。世纪之交，世界经济形式复杂多变，经济发展问题和金融危机在各地此起彼伏、相互影响。人类社会从 20 世纪中期开始，逐渐走出早期的工业化社会模式，经济发展慢慢脱离传统的以制造业、重工业为支柱产业的结构，出现了新型经济关系和经济要素的第三产业。在早期，工业革命大大解放了生产力，大规模的产品生产满足着人们对物质消费的需要，工业经济占据国民经济的主导地位，第二产业分类众多，直接导致大烟囱四处林立。北京也不例外，在早期的城市发展规划中，走过一段"由消费城市变为工业化城市"路程后，又"以钢为纲"地建设重化工业为基础的封闭式大工业体系，重工业发展占据了中心。但是，北京本身是一个自然生产资源匮乏型城市，持续性发展重工业并没有优势。到了 20 世纪 90 年代中后期，北京工业企业明显出现资产负债过高和明长潜亏现象，产业结构调整无法回避。

伴随着西方发达工业经济国家进入到后工业化时代，物质消费需求整体过剩，新型消费方式开始兴起，众多城市在经历了兴盛期以及生态资源被工业化过度开发后，面临重新振兴问题。尤其是在个人电脑的平民化以及互联网延伸入家庭、个人后，人们的传统生活方式和思维认知，甚至于整个世界都被颠覆性地彻底改变，"第三次浪潮"又把所有国家重新扔回同一起跑线上。苹果、微软等公司成了这种信息高科技的代表。强调个人知识、技能的应用的新型知识经济将整个人类社会的发展推向了一个前所未有的高度。电子商务、电子政务、数字媒体互动、网络技术、通信技术等，这些以知识、信息为基础特征的新型信息产物，以新型前沿的科技创新与发明为手段，有效减少自然资源消耗，强调以知识来凸显产品的高附加值、高产出性，全方位地改变和影响人类的生活、生产方式，并改变着既有的财富创造系统、权力分配系统。这种非物质性和非实体性经济，用知识创造财富，大量新兴产业涌现，经济结构和形式被改变，软实力、文化竞争力等新概念、新词汇得以被提出，富豪排行榜重新洗牌。在福布斯 2013 全球富豪排行榜上，墨西哥的电信巨商卡洛斯·斯利姆·埃卢（Carlos Slim Helu）以 730 亿美元的净资产第四次蝉联首位。比尔·盖茨（Bill Gates）以 670 亿美元净资产位列第二。甲骨文公司的创始人拉里·埃里森（Larry Ellison）排在第五位。世界最大的互联网综合零售商杰夫·贝索斯（Jeff Bezos）靠在线卖纸质书和电子书排第 19 位。谷歌创始人拉里·佩奇（Larry Page）靠"搜索"技术位居第 20 位。世界从现实走入虚拟，人类的活动疆域再次被"科技上的牛仔们"扩展到全新领域。无论参与与否、认知与否，互联网潮流和虚拟世界已然存在和被构建。20 世纪 90 年代以来，美国经济由于新技术和新科技的创新，一直保持着高增长、低通胀、低失业的状况。亚洲的韩国也通过成功运作文化即"韩流"，使其流行音乐、影视剧、网络游戏等文化产品横扫亚洲和世界。

文化创意产业往往通过"跨界"组合运作，打破原有的分类体系，进行资源重组，创造出新的经济增长点，给产业和城市带来生机和活力。它通过自身的创意产品和创意服务，连接其产业链的研发、生产、营销、衍生等各个环节，形成全新经济模式。在空间上，很多城市的传统工业区都转变成了创意活动区，从此由工业经济转向创意经济。尤其是资源枯竭型城市的转型就显得更急迫和必要，如英国伦敦东区、德国鲁尔工业区、美国奥兰多的转型等。

为北京经济发展曾经做过重要贡献的石景山区的首都钢铁公司在北京城市功能定位后搬离了北京，落户河北曹妃甸和迁安。曾经的厂区空置出来后，被规划成了北京市的 CRD 区域（文化休闲娱乐区），国内众多知名动漫游戏企业进驻该区。

### （二）文化创意产业与世界城市的打造

从某种层面上来说，世界各国之间的竞争逐渐演变成了城市之间的竞争。在城市研究理论系统，"世界城市"系统日渐完善，有的研究者根据国际性、区域性、国家性等对世界城市进行了分级划分。1915 年英国的格迪斯（Patrick Geddes）提出了"世界城市"概念，指出这些城市集聚了世界上大部分重要的商业活动。国内外学者对世界城市内涵的一致看法是，它是在经济、社会、文化或者政治层面直接影响全球事务的城市，是世界经济高度一体化下，国际资本对世界经济发挥影响和进行控制的空间节点。世界城市大多是国家的政治中心，如伦敦、东京、巴黎。也有些世界城市虽然不是国家政治中心，但却是能对国家或者国际事务发挥影响的城市，如纽约。它们往往也是经济的控制与决策中心、物流中心、创意产业中心、文化中心、娱乐中心、传媒中心、信息中心、科研中心、世界交通枢纽中心、人才集聚中心。其文化中心的功能主要表现在举办国际文化活动的频率、接待境外游客数量、世界级博物馆数量等。

文化创意产业的发展建设与国际性世界城市建设关系紧密。城市越是国际化和世界性，其文化创意产业也就越发达。首屈一指的世界城市中，巴黎以其"时尚创意工业"闻名世界，伦敦则是以出版业为其代表，纽约的传媒业是业界最发达的。在发达经济体中，文化创意产业所占比重很大。

据1998年在香港成立的国际性学术团体之中国城市竞争力研究会的"2013中国省区、直辖市综合竞争力排行榜"，国内各大城市综合竞争力排名如表1所示。

表1　　　　　2013中国省区、直辖市综合竞争力排行榜

| 排名 | 城市 | 总分 |
|------|------|------|
| 1 | 广东 | 30910.14 |
| 2 | 江苏 | 29538.63 |
| 3 | 山东 | 26854.87 |
| 4 | 浙江 | 23147.24 |
| 5 | 香港 | 19527.43 |
| 6 | 台湾 | 18927.53 |
| 7 | 上海 | 17333.13 |
| 8 | 北京 | 17014.21 |
| 9 | 天津 | 16587.94 |
| 10 | 河南 | 16128.20 |

其排名以经济、地理与行政划分为基础，对中国海峡两岸、香港和澳

门进行系统而全面的研究与评价。整个评价体系包括经济、社会、环境、文化四大方面，由经济竞争力指数、文化形象竞争力指数、产业竞争力指数、商业贸易竞争力指数、财政金融竞争力指数、基础设施竞争力指数、人力资本教育竞争力指数、社会体制竞争力指数、科技竞争力指数、环境/资源/区位竞争力指数 10 项一级指标、50 项二级指标、217 项三级指标构成。北京排名第 8 位，在排名中略显弱势。

2013 年 7 月 30 日，上海交大发布了《2013：中国文化产业发展指数报告》。该报告中 31 个省、区、市文化产业发展指数排名如表 2 所示。

表 2　　　　2009—2011 年 31 个省、区、市文化产业发展指数

| 排名 | 2011 年 | | 2010 年 | | 2009 年 | |
|---|---|---|---|---|---|---|
| | 省、区、市 | 指数值 | 省、区、市 | 指数值 | 省、区、市 | 指数值 |
| 1 | 北京 | 82.75 | 北京 | 88.59 | 上海 | 87.27 |
| 2 | 广东 | 48.52 | 上海 | 54.62 | 北京 | 85.69 |
| 3 | 浙江 | 47.5 | 广东 | 51.92 | 广东 | 51.11 |
| 4 | 江苏 | 41.76 | 江苏 | 40.19 | 山东 | 39.9 |
| 5 | 山东 | 41.09 | 浙江 | 39.25 | 江苏 | 39.79 |
| 6 | 上海 | 37.53 | 山东 | 29.27 | 浙江 | 36.78 |
| 7 | 天津 | 33.34 | 辽宁 | 27.64 | 辽宁 | 25.34 |
| 8 | 湖南 | 30.84 | 湖南 | 27.35 | 山西 | 24.14 |
| 9 | 福建 | 27.23 | 安徽 | 23.14 | 湖南 | 22.46 |
| 10 | 辽宁 | 24.91 | 天津 | 22.51 | 河南 | 21.86 |

该报告沿袭上海交大中国文化产业发展指数课题组 2012 年报告采用的"表征与内涵双重复合"指标体系和理论分析框架。中、东部大城市依然是我国文化产业发展主要力量，内在创新能力更新是我国发展文化产业的关键。在这张统计表里，北京的文化产业发展在国内名列前茅，并且近两年的发展成绩更是比其他国内城市遥遥领先，展示了强大的产业竞争力。这与北京市近几年来政府大力扶持文化产业发展密不可分，政策的扶持性得到体现。虽然北京的文化产业得到大力发展，但是北京的公告文化服务却是亟待提高的。在由上海高校都市文化 E－研究院编写、商务印书馆出版的《2011 年全国 31 个省市自治区公共文化服务指数蓝皮书》中，

北京以 50.39 的得分在公共文化服务指数列表中排名 22 位；在 2012 年的
《公共服务蓝皮书》中，主要以城市文化体育类项目进行评估的公共文化
服务力方面，北京得 62.25 分，排名第 27 位。这说明北京的公共文化服
务系统在未来是可以大有作为的。相关比较数据见表 3、表 4。

表3　　　31 个省、市、自治区公共文化服务相关数据（总量）比较

| 排名 | 公共文化服务综合指数（总量）百分制得分 | 公共文化投入综合指数（总量）百分制得分 | 公共文化机构综合指数（总量）百分制得分 | 公共文化活动综合指数（总量）百分制得分 | 公共文化享受综合指数（总量）百分制得分 |
|---|---|---|---|---|---|
| 1 | 广东 80.91 | 广东 94.22 | 四川 86.91 | 山东 78.36 | 江苏 84.15 |
| 2 | 江苏 77.68 | 浙江 92.81 | 河南 81.62 | 河南 76.71 | 广东 83.03 |
| 3 | 浙江 75.00 | 上海 90.75 | 广东 78.28 | 江苏 75.97 | 浙江 73.17 |
| | 北京 50.39（第22 位） | 北京 68.99（第5 位） | 北京 38.33（第26 位） | 北京 65.15（第9 位） | 北京 43.85（第24 位） |

表4　　　31 个省、市、自治区公共文化服务相关数据（人均）比较

| 排名 | 公共文化服务综合指数（人均）百分制得分 | 公共文化投入综合指数（人均）百分制得分 | 公共文化机构综合指数（人均）百分制得分 | 公共文化活动综合指数（人均）百分制得分 | 公共文化享受综合指数（人均）百分制得分 |
|---|---|---|---|---|---|
| 1 | 上海 89.59 | 上海 94.38 | 西藏 89.79 | 北京 89.65 | 上海 94.12 |
| 2 | 北京 73.79 | 北京 77.05 | 青海 78.37 | 上海 87.52 | 天津 73.86 |
| 3 | 天津 68.68 | 青海 75.18 | 新疆 64.84 | 辽宁 67.27 | 浙江 72.02 |
| | | | 北京 45.44（第26 位） | | 北京 65.09（第4 位） |

从上面两个有关公共文化服务总量及人均数据比较表中可以分析出，
北京的国内公共文化服务人均排名比总量排名要好很多。总量少，是因为
北京的面积相对转小。在人均公共文化机构建设和公共文化享受上，北京
可以积极推进。不仅是北京，其实全国各大小城市都需要提高公共文化投
入与产出的绩效比。依然是该课题组做的调研统计中，利用"公共文化

服务绩效 =（公共文化活动＋公共文化享受）/公共文化投入"计算出的全国 31 个省、市、自治区公共文化服务投入与产出绩效指数（总量）的统计中，排在前三位的是河南 58.80 分、湖南 54.97 分、河北 54.63 分，都没有超过 60 分。北京 33.05 分，排名第 24 位。人均的相关统计中，前三位分别是辽宁（44.43 分）、广西（42.09 分）、江苏（41.37 分）。北京 36.09 分，排名第 18 位。人均数值比总量数值更低，全国各省、市、自治区人民群众的公共文化服务度需要政府在大力发展文化产业的同时，给予大力发展和提高。

日本"森纪念财团"和韩国的首尔研究院于 2013 年 2 月 15 日发表的《2012 年全球城市综合竞争力指数排名》中，北京从 2008 年的第 28 位上升到第 11 位，前 10 名城市排列如表 5 中的"城市排序 1"。在中国城市竞争力研究会的《2012 世界城市综合竞争力排行榜》中，北京位列第 13 位，前 10 名城市见表 5 中的"城市排序 2"。

表 5                **2012 年世界城市综合竞争力排名**

| 排序 | 城市排序 1 | 城市排序 2 |
|:---:|:---:|:---:|
| 1 | 伦敦 | 纽约 |
| 2 | 纽约 | 伦敦 |
| 3 | 巴黎 | 东京 |
| 4 | 东京 | 巴黎 |
| 5 | 新加坡 | 洛杉矶 |
| 6 | 首尔 | 芝加哥 |
| 7 | 阿姆斯特丹 | 香港 |
| 8 | 柏林 | 首尔 |
| 9 | 香港 | 华盛顿 |
| 10 | 维也纳 | 莫斯科 |

在世界城市的坐标体系中，有关北京和其他代表性世界城市的相关文化设施、国际文化影响力等方面数据比较见表 6。在美术馆、公共图书馆、电影节、剧院、现场音乐场所、外国人人口比例、国际游客等方面的数据与伦敦、纽约、巴黎、东京的数据比较起来，还有很大的差距。北京的公共文化服务总体偏弱，需要进一步加强。

表6　　　　　　　相关国际城市文化设施、文化影响力比较

| | 伦敦 | 纽约 | 巴黎 | 上海 | 新加坡 | 东京 | 北京 |
|---|---|---|---|---|---|---|---|
| 博物馆（座） | 173 | 131 | 137 | 114 | 53 | 47 | 165 |
| 美术馆（座） | 857 | 721 | 1046 | 208 | 252 | 688 | 50 |
| 世界文化遗产（个） | 4 | 1 | 4 | 情况不符 | 情况不符 | 1 | 6 |
| 公共绿化区比例（%） | 38.4 | 14 | 9.4 | 2.6 | 47 | 3.4 | 情况不符 |
| 公共图书馆（座） | 383 | 220 | 830 | 477 | 25 | 377 | 25 |
| 影院银幕数（块） | 566 | 501 | 1003 | 670 | 239 | 334 | 726 |
| 电影节（届） | 61 | 57 | 190 | 2 | 情况不符 | 35 | 2 |
| 剧院（座） | 214 | 420 | 353 | 97 | 55 | 230 | 135 |
| 现场音乐场所（个） | 349 | 277 | 423 | 44 | 情况不符 | 385 | 情况不符 |
| 节日和庆祝活动（场） | 254 | 309 | 360 | 33 | 情况不符 | 485 | 情况不符 |
| 外国人人口比例（%） | 30.8 | 36.8 | 12.4 | 0.9 | 26.9 | 2.4 | 0.53 |
| 国际学生数（人） | 99360 | 60791 | 96782 | 43016 | 91500 | 43188 | 39141 |
| 公映电影数（场） | 557 | 610 | 575 | 252 | 352 | 799 | 情况不符 |
| 舞蹈表演数（次） | 2756 | 6292 | 3172 | 1686 | 1572 | 1598 | 情况不符 |
| 国际游客（人） | 15216000 | 8380000 | 13300000 | 8511200 | 11641700 | 5940000 | 6200000 |
| 书店（个） | 802 | 777 | 1025 | 1322 | 164 | 1675 | |

注：以上数据来自2012年世界城市文化报告。

### （三）文化创意产业与城市形象、城市精神的塑造

每一座城市都有自己的外在形象和内在精神。城市不仅是人们存在与生存的一个物质性场所，提供了工作与居住的地点，拥有商业网点、交通设施、居住小区、写字楼，等等。更是一个提供了精神庇护与滋养的空间，从而形成了城市雕塑、绘画、音乐、文学、舞蹈等文化活动，让城市拥有了画廊、音乐厅、文学馆、剧院等文化空间。当在这个城市里活动的人集聚在一起，就会自发产生这个居住地的人文风貌，由具体的一个个载体输送、传达出抽象的精神。当人群达成一种有意或者无意共同的潜在心理意识、价值取向、文化积淀或者集体意识，就聚化成一种产生于这片地

域之上的精神，也就是城市精神，从而与其他地理空间区域形成了特色性的、有区别的人文精神。这种集体认同感和归属感在一定程度上影响着城市发展的方向和可能性以及人们的世俗生活。越是具有鲜明独特性文化的城市越是吸引人。随着历史的变迁与发展，这种城市精神也伴随着一定的历史时期而发生动态的变化，与当时的政治、经济、文化、阶级人群等发生着千丝万缕的关联。如果时间是一条河流，那么由其而产生的城市文化就是其中的一条支流，或大开大放，或小桥流水，而并非是一潭静止不动的湖水。

在城市精神里，既有由古至今的相对稳定的历史文化精神遗产之印记，也有当下最鲜活的人们生活之反映。文化传统保留在城市的 DNA 里，曾经的经历都浓缩进城市的文化记忆里。来到一座城市，最直接的视觉冲击和印象就是城市文化空间的构建与布局。巴黎的埃菲尔铁塔、凯旋门、卢浮宫及贝聿铭的玻璃金字塔等构建的空间场域给在场的人们带来一种宏伟、壮丽、浪漫、现代的历史与现实的融合感受。这些代表性建筑物承载着古往今来海量的历史文化信息向人们涌来。

文化创意产业与城市形象、城市精神有着密不可分的关系。文化创意产业通过提供相关文化服务、消费和展示，将城市精神具体化地表现与传播。文化创意产业越发达，城市精神的表达与输送信息量就越大，渠道与路径就越多；城市精神越突出，城市文化就会内容更丰富，形式更多元化，两者互相依赖、互相促进。

纽约是首屈一指的世界城市，也是世界现代艺术中心。在亚太总裁协会的国际文化产业排名前 30 位中，纽约有 15 家文化企业，涉及传统媒体和新兴媒体产业，实力强大。提到纽约，就会让人想起其多元文化的自由与包容性的发展。这种印象，不是靠政府的口号和宣传形成的，而是通过其强大的文化产品内容和传播手段实现的。完善的文化基础设施、优质而丰富的文化创意人才、宽松友好的文化创意氛围、成熟的文化市场、发达的文化传播路径等，构建了纽约优质文化创意产业体系。

我国一些城市近年来纷纷提出的城市精神，比如北京的"爱国、创新、包容、厚德"，虽然对北京城市以及北京人的特点进行了概括，给予了厚望，但是它是人为提炼出来的，带有明显的主观色彩，有其提出的历史语境和社会政治功能，不具有鲜明城市特征，也不能反映出城市发展定位与城市品牌。很多国内城市提出的城市精神雷同。

## 第三节　北京市文化创意产业发展现状

北京市政府在文化产业与文化创意产业的早期孵化期扮演了重要的政府扶持与推动角色，在将部分文化行业从全体事业及集中计划管理的体制剥离出来的过程中发挥了积极作用，一直走在国内各城市的文化体制改革的前沿，积极探索城市转型之路。时至今日，《北京市"十二五"时期文化创意产业发展规划》中提出整个"十二五"期间，北京市文化创意产业增加值要继续保持两位数增长，增速要高于全市总体经济增长速度，并争取占到全市地区生产总值的15%份额。以转变文化发展方式、进一步解放和发展文化生产力、培育市场主体、优化产业结构、提高服务水平为指导思想，提升北京的全国文化中心地位，扩大国际影响力。全力打造世界出版创意之都、亚太演出中心，推进特色集聚区的建设。这种指导思想也与党中央近期做出的发挥市场主体性的改革政策相吻合。

北京市从2005年做出大力发展文化创意产业的重大决定至今，文化创意产业已经成为北京市经济发展中仅次于金融业的重要支柱产业和新经济增长点，增速迅猛，呈现良好发展态势。据北京市统计局统计数据，2012年，北京市文化创意产业增加值达到2205.2亿元，占生产总值的12.3%。北京市文化创意产业法人单位收入1.03万亿元，比2011年增加1301.4亿元，同比增长14.4%，其中以"软件、网络及计算机服务"和"艺术品交易"增长贡献最为明显；资产总额1.55万亿元，同比增长18.5%；从业人员达到152.9万人，新增12万人，占全市总从业人员的15%。按国家统计局的统计方法，北京市文化产业2012年增加值达到1474.9亿元，同比增长14.8%，占北京市生产总值的8.2%，在全国排名第一。北京市各主要文化创意产业收入情况见表7。

表7　　　　　　　　**北京市文化创意产业主要产业收入情况**　　　　（单位：亿元）

| 分类 | 2012 年收入 | 2011 年收入 | 增加值 |
|---|---|---|---|
| 文化艺术 | 237.0 | 217.0 | 20 |
| 新闻出版 | 883.0 | 755.6 | 127.4 |
| 广播、电视、电影 | 680.3 | 553.5 | 126.8 |

| 分类 | 2012 年收入 | 2011 年收入 | 增加值 |
|---|---|---|---|
| 软件、网络、计算机服务 | 3888.1 | 3342.5 | 545.6 |
| 广告会展 | 1256.8 | 1154.9 | 101.9 |
| 艺术品交易 | 705.6 | 492.2 | 213.4 |
| 设计服务 | 443.0 | 369.9 | 73.1 |
| 旅游、休闲娱乐 | 849.0 | 706.6 | 142.4 |
| 其他辅助服务 | 1370.8 | 1420.0 | -49.2 |
| 总计 | 10313.6 | 9012.2 | 1301.4 |

资料来源：北京市统计局公布数据。

在空间布局上，北京市文化创意产业显现出一定的整体规划意识。以中轴线、长安街及延长线演出场所，建构北京地标性演艺产业带；以中国（怀柔）影视基地、CBD - 定福庄传媒走廊为代表的城东地区的传媒产业区；以石景山动漫产业园为核心的西部动漫产业区；以北京古玩城、潘家园、琉璃厂、报国寺等形成的城中心古玩艺术品交易市场；以中关村为核心形成的中关村创意产业先导基地、中关村科技园区雍和园、中关村软件园等高科技类文化创意产业区等。

经过十几年的发展，北京市形成了一定的优势文化创意产业，比如艺术品流通与拍卖产业、影视产业、出版产业、演艺产业、数字媒体产业等。

### （一）艺术品流通与拍卖产业

在近 20 年的中国艺术品拍卖历史上，北京是全球最大的中国文物艺术品交易中心，也是全球第四大艺术品市场。北京有着全国其他城市无法比拟和超越的传统文物艺术品市场，传统皇家收藏文化影响深远，民间收藏广泛，藏品丰富。同时，中国的几家知名拍卖企业都云集北京，比如中国嘉德、北京保利、北京瀚海、北京荣宝、中贸圣佳、北京华辰、北京匡时、北京诚轩等。据国家文物局 2013 年最新统计，北京有 119 家可以从事文物拍卖的企业，一类文物资质企业 41 家。

从 2008 年以来，中国艺术品交易市场持续走高。经历了 2011 年的井喷式发展后，由于整体经济增长放缓，市场需要释放经济中严重的泡沫，并排斥不值得收藏的藏品。2012 年的拍卖市场交易额出现重创，市场进行深度调整。即使在这样的情况下，2012 年中国艺术品拍卖市场仍然占到了全球市场份额的 41.3%。据《2012 年中国文物艺术品拍卖市场统计年报》数据，2012 年度全国共举办 788 场文物艺术品拍卖会，共 1775 个专场，上拍 563915 件（套）拍品，成交 269749 件（套），成交率 47.84%，成交额 288.52 亿元，同比下滑 265.01 亿元，下滑幅度达 47.88%。高价位拍品数量剧减是市场额下降的主要原因。2012 年度，全国文物艺术品拍卖 1000 万元以上的成交拍品共 206 件（套），比 2011 年减少 375 件（套），成交额总计 46.04 亿元，比 2011 年少 90.21 亿元，下滑 66.21%，远远超过整体市场 47.88% 的降幅。市场震荡同时，新增具有拍卖经营资质企业 46 家，主要集中在京、沪两地，全国相关企业达到 355 家。艺术品拍卖产业拉动效应明显，2012 年相关出版、会展、邮递、保险、广告宣传、学术等产业支出达到 6.26 亿元。截至 2013 年 12 月 15 日，北京地区当年举办 2347 场拍卖会，成交金额达到 341.6 亿元，比 2012 年增加了 308 场（增加率 15%）和 27.6 亿元（增加率 8.8%）成交额。2013 年春拍，嘉德、保利等 10 家艺术品拍卖公司共举办 195 个专场拍卖。成交 22767 件（套），平均成交率 64.5%，成交额为 99.16 亿元（含买佣金），同比增长 1.5%，环比增长 24%。

优质高端拍卖品征集难成为整个行业现阶段面临的首要问题，亿元拍卖品已经与市场渐行渐远，中低端拍品大量出现。2013 年艺术品交易市场调整继续、有微调回暖迹象。当代水墨、古代书画板块逆市热卖。近现代作品表现平稳。整个市场鱼龙混杂，赝品大量充斥。这一轮的市场表面回暖与艺术品基金、信托等到兑付期有很大关系。艺术品金融化导致虚假拍卖有所加剧。

**（二）影视产业**

北京作为国家首都，一直是中国影视制作的核心地区，而且这种地位以 21 世纪以来呈现更加巩固的趋势。从实力最强的影视创作企业、影视制作基地、电影发行企业，到高水平的影视人才培养机构、原创剧本的集聚程度、影视市场的活跃程度、国际影视交流平台，以及全国数量最多的电影院线等。依托于多种因素以及众多优质资源，北京已经形成了日趋完善成熟的影视全产业链条，近几年来对香港、台湾影人以及一些海外影视制作公司形成了强大的吸引力，大批影视企业总部纷纷在此落户，北京不仅是无可撼动的国家影视产业中心，而且也成为华语地区最重要的影视生产基地。

北京影视产业近年间发展迅速，数据显示，2012 年全国制作的 893 部电影中，有 243 部产自北京，全国每 5 部电视剧中就约有 1 部产自北京。《失恋 33 天》《泰囧》《中国合伙人》《北京遇上西雅图》等作为"北京制造"电影的代表，先后创下票房奇迹，让同档期进口大片黯然失色。电视剧方面，北京电视剧制作中心曾经制作出一批映照时代变革的经典作品，《四世同堂》《渴望》《北京人在纽约》《编辑部的故事》《我爱我家》等成为展现一代中国人心灵变迁史的影响载体。

作为全国文化中心，北京有着影视产业发展最为齐全的要素。这里集聚了全国 70% 以上的影视后期制作单位，专业技术服务商占全国总量的 1/4 以上。中央戏剧学院、北京电影学院、中国传媒大学，三足鼎立，成为业界人才的摇篮；著名作家会聚，成为原创剧本的源头；华谊兄弟、北京保利博纳影业、光线传媒、星光传媒、小马奔腾、北京国棉、完美影视、华录百纳等根植市场高速发展的影视企业，牵手世界市场的发行企业，成为电影产业发展的中坚；而 10 年间增加的千万人口，庞大的年轻目标消费人群，形成了北京电影市场发展最大的支撑体系。

2011 年，北京推动成立了首都影视产业联盟，它由北京行政区域内的百余家电影、电视剧、影视动画制作生产机构，网络视听机构，播出机构组成，最大优势在于能够最大化地将各种影视机构集聚起来，打通中央企业与北京市地方企业、国有企业与民营企业，形成相对统一的影视产业企业的联盟，以协力推进首都影视产业的生产力。

2012 年 5 月，总部设在北京的万达集团斥资 26 亿元人民币收购北美第二大院线 AMC 公司，成为世界上最大的影院运营商。随后，北京万达文华产业集团成立，电影放映制作、电影科技娱乐成为主要业务内容，自此，中国最大的文化企业诞生。

北京建有怀柔影视基地、八一电影制片厂影视基地、星美影视基地等一系列影视基地。怀柔基地有九大核心功能定位：影视后期制作中心、专业技术服务中心、影视拍摄中心、影视展示与传播中心、影视版权交易中心、影视动漫制作中心、影视教育培训中心、影视制片公司集聚中心、影视旅游中心，至今已经承接了 1200 多部影视作品的拍摄和后期制作工作。

八一电影制片厂影视基地也成为中国军事题材影视作品的最重要集散地。

北京拥有全国最为先进的影视技术制作水准。依托中关村等地区强大的科技创新优势，一些企业的技术优势直逼世界先进技术。国内视觉特效艺术团队北京水晶石作为 2012 年伦敦奥运会的数字技术合作方，已经展现出非常巨大的潜力。在电影《东风雨》中，全片 150 个特效镜头，从南京路、霞飞路、跑狗场、法租界等画面到日军驻进外滩、日军炮击停泊在黄浦江上的英美军舰等场面，均以数字技术还原呈现。2012 年 4 月，小马奔腾影视公司与好莱坞著名特效公司数字王国签约，确定在北京建立合资影视特效基地，建立中国第一家影视特效摄影棚。

北京影视产业投融资不断发展，政策支持力度持续加强、投融资规模不断扩大、投融资方式不断成熟、资本运作的国际化趋势持续加强、投融资机制不断健全。2012 年 4 月，中国人民银行营业管理部和北京市文化局、北京广播电影电视局、北京市文化创意产业促进中心等部门联合启动"文化金融服务年"活动，以推动文化创意产业资金规模的不断扩大，提升金融服务质量。

北京作为国家首都，在影视制作方面兼顾社会价值与市场价值，高度重视精品创作，通过政策、资金等方式对原创、当代的优秀题材在剧本、拍摄、宣传发行、放映各环节予以重点扶持。北京地区电影创作呈现出创意活跃、类型丰富、持续繁荣的良好态势。2012 年，北京生产的 3 部电视剧被列为迎接党的十八大重点剧目，7 部作品获得第十二届精神文明建设"五个一工程"奖。重点影片注重主流文化价值与普通观众欣赏需求相结合，电影《泰囧》票房破 12.66 亿，成为中国电影史上的国产片冠军。

2011 年，北京专门为电影产业打造了一个专属的交易和金融服务平台，即北京国际电影节，至今已连续举办三届。这不仅是一个为各方搭建的洽谈磋商平台，更是展示华语影片制作水平的展示台，北京作为国家文化中心，开始真正具有自己的电影节品牌，这也是世界文化城市建设的重要构成要素。2013 年 4 月 16 日至 23 日，第三届北京国际电影节成功举办，共吸引了中外电影机构 800 余家，国内外嘉宾 3000 余人参加，260 家境内外媒体 1036 名记者参与报道，超百万人次直接参与电影节，市场签约额达到了 87.31 亿元，在 2012 年成交总额 52.73 亿元的基础上增长 65%。电影节秉持"共享资源、共赢未来"的活动主旨，坚持国际性、专业性、创新性和高端化、市场化活动定位，首次设立"天坛奖"，征集评选了一批具有国际水准、代表世界电影最新艺术成就的高水平精品佳作。

由国家广电总局和北京市政府共同建设的大型公共文化设施中国电影博物馆是目前世界上最大的国家级电影专业博物馆，是纪念中国电影诞生100周年的标志性建筑，是展示中国电影百年发展历程、博览电影科技、传播电影文化和进行学术交流研究的重要平台。这里为观众配备了6个现代化电影厅，可同时放映70毫米胶片巨幕电影（IMAX）、数字电影和35毫米胶片电影。同步放映最新电影，精心挑选优秀国产经典影片公益放映，每月还举办主题展映活动。

完善的电影市场，既是城市文化活动的重要部分，也是城市文化含量、文化竞争力的重要体现。到2012年底，北京市已拥有电影院线17条，电影院135家，银幕总数726块，3D影厅244个，IMAX影厅5个，整个城市可以有近13万人同时坐在电影院里看电影。2012年，北京城市院线累计放映电影119.87万场，观影人次3752.61万人次，电影票房收入16.12亿元，占全国总票房收入170.73亿元的9.4%。全国票房收入前10名影院中，北京影院有5个，其中耀莱成龙国际影城以8169万元票房位居全国影院首位。全国省、自治区、直辖市票房排名第二，连续6年全国城市排名第一。

### （三）演艺产业

北京是中国最大的文艺演出市场，是全国文艺演出交易中心，近年来演出事业蓬勃发展，市场规模不断扩大，跨界融合步伐加快，演出模式不断创新，演艺集约化水平逐渐提升，演艺集聚区国际化趋势加强。"引进来"与"走出去"双向并进，政府注重扶植政策与市场化驱动因素的结合，管理手段日益科学化、精细化，演出市场外部环境持续得到改善。

北京是中国最大的演出市场，也集聚着一大批国内层级最高、实力最强、演出水平最高的艺术表演团体和演出经纪机构。文化部直属院团大多设在北京，这里每天上演着众多国内国际优秀演出项目；作为全国高校和科研中心，北京吸纳和储备了各种专业人士，为北京演出市场发展提供物质、人才基础。同时，北京还具有其他城市无法比拟的传媒资源，这些资源与北京演艺市场的可渗透力强、可开发程度高的特点相结合，使北京市演艺市场具有强力吸引力和利益空间的优势，对全国演艺市场具有强大的辐射力和影响力。

随着北京推进全国文化中心战略的实施，丰富城市内涵、提升城市品质、完善城市产业结构、繁荣城市文化市场成为重要环节。北京作为全国文化中心和历史文化名城，发挥着文化示范、文化渗透、文化融合和文化服务的功能。文艺演出是北京重点扶持的文化产业内容，演艺事业外部环境日渐宽松，北京市从不同层面、采取不同措施，促进文艺演出行业发展，催生出一批具有市场竞争力的大型演艺集团，政策环境成为演艺产业繁荣的重要推力。2012 年，北京市各类营业性演出场次共计 21716 场，观众人数共计 1100 万人次，演出收入共计 15.27 亿元，是中国唯一一个舞台票房收入超过电影票房的城市。

北京城市消费环境成为演艺产业繁荣的重要拉力。《北京市人力资源和社会保障局、北京市统计局关于公布 2012 年度北京市职工平均工资的通知》称，2012 年度全市职工平均工资为 62677 元，月平均工资为 5223 元，比上年增长 11.8%。2012 年城乡居民恩格尔系数分别为 37% 和 43% 左右，文教娱乐的家庭消费支出所占比重越来越大。北京城市居民已经逐渐告别"生存型"消费，正在向"发展型"和"享受型"精神文化消费转变。而演艺、影视等文化创意产业正成为居民消费结构转型升级的重要产业支撑。

北京文艺演出市场类别主要包括音乐、歌舞、话剧、戏曲、曲艺、杂技、儿童剧以及一些综合类演出。各种监测数据显示，话剧、儿童剧、音乐类演出近几年增幅明显，而歌舞、戏曲等演出则呈现平稳增长态势。

音乐演出市场在北京演艺业中所占比重最大，也最为活跃，音乐剧、音乐节、演唱会构成音乐演出市场的主要内容。北京良好的文化氛围与强大的消费能力吸引了众多全球顶级歌星与乐队。小剧场话剧是北京文艺演出业的独家特色与优势资源。北京演出行业协会数据显示，2012 年，话剧类演出共有 4404 场，占全年总演出场次的 20%。其中，民营小剧场话剧占据绝大部分比重，如蜂巢剧场、开心麻花、戏逍堂等。地方戏及曲艺演出是北京演出行业的重要亮点，中国京剧院、北京京剧院、中国评剧院、北京市北方昆曲剧院等代表了中国戏曲演出的最高水平。近几年来，儿童剧演出市场发展最为迅猛，市场潜力巨大。2005 年全年的儿童剧演出只有 600 余场，而到了 2012 年，演出场次总规模已经超过 3000 场，7 年增长 5 倍，观众人数突破 160 万人。同时，许多世界级的经典演出剧目和高端演唱会纷纷进入北京，北京在国际演艺市场中的影响力不断提升。

北京演艺事业集聚化趋势明显，以西城区、海淀区、东城区等区域为核心的演艺集聚区进入了全面建设阶段，可以有效实现资源共享，培养人气与浓郁的演出氛围，产生规模效应，提升北京在国际演艺市场中的地位，最终产生出具有世界影响力的演艺品牌。同时，北京演出场所在发展院线、联盟以及连锁经营方面始终走在全国前列，这已经成为未来演艺产业规模化、集约化发展的关键突破口。保利院线是全国最早的剧院管理院线，凭借着管理 17 家剧院的优势，保利在承接剧目演出上有着无可比拟的优势。此外，保利还介入了剧目的制作。

北京演出团体不断整合资源、创新模式，在产业链纵向一体化和"场制合一"领域均实现了突破。演出团体正在逐渐改变单一的盈利模式，不断延伸产业链纵向环节。演出团体收入由纯演出收入转向动漫、图书、服装、玩具、食品、主题公园等多个领域。例如，北京木偶剧院，从单一经营木偶演出向儿童娱乐业发展，正在形成木偶演出、影视、动漫、图书、网络、玩具一体化的文化产业链，打造中国儿童文化创意产业园。另外，剧场运作和戏剧制作相结合的"场制合一"模式逐渐成熟。这种模式在很大程度上缓解了演出团体缺乏场地和资金的创作压力，对精致作品的问世起到很大的推动作用。目前，北京杂技团、繁星小剧场、中国木偶剧院、蜂巢剧场和北青盈之宝剧场等都在完善和推动"场制合一"的演出市场模式。

### （四）出版产业

北京市出版业近年来各项指标平稳增长，出版市场继续繁荣，传统媒体出版业依旧保持国内优势地位，其中图书、期刊、报纸、音像制品、电子出版物等品种保持国内第一。北京的新兴数字媒体业态发展进程加速，许多传统媒体企业在数字化发展中，从"被动"转向"主动"发展。整个出版产业对全市的文化创意产业贡献值越来越大。2012 年，北京市市属出版社共计出版 10756 种图书、14 亿多份报纸、0.35 亿册期刊。据北京市统计局数据，北京地区的出版产业年度收入达 619.3 亿元，同比增长 12.3%，资产额达到 1196.5 亿元，同比增长 13.1%。

市属出版业体制改革继续深化，进一步推进非时政类期刊的转企改制。加强与文学期刊的合作，开辟多渠道的内容来源，更加重视原创作品的扶持与推广，努力打造出有一定影响力的品牌。加强版权保护，打击盗版，打造版权之都，积极推进与出版有关的立法工作，出版市场得到了一定净化。举办了北京国际图书节、图书精品展、北京阅读季、优秀出版物展示展销活动等各种图书交流活动。"读书益民"工程继续深入，构建更加完善的出版公共文化服务平台。在空间布局上，北京市逐渐形成以大兴区为中心的出版产业集聚区。以良性发展的中国北京出版创意产业园区为基础，北京国家数字出版基地正在申请筹建，北京的出版业在4G网络、新一代移动平台生活范式等新浪潮中进入到一个全新发展阶段。

## 第四节　北京市文化创意产业发展建议

北京市的文化创意产业经过十几年的发展，在国内位居产业界首位，整个城市的文化转型初见成效，但是与国际上的世界发达城市相比仍然差距甚大。据统计，2012年的亚太总裁协会的国际文化产业领军企业30强，纽约有15家文化创意产业企业进入排名，涉及传统媒体产业、新媒体产业等领域，强大的传媒能力有效支撑了其文化意识的传播。而中国没有相关企业进入列表。北京作为首都城市，不能仅仅把发展目标局限于国内，必须意识到自身更代表了中国的国家形象，有责任、有义务在国际平台上展示中国的国家风貌、国家精神以及国家竞争力。不仅要努力打造国际一流的世界城市，更要争取在各种国际对话中拥有主动的中心话语权。这是北京不同于国内其他城市的一个重要的起点与使命。

要增强企业竞争力，就要将企业更大限度地放手归还市场，尊重企业作为独立市场主体的主观能动性。在发展初期，北京市政府的大力扶持为文化创意产业的突破禁锢的发展起到了功不可没的推动作用。但是，产业发展至今，已经度过了萌芽期，需要更加大力地发挥市场自身的调配运营作用。在有效监管的政府体制下，让市场根据自身规律进行资源的重组升级、人才的流动、资金的配比到位等，保证竞争的公平性，给微小企业更多的市场空间。通过健康有序的发展，争取打造出有利于企业发展的良好市场氛围和世界闻名的文化品牌。既要培育文化创意产业的"航母"企业，也要培育一大批灵活机动的微小企业。

在继续做强做大传统媒体的同时，继续巩固和加强北京的新媒体文化建设，在现实与虚拟世界中建设立体、全方位的媒体宣传体系，多途径有效对外传输中国文化与国家形象。改变网络文化中只重短期市场效应和过度关注眼球经济的现象，加强网络文化内容建设，推进首都网络文化的内容竞争力。充分挖掘文化与科技融合的途径，催生新的文化形态，促进产业间融合。

适时跟进文化集聚区建设情况检查与反馈。北京文化创意产业中心每年将大量资金投放到市里的 30 个文化创意产业集聚区里，但是产出收效甚微。如何提高资金利用率、激活集聚区最初的建设预期已经成了一个亟待解决的问题。进一步完善集聚区的各项管理政策，对每一个集聚区进行跟踪走访调研，杜绝项目流变成房地产项目，根据实际情况继续扶持定位明确、效益突出的园区，更改建设计划或者关闭合并无法继续维持经营的园区，防止资金与资源浪费。

# 第四章 公共文化服务与首都文化竞争力

## 第一节 公共文化服务与城市文化竞争力

公共文化服务是公益性、社会性、非营利性的文化服务，是公共部门或准公共部门为满足社会公共的文化需要而提供的服务，是文化产品供给和文化服务机制中的重要构成。如曹爱军等指出，"公共文化服务是具有非竞争性和非排他性的社会文化服务……是为满足社会的公共文化需求，向公众提供公共文化产品和服务行为及其相关制度与系统的总称"[1]。毛少莹、袁园指出，"所谓'公共文化服务'（Public Culture Service），简要讲就是公共部门为满足公共文化需求而提供的各类文化产品和服务的总称，如公共图书馆服务、公共博物馆服务、社区文化服务、各类公共文化信息平台建设、赞助扶持文化艺术的政策措施等"[2]。对于一个城市的文化发展而言，不仅需要市场化的文化产业，也需要公益性、公共性的文化服务体系。从公共经济学、公共管理、公共服务等角度来看，在文化产品和服务的供给中，存在着市场手段难以充分地或有效地发挥作用的地方，这就需要政府主导或引导下的公共文化产品和服务来满足社会的需求，发挥和释放文化在社会发展中的功能和效用。世界上许多文化发达城市和首都城市，都将政府部门或公共机构所提供的公共文化服务系统作为提升城市文化品质、彰显城市文化魅力、提升城市文化竞争力的重要手段和目标。例如，作为英国首都和知名"世界城市"的伦敦拥有发达的公共博物馆、公共图书馆服务体系，博物馆数量位居世界各城市的首位，其中大

---

[1] 曹爱军、杨平：《公共文化服务的理论与实践》，科学出版社2011年版，第25页。

[2] 毛少莹、袁园：《发达国家和地区的公共文化服务及其发展趋势》，于群、李国新主编：《中国公共文化服务发展报告》（2012），社会科学文献出版社2012年版，第284页。

英博物馆、国家美术馆、国家历史博物馆、泰特现代博物馆、伦敦科学博物馆、大英图书馆等许多知名的公共文化设施都向公众免费开放。美国首都华盛顿拥有 200 多所具有高度公共性和公益性的图书馆、博物馆和纪念馆等公共文化场所，对打造华盛顿的首都文化品质和提升华盛顿的城市文化形象起着显著的促进作用。波士顿的"大都会文化"指标中，把"文化参与的机会与公平性"、"公共资金与支助对于艺术的作用"、"艺术教育的机会"等作为其城市的目标，这些都是公共文化服务及其目标中十分重要的元素。除了可见的公共文化设施和产品，国际上的发达国家和地区还建立了较为完备的公共文化服务制度和机制，积极发挥社会组织、个人等多种主体在公共文化服务系统中的作用，培育扶持有益的公共文化和公共艺术等社会文化环境，推动公共文化产品创新，加强对公共文化服务绩效的科学评估和指导，提升城市的公共文化环境及其品质。

公共文化服务不仅是满足公众的公共文化需求、发挥政府的公共服务职能的应有之义，也通过其独特的构成和功能积淀与提升，锻造着城市的文化竞争力。纵观发达城市和文化发展水平较高城市的现状和经验，公共文化服务在当今激烈的城市文化竞争中已经成为必不可少的重要组成。瞿世镜在《国际大都市文化竞争力比较》中指出，"公共文化"、"文化设施"都是其比较和分析的要素[1]。赵德兴、陈友华等人在《城市文化竞争力指标体系研究》中，则把包括各种文化设施在内的城市的文化事业作为其文化竞争的主要方面之一[2]。高福民、花建对于"文化城市"的评价体系构建中，涵括了文化环境指标、文化资源指标、文化创新指标、文化生产指标、文化交流指标、文化共享指标六大方面，其中文化共享指标与公共文化服务密切相关，包括人均拥有公共文化设施的数量、郊区和市区人均拥有公共文化设施数量之比率、镇文化站（文化中心）标准化建设达标率，以及少年儿童、残障人士、女性职工、离退休人士参与社区文化活动中心活动、文化宫活动、少年宫活动的人次等具体的公共文化服务指标[3]。从这几大方面的内在关系来看，包含许多公共文化服务内容的文化

---

[1]　瞿世镜：《国际大都市文化竞争力比较》，载《上海行政学院学报》2004 年第 6 期。

[2]　赵德兴、陈友华、李惠芬、付启元：《城市文化竞争力指标体系研究》，载《南京社会科学》2006 年第 6 期。

[3]　高福民、花建主编：《文化城市：基本理念与评估指标体系研究》，商务印书馆 2012 年版，第 160—168 页。

共享指标是城市文化发展的绩效，是城市文化竞争力不可或缺的部分，必须与其他几方面处于协调发展的状态，"如果它们的发展指数呈现大起大落的倾斜曲线，就说明内部板块的不平衡，需要进行灵活的调节，由此提出提升城市文化竞争力的创新思路和对策建议"①。对于城市文化建设与发展中的政府公共文化投入与服务，吴忠指出，"城市文化软实力的提升，需要政府加大对文化的投入和服务平台的建设，并不断增强其基本文化产品和服务的供给，提高其产品与服务的质量与效益，从而为市民提供良好的文化生态环境和丰富多彩的文化形态产品，为文化业界提供良好的生长环境，促进城市创意源泉不断涌出，这是城市文化软实力的机制保障"②。随着公共文化投入、设施、服务等因素在城市文化中的地位日益凸显，公共文化服务在城市文化竞争的研究和实践中得到普遍的重视，高水平的公共文化服务建设在城市的文化竞争力构建中也发挥着多维而显著的作用。

发达的公共文化服务有助于城市营造浓郁厚重的文化气息，从而提升城市的文化吸引力和文化竞争力。城市文化的竞争力表现在其文化生产力、吸引力等方面，具有良好文化氛围和成熟文化环境的城市蕴含着更为显著的"文化城市"的主导特征，往往具有更强的文化创新能力、文化生产能力，也能产生更强的城市文化魅力。公共文化服务作为非市场化、非商业化的文化服务和文化支持体系，能填补过于营利性的文化产业所难以有效覆盖的部分，通过发达健全的公共图书馆服务、社区文化艺术、公共博物馆体系、公共文化活动、公共文化空间、公共文化政策等系统，塑造和提升城市的文化保障体系，在满足广大群众文化需求的同时也强化着城市的文化氛围。而在公共文化服务欠缺的城市中，这种全面性、公益性的文化环境难以得到有效建立，城市居民进行的文化生产、文化传播、文化交流互动也缺乏更为充分的土壤。伦敦、新加坡、首尔、华盛顿等诸多国际性的知名文化城市或首都城市都纷纷强调城市的文化战略，注重城市中厚重文化氛围和广泛参与性的文化空间的锻造，加强公共性、财政性的文化支出和扶持措施成为这些城市提升文化竞争力的重要途径。例如，华

---

① 高福民、花建主编：《文化城市：基本理念与评估指标体系研究》，商务印书馆 2012 年版，第 186 页。

② 吴忠：《提升城市文化软实力的意义与路径选择》，载《学术界》2011 年第 5 期。

盛顿城市中众多高质量的博物馆、美术馆、纪念馆以及其他公共文化空间，对于文化创意产业规模和效益并不如纽约、洛杉矶等城市发达的华盛顿，确立其美国文化中心城市的地位起着十分重要的作用，也显著地营造出华盛顿发达的文化气息。巴黎的左岸地区集聚了数量不菲的高等学校、艺术院校，分布着诸多的图书馆、书店、咖啡厅等有助于吸引知识文化人才入驻和交流的文化场所，其长期以来形成的浓厚的人文氛围和文化气息甚至在一定程度上成为巴黎城市精神的代表和象征，对于巴黎在国际上的吸引力起着标志性的影响。城市缺乏以政府和公共财政为主导的大规模公共文化建设和服务，则城市的文化土壤和氛围会受到较多的潜在障碍和制约，尤其是公共文化基础设施和应用体系、文化公共交流传播渠道等的发展受限，即使经济和综合实力发达也会出现文化贫瘠的现象，对其城市文化竞争力的升级带来较多的限制与发展瓶颈。

发达的公共文化服务有助于城市提升公共文化空间，塑造其独特而富有魅力的城市文化形象。发达而具有强大影响力的城市往往拥有其特有的城市文化空间和设施、景观，甚至是较大范围的城市功能区域，它们提供着难以替代的公共功能，以特色化和差异化的文化风貌打造着城市鲜明的个性，也在城市形象和城市影响力中发挥着重要的作用。例如，美国文化中心城市之一的华盛顿拥有大量高品质的公共博物馆、艺术馆，它们以集群的力量呈现出华盛顿不同于其他城市的城市特色空间，也以其中丰富的藏品、内容吸引着世界各地的来访者和参观者，并通过这些公共文化设施将美国价值观向国内外公众传达。伦敦丰富的博物馆和艺术馆嵌入在这座历史悠久的"世界城市"中，塑造了这座文化名城的"博物馆之都"特色，并更加深刻地彰显着伦敦的城市文化底蕴，很大程度地增强着伦敦在世界文化城市竞争中的标识度和品牌效应。纽约以其曼哈顿的上西区集聚了高水准乃至世界级的文化艺术场所和公众空间，如作为全世界最大的艺术会场的占地15亩的林肯中心，从而使得纽约的城市形象在充满商业气息的第五大道、金融街等之外又增添了典型的文化意象。巴塞罗那在城市转型发展过程中，通过对城市公共文化艺术空间的改造，使得城市竞争力得到较大程度的改善和重塑，也增强了作为国际知名旅游城市和文化型"知识城市"的典范性。具有比较优势的公共文化设施和公共文化领域，是城市彰显文化特色的重要途径，有助于"以城市特质……构成的城市识别力，以及由城市品牌、形象等构成的城市影响力"①,是在日益激烈的文化竞争中形成城市优势领域突破、提高文化辐射力和吸引力的有力助推路径。

发达的公共文化服务有助于城市的文化人才和文化从业群体的发展,增强城市具有垂范性的文化人才集聚度和文化创新竞争力。文化生产和创造的核心要素在于作为文化主体的人的创意和创造,即使是大规模复制性的"文化工业"也需要具有原创性的"内容"作为其核心,内容创意与创新的竞争力密切关系到文化产品的竞争力。例如,作为世界知名"动漫之都"的东京,其动漫文化的国际竞争力和软实力离不开东京所集聚的大量优秀的动漫人才及其相关文化产业人力资源。发达的文化普惠系统、公共文化传播系统为广大城市居民获取文化知识和信息提供了有利的环境,有助于增强城市人力资源的总体素质和人才竞争力,而公共文化服务体系的欠缺会带来城市在文化信息资源的获取和传播、文化的参与和交流等方面的障碍,难以为文化生产提供便利的公共服务和公共资源。为了通过增强文化人才集聚以及激活文化人才活力从而提高城市文化竞争力,有效的公共文化服务则成为城市不可忽视的政策工具和途径。事实上,公共文化服务有助于为文化从业人员和知识分子提供必不可少的文化劳动资源,集聚着优质的图书馆资源、数字信息资源、公共文化交流空间的城市对于当今世界上新兴的"创意阶层"的吸引效应也是十分显著的。城市对于公共文化服务的投入和保障既是一种消费,也蕴藏着文化艺术再生产的基础条件和资源支撑,从而通过吸引文化人才、保障和促进文化创新以提升城市在激烈文化竞争中的实力。有学者指出城市的公共文化投入与城市文化竞争力乃至整体竞争力的关联性,"一个城市如果缺乏承付给艺术和文学发展的公共部门和法人的资源……缺乏全社会参与文化活动的广度和比较高的水准,那么,它就难以产生新思想和新主见,难以扩大创意的生成。随之,它就难以建立信用、互惠、合作和充足的社会网络,难以丰富集体福利,活跃社会表达机制和市民承诺机制。从而,就难以吸引优秀的创意精英和其他优秀的人力资源,而经济增长就失去了最根本的发展动力"②。

---

① 吴忠:《提升城市文化软实力的意义与路径选择》,载《学术界》2011年第5期。
② 高福民、花建主编:《文化城市:基本理念与评估指标体系研究》,商务印书馆2012年版,第88—89页。

发达的公共文化服务体系建设有助于城市文化投入和文化资源要素的积淀，体现并增强城市的文化软硬件比较优势。一个城市的文化竞争力的典型构成要素是其在长期发展过程中所积累和体现的各种文化资源，这不仅需要文化产业的激发，也需要依靠公共财政的投入和积淀，从而逐步形成城市在文化资源方面的累积性优势。对于发达成熟的公共文化服务体系的建设需要大量而持续的资金、财政、人力的投入和积累，并对城市现有的各种文化资源、社会资源进行调配和整合，以形成具有广泛覆盖性和高水平服务能力的公共文化服务体系，这些显然都有助于城市塑造和树立在文化资源存量、文化投入保障方面的相对竞争力。以国际上几个主要的"世界城市"为例，根据 2011 年北京市人大常委会相关课题组的汇总和分析比较，其非营利性的政府公共文化财政年投入都较为充足，巴黎为32.99 亿美元，伦敦为 18.81 亿美元，纽约为 14.93 亿美元，而我国的北京和上海则分别只有 2 亿多美元；在年人均文化事业经费方面，伦敦、纽约、巴黎分别达到 84.7、75.1、53.6 美元，而北京和上海分别只有 12 美元和 14 美元①。由于在资金和资源等公共文化投入方面的差距，这些城市也显现出在文化设施、文化服务资源方面的显著差距，伦敦、巴黎、纽约分别有 3952、3032、2552 座公共图书馆，而北京和上海分别只有 305座和 236 座；伦敦和巴黎分别有 922 座和 592 座公共美术馆，而北京只有6 座；表演艺术及休闲娱乐设施方面，纽约、巴黎、伦敦、东京都达到两三千座，而北京、上海只有几百座②。就北京近年来重视程度得到不断提高的公共文化服务体系建设而言，尽管离世界先进水平还有一定的差距，但是在此过程中北京也通过持续的公共文化投入和文化建设，推动了城市中文化资源的积淀和升级，基本实现了全覆盖的文化设施体系和服务网络，文化惠民工程和各项文化活动得到了较为有力的落实，互联网、电视、影剧院等的普及率也处于较高的水平，丰富的历史文化遗存和非物质文化遗产得到了更为完善的保护和传承。如果没有对公共文化服务体系的高度重视和大力投入，北京城市文化建设的速度和质量也会少一个重要的支撑极。城市文化竞争力的锻造需要丰富的文化资源作为支撑，充足的公共财政投入以及有效的公共文化政策对于文化资源的积累和文化品牌的塑

---

① 北京市人大常委会课题组编：《推进全国文化中心建设》，红旗出版社 2011 年版，第 100 页。

② 同上书，第 102 页。

造，起着文化市场和社会力量难以替代的作用。

发达的公共文化服务有助于对城市文化产业的激活和反哺，从而推动城市文化生产力及其竞争实力的优化提升。文化产业不仅是当今许多国家和地区发展与竞争的新战略阵地，也在事实上成为不少国际性大都市和首都城市的主要支柱产业，成为城市文化竞争力中的关键性组成部分。公共文化服务虽然是财政性的支出项目和以社会效益而非经济效益为主要目标的文化服务，但是其对文化生产和文化产业具有重要而深层的促动作用，不能由于公共文化服务缺乏直接的经济效益和产业效益而忽视它，而要充分重视挖掘公共文化服务体系与文化创意产业的深层关联和转换。完备而发达的公共文化服务可以提升城市文化的区位优势，对各种文化产业资本、文化产权资源、文化智力资本等产生吸纳和集聚效应，"可以集中城市的主要文化资源，为文化创意产业提供基本的文化土壤和智力保障"[1]，公共文化体系的投入和建设也为城市的文化消费、文化内容需求提供着持续而不断增长的动力。在香港大学文化政策研究中心提出的香港创意指数"5C"框架中，城市的创意发展水平包括创意成果、结构和制度资本、人力资本、社会资本、文化资本五大类指标，其中文化资本用以度量有利于文化参与的社会环境，包括社区里文化参与的程度和范围、承付给艺术和文学发展的公共部门和法人的资源、对艺术和文化的总体态度等，与城市的公共文化和公共文化服务具有十分紧密的关联性。从另一层面来说，许多公共文化项目本身是公共财政性质和文化产业性质的兼容结合。例如，一些城市的大型文化节庆活动既具有显著鲜明的公众参与性和普惠性，又通过产业链和价值链的运作而产生显著的文化市场效益。作为新时期"创意城市"引领和典范的"酷"伦敦，其城市中一些先锋性、探索性的公共文化艺术活动对于新型创意产业和"创意阶层"的促动，体现着公共文化和文化产业的融合及其双轮并驱的有益性。城市文化竞争力的构建是一个综合系统工程，内部各因子存在着深刻而复杂的相互作用，公共文化和产业文化也并非截然二分的两极。尤其对于中国特色的城市文化建设而言，更不能忽视完备发达的公共文化服务体系在融合城市多种文化要素、促动城市文化生产力中的丰富潜能。

---

　　[1]　马树华：《公共文化服务体系与城市文化空间拓展》，载《福建论坛》（人文社会科学版）2010 年第 6 期。

公共文化服务及其设施、机制多方面的成熟与完备是现代城市文化的一个十分重要的维度，现代的城市文化竞争也必须把公共文化的竞争作为必要而基本的主题内容之一。诚如北京相关文化部门管理人员和研究人员所指出的，"北京作为国际大都市，其国际竞争主要是与世界发达城市竞争。北京要在文化领域赢得国际竞争力和影响力，当前需要虚心学习世界发达城市公共文化建设的有益经验，使公共文化设施和服务与它们处于同一水平，甚至超过它们。只有这样，才能在一个更高的平台上实现文化的民族性与世界性相结合，锻造中国特色公共文化并发挥巨大的吸引力和感召力，进而更好地培养人民高度的文化自觉和文化自信，保障文化安全"①。

## 第二节　文化竞争力视野下北京公共文化服务体系建设的政策与内涵

为了提升公共文化服务的发展程度和水平，我国提出推进公共文化服务体系建设的战略和部署。所谓公共文化服务体系，是指由政府主导的公共文化产品供给和服务体系。改革开放以来，我国对于公益性文化事业的建设和改革不断深入，逐步实现了由计划经济时代的文化事业向现代化的公共文化服务体系的转变和提升。2005 年召开的党的十六届五中全会正式提出要逐渐建设形成覆盖全社会的比较完备的公共文化服务体系。国家"十一五"时期经济社会发展规划和党的十七大报告，均把公共文化服务体系建设作为重要内容。2007 年中共中央、国务院联合下发《关于加强公共文化服务体系建设的若干意见》，明确了公共文化服务体系建设的指导思想和目标，提出按照结构合理、发展均衡、网络健全、运行有效、惠及全民的原则来建设公共文化生产的供给、实施网络。2011 年 10 月召开的党的十七届六中全会，把文化强国建设提高到了新的战略高度，把公益性文化事业和公共文化服务体系的建设作为国家文化建设的主要内容之一，要求加强政府主导和财政投入，采取多种扶持政策和鼓励、引导措施，加强文化基础设施建设和开放共享，完善公共文化服务网络，让群众广泛享有更为发达的公共文化服务。2012 年 11 月召开的党的十八大对新

① 王珠、唐鑫：《建设世界先进水平的公共文化服务体系》，载《前线》2013 年第 2 期。

时期的中国建设做出了全面系统的指向和部署，增强文化整体实力和竞争力被作为推进文化强国建设的基本层面之一得到突出和强调，而公共文化服务体系也成为我国文化实力和文化竞争力建设的重点内容之一，为增强文化实力和竞争力，党的十八大报告指出要"加强重大公共文化工程和文化项目建设，完善公共文化服务体系，提高服务效能"。这些政策和决议为新时期我国的文化竞争力构建和提升指出了重要方向，也为北京的城市和区域文化竞争力建设发展提供了持续的战略驱动和政策指向。

　　首都北京高度重视公共文化服务体系建设，"十一五"规划时期已把它作为北京社会文化建设发展的重要目标，先后制定颁布了《北京市"十一五"时期文化事业发展规划》《关于进一步加强北京市农村文化建设的实施意见》《北京市基层公共文化设施管理办法》等政策文件，对北京的公共文化服务体系建设进行了详细具体的规定和部署。这些政策举措和文件的主要出发点是促进文化的大发展大繁荣，以及推动社会主义文化事业的发展和满足群众的文化需求。2008 年，北京通过了《关于加强北京市公共文化服务体系建设的实施意见》，提出要使首都的公共文化建设水平走在全国前列，这也显示出了北京在比较、竞争的视野下对于城市的公共文化服务体系建设的水平提出了自身的要求。2010 年，北京市将公共文化服务体系建设作为新发布的《"人文北京"行动计划》（2010—2012）十大重点工程之一，并继续纳入"十二五"规划，作为建设全国文化中心、文化之城的重要任务和目标。2010 年 11 月，北京市制定了《关于大力推动首都功能核心区文化发展的意见》，根据该意见，北京市将大力发展公共文化事业，按照种类齐全、结构合理、发展均衡、实用高效的原则，完善核心区公共文化设施，提升公共文化服务水平，建设一批重点文化工程，辐射带动公共文化事业发展。在这些规划和文件中，公共文化服务体系在北京城市文化建设发展水平中的地位得到了明确而高度的重视，已经成为北京文化战略中十分核心的环节构成。

　　2011 年 9 月，北京发布《北京市"十二五"时期人文北京发展建设规划》，结合提升国家文化中心的地位和实力等目标，指出要"在全国率先建成完备发达的公共文化服务体系"，对首都的公共文化服务体系水平提出了新阶段的更高要求，对于增强首都公共文化服务的竞争力起着有力作用。尤为重要的是，北京从全国的发展水平状况及其比较的角度，十分明确地提出要使首都公共文化服务体系具有全国性的发达领先水平和完备程度，这也从公共文化服务竞争力的角度赋予了北京公共文化服务体系建设以新的视野和高度。为了提高首都公共文化服务体系的实力和水平，《北京市"十二五"时期人文北京发展建设规划》从建设一批重点文化设施、培育一批高水准的优秀文艺院团、完善公共文化服务基础设施、提高公共文化产品供给能力和服务水平、发展基层群众文化、加强文化市场监管六大方面重点推进，提出了加强对重点文化设施的建设、利用、改造、恢复，建成覆盖城乡、结构合理、功能健全、实用高效的公共文化服务体系，实施文化精品工程、民族传统节日工程、传统文化保护工程、群众文化品牌工程，加强实施电影公益放映工程、公益演出惠民工程等具体而富于实际效果的措施，为首都文化竞争力的建设注入了新的有力驱动。从现实功能和效果来看，北京提出的这些方面的举措是具有针对性和现实性的，从几大方面锁定了提升新时期北京公共文化服务程度和水平的重点支撑，也使得首都公共文化服务更有力地夯实和发挥对其他城市和地区的示范带动作用。

在党的十七届六中全会中所吹响的建设中国特色社会主义文化强国的历史号角下，北京市于 2011 年底发布重要文件《中共北京市委关于发挥文化中心作用加快建设中国特色社会主义先进文化之都的意见》（以下简称《意见》）。《意见》从推动首都文化大发展大繁荣、发挥首都全国文化中心示范作用、建设中国特色社会主义先进文化之都的角度，对北京的文化战略和文化发展进行了部署，明确指出要把首都建设成为在国内发挥示范带动作用、在国际上具有重大影响力的著名文化中心城市。在这个文化中心城市的建设目标中，文化事业的全面繁荣与思想道德显著提升、文化创意产业发达、城市文化魅力彰显等一起，都是其主要的构成方面。《意见》基于北京公共文化服务水平和竞争实力提升的内涵要求，强调要"率先建成高水平、全覆盖的公共文化服务体系，建成一批国家级标志性公共文化设施，实现公共文化服务均等化，公共文化服务的信息化、现代化水平显著提高"。北京公共文化服务体系建设的标准和质量要求随着城市综合文化实力的发展和阶段演进而不断提升，在更高的竞争力的视野中统筹其公共文化服务的升级。在公共文化服务体系建设的具体实现路径上，《意见》把"文化惠民工程"作为首都文化建设要实施的九大工程之一，从加快首都标志性公共文化设施建设、加强公共文化设施建设、完善基层公共文化服务三大方面提出了具体路径和举措。

2012 年 7 月召开的北京市第十一次党代会，把"文化事业和文化创意产业健康快速发展，公共文化设施和服务质量达到世界先进水平"等作为首都文化繁荣的目标。就此而言，北京的公共文化服务体系建设目标已经超越了"在全国率先建成完备发达的公共文化服务体系"的要求，进一步提升到公共文化设施和服务质量发展的"世界先进水平"的目标。对于把文化作为城市主导动力的北京来说，其文化竞争力以及公共文化服务的竞争水平都不应只是局限于国内的视野，而要把世界城市、国际化文化中心城市的实力定位作为始终坚持的标杆。北京的公共文化服务体系建设从全国文化竞争的视野提升到世界文化竞争的新高度，不仅是北京在世界城市建设新阶段的目标和诉求，也是北京公共文化服务体系实现其升级优化、参与更高层次的比较和竞争的新的目标和视野。对于建设中国特色世界城市、中国特色社会主义先进文化之都、具有世界影响力的文化中心城市的北京来说，其所面对和处理的都不是一种国内的"城市关系"，而是具有全球性的文化领导权和城市文化秩序。提出建设具有世界竞争力和世界先进水平的公共文化服务体系，是必要而适时的理念升级，也是打造具有全球文化竞争力的文化中心城市的十分重要的战略和政策表达。

从历史逻辑和理论逻辑来看，完备发达的公共文化服务体系是首都文化发展繁荣的内在要求和基本构成，对于首都文化的竞争力和软实力的锻造具有多方面的意义和功能。在新的时期，持续全面深入地推进公共文化服务体系建设、不断提高首都公共文化服务水平，是强化首都文化竞争力、推进首都全国文化中心建设和世界性的文化中心城市建设的重大课题和实践任务。首都北京从多方面提出的推进公共文化服务体系发展的目标和路径及具体举措，都构成当前和未来激烈文化竞争中北京城市文化竞争力积淀优化的必要基础与有力驱动，也有助于首都北京在文化强国建设和"全球城市文化新秩序"的构建中起到更为坚实的作用。

## 第三节　北京公共文化服务体系的发展水平与文化竞争实力

北京的公共文化服务既有作为一般性的城市文化构成，也有作为首都城市的特殊性。集中地说，仅仅就北京文化而言，其公共文化服务体系主要是指向地方性的民众基础文化需求和文化福利的普惠；然而就北京同时也作为首都文化的内涵而言，北京的公共文化服务发展需要体现出首都的国家文化中心品质，树立具有全国垂范性和标杆性、率先度和领先度的公共文化系统，把公共文化作为彰显国家和民族文化名城的内涵储藏库和高端文化竞争力来源，并把公共文化服务和传播作为体现中国特色文化特殊性和价值导向性的有力信息空间和信息场域。经过多年的大力发展和积累，首都北京的公共文化服务体系建设取得了一系列成绩，有效提升了首都的公共文化服务水平和城市公共文化发展水平，在全国取得了领先地位，形成了一些领域的首都文化优势资源，并进一步向具有世界先进水平和世界文化竞争力的首都城市公共文化服务建设迈进。

**（一）公共文化服务体系和公共文化产品供给不断改善，提升首都的文化普惠性和文化共享性**

城市的文化竞争力离不开城市的居民文化获取、文化共享以及由此带来的整体文化环境，惠及城市各层级和区域的公共文化服务体系有效地改善着城市中部分群体和领域在文化使用和文化消费上的薄弱状况，提高着城市居民的文化层次。截至目前，北京已基本实现了包括图书馆、博物馆、文化馆和文化演出、出版、广播、电视、电影等在内的市、区县、乡镇（街道）、社区（行政村）四级公共文化服务体系。截至 2012 年，北京四级公共文化设施平均覆盖率达到了 98%，市、区县两级覆盖率 100%；城乡文化一体化步伐加快，率先在全国实现了农村地区文化设施全覆盖①。广泛而系统化的覆盖状况尤其对于郊区、农村等基层的覆盖，为改善首都居民的文化使用环境和文化应用状况提供了便利的条件和保障。2011 年，北京市制定施行了《北京市基层公共文化设施服务规范》（试行）等制度，进一步规范了各基层公共文化服务的服务标准和供给水平。

公共图书馆服务是公共文化服务体系中极为重要而具有标志性的部分。截至目前，首都北京已经形成了以国家图书馆为核心，以首都图书馆

---

① 北京市文化局网站，http：//www.bjwh.gov.cn/34/2013_2_4/3_34_77823_0_0_1359962056078.html。

和 23 个区县级图书馆为分中心，325 个街道（乡镇）图书馆、3864 个社区（村）图书室为服务终端的公共图书馆服务网络。截至 2011 年，北京的公共图书馆达到 1174 万的总流通人次和 798 万的外借册次[①]。国家图书馆更是以其丰富的馆藏和强大的服务能力发挥着全国性的服务和辐射作用，彰显着首都在公共图书服务方面在全国的地位及实力，也在首都的学术、科研和文化阅读、文化再生产中起着十分重要的支持作用。在博物馆、美术馆等的设施和服务体系建设上，北京积极加大覆盖和建设升级力度，2012 年，北京注册博物馆数量超过 160 个，位居全国首位和世界各大城市第二位，形成了覆盖北京全部区县的公共博物馆服务体系，向公众免费开放的博物馆达到数十家，年举办各类展览数百项；《北京统计年鉴》（2012）的资料显示，全市博物馆年接待观众人数达到 1373.4 万人次，体现出良好的现实服务能力和效果。博物馆、纪念馆、美术馆等公共文化空间是世界许多大城市普遍重视的文化服务场所，伦敦、华盛顿、巴黎等首都城市无不具有十分发达而高水准的公共博物馆系统，北京在博物馆、纪念馆等方面的发展成效显著地有利于其在国际首都城市和大都市文化竞争中的优势获取。

北京还从文化馆、流动公共文化服务等方面大力夯实对于基层和文化弱势群体的服务及文化传播。以文化馆服务体系的铺设和覆盖为例，截至 2012 年，北京形成了以市群众艺术馆为中心，19 个区县级文化馆为地区分中心，319 个街道（乡镇）文化站、5798 个社区（村）文化室为服务终端的文化馆服务网络。基层文化演出也是体现北京公共文化服务覆盖的一个重要方面，根据北京市文化局公布的相关资料，截至 2012 年 11 月底，北京市累计完成下基层演出 1.1 万场，共售出低价票 4.3 万张。北京还积极创新公共文化产品的供给方式，采取文化志愿者等方式进行服务。多方位的公共性文化服务大大满足了北京市民和公众的文化权益，体现了作为国家文化中心城市的文化资源优势、服务便利性以及城市公共文化服务系统在国际首都城市比较体系中的领先地位。

---

① 北京市统计局、国家统计局北京调查总队编：《北京统计年鉴》（2012），中国统计出版社 2012 年版，第 423 页。

**（二）高水准的公共文化设施建设逐步加强，凸显首都具有全国示范性和影响力的文化中心地位**

公共文化服务体系的建设需要政府主导和引导下大量财力及物力的投入，以落实公共文化设施的建设，并发挥其服务公众、融入和改变城市公共空间的作用。从世界上一些首都城市和知名文化城市的经验来看，公众性的文化设施和文化空间对于城市文化影响力的改造提升作用是十分重要的，如华盛顿的博物馆和纪念场所群落、东京的上野恩赐公园、毕尔巴鄂的古根海姆博物馆等。有学者指出，"构成国际著名文化大都市的文化设施一般要具备以下三个基本要素：一是具有在世界上有相当影响力的标志性文化设施（如巴黎的卢浮宫、纽约的大都会博物馆、悉尼的歌剧院和西班牙的毕尔巴鄂古根海姆博物馆等）；二是具有一批惠及群众、均衡设置的公共文化设施服务网点；三是具有一批妥善保护的历史文化建筑和历史文化街区（如伦敦的西区、纽约的 SOHO)"①。在这三个要素中，第三个方面与城市的历史文化积淀和文脉传承有关，而前两种要素无疑都是公共文化服务所承载的内容，尤其是城市具有标志性的文化设施更是公共文化服务和公共财政所承担的主要对象。

北京在国家和北京市大力注重对公共文化服务体系的财政事业经费投入力度的背景下，建设了一批有质量、高水准的公共文化设施，提高了公共文化服务能力。近年来，北京市相继建成或改、扩建了首都博物馆、首都图书馆、北京文化活动中心等一系列地标性公共文化设施，博物馆、图书馆、美术馆等重要文化设施的建设取得领先的优势和水平。例如，2012年首都图书馆二期开馆运行，总建筑面积达到 9.4 万平方米，位居全国公共图书馆前列，可容纳文献千余万册（件），具有 2 万人次的日接待能力。"十二五"规划期间，一系列具有国家级水准和高端层次的重大公共文化设施进入北京的规划事项和实施日程。例如，《北京市国民经济和社会发展第十二个五年规划纲要》中对北京的公共文化设施建设指出，要"加快重大功能性文化设施建设，集中建设一批重大文化设施，显著提升文化服务功能"。在具体的公共文化设施建设上，北京市"十二五"规划指出要完成"国家国学中心、国家美术馆、中国工艺美术馆、中国非物

---

① 石崧、黄普、卢柯、林华：《上海国际文化大都市发展规划战略探索》，载《上海城市规划》2012 年第 3 期。

质文化遗产展示馆、中国出版博物馆、中国园林博物馆等国家级文化设施建设，积极争取新的国家大型文化设施落户北京。建成奥运博物馆、北京人艺国际戏剧中心、北京科学中心、北京市档案馆、北京儿童文化艺术中心、北京歌舞剧院剧场、北京美术馆、首都交响音乐厅、北方昆曲艺术中心、北京文化活动中心等标志性文化设施"。具有标志性的高层次公共文化项目的推进无疑将十分有助于北京文化竞争力和文化中心地位的巩固及进一步强化，彰显作为国家首都和文化中心城市应有的文化发展质量及文化吸引力。

　　世界各主要国家的文化中心城市均有其标志性、公共性的文化设施。例如，英国伦敦的大英博物馆、英国国家美术馆，巴黎的奥赛博物馆、蓬皮杜艺术中心，纽约的当代艺术博物馆，东京的国立艺术中心等。与之相比，首都北京拥有故宫博物院、国家博物馆等重大的国家级公共文化设施建设，在硬件建设和服务状况上与发达国家的这些文化设施并无显著劣势，甚至在参观人次上还部分地超过了西方发达城市的一些文化设施，显示了北京作为我国的文化中心在重要公共文化设施方面的良好基础和国家垂范性，见图1。

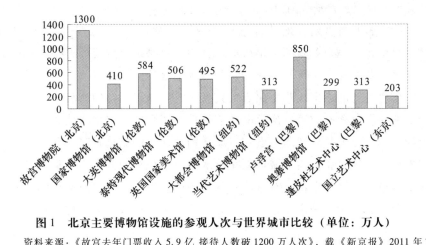

**图1　北京主要博物馆设施的参观人次与世界城市比较（单位：万人）**

资料来源：《故宫去年门票收入5.9亿 接待人数破1200万人次》，载《新京报》2011年7月20日；《中国国家博物馆正式开馆 藏品数量120余万件》，中国新闻网，2012年3月1日，http：//www.chinanews.com/cul/2012/03－01/3711416.shtml；The Art Newspaper，April 2011。图中数据除了国家博物馆的参观人次为2011年度的以外，其他数据皆为2010年的。

**（三）基层性和群众性的公共文化活动塑造首都广泛而厚实的文化城市氛围，提高了首都的文化供给能力和文化覆盖实效**

北京市陆续实施了一系列文化惠民工程，把丰富而高水准的公益性文化活动送到城市不同的区域和群体中，推出了农村"文艺演出星火工程"、"周末场演出计划"、"百姓大戏节"、"走进长安戏曲之门"、"打开艺术之门"等公益性文化活动。根据北京市文化局的公开资料显示，2011 年北京共完成惠民演出 13282 场，其中"周末场演出计划"演出 714 场，"百姓周末大舞台"演出 230 场，农村"文艺演出星火工程"演出 11748 场，"民族艺术进校园"演出 590 场；在春节等传统节日和特殊节点，开展各类群众文化活动 346 项①。2012 年，北京市完成"周末场演出计划"700 场、农村"文艺演出星火工程"8805 场、"百姓周末大舞台"122 场，"全市已有 400 多家专业和业余文艺团体参加'万场演出下基层'活动，已演出 11000 多场，1800 万人次群众受益"②。北京还积极培育和重点加强基层性、群众性公共文化活动，形成了"相约北京"联欢活动、北京图书节、北京大学生电影节等一批形成持续性的都市公共文化活动。以群众文化机构组织的文艺活动次数为例，2011 年北京共有 24237 次，在总量上次于上海、山东、浙江、江苏等少部分省市，显著领先于天津、重庆、福建等多数省市，而其人均次数更是处于全国的突出水平，见图 2。

同时，北京也结合地域特色和区域历史特点，打造了一批具有特色的、多样化的公众参与的文化活动。例如，紧密结合城南历史特色的宣南文化艺术节、开展多年的与现代农业文化结合的大兴西瓜节、开发城市核心区历史资源的南锣鼓巷文化节、具有广泛群众普惠性的海淀文化节。它们虽然没有巴黎时装周、伦敦电影节等一些国际知名文化活动那样十分重大的影响力，但是持续而一点一滴地建构着北京的文化时空坐标，并且吸引着首都居民文化参与和城市文化氛围的逐步积淀与升华。事实上，许多首都城市和知名都市都具有自己一系列的公众性和基础性的文化活动以及文化服务，它们是城市文化吸引力和竞争力中不可或缺的一种元素，并构

---

① 北京市文化局网站，http：//www. bjwh. gov. cn/34/2012_ 1 _ 17/3_ 34_ 65243_ 0_ 0_ 1326792017656. html。

② 北京市文化局网站，http：//www. bjwh. gov. cn/34/2013_ 2_ 4/3_ 34_ 77823_ 0_ 0_ 1359962056078. html。

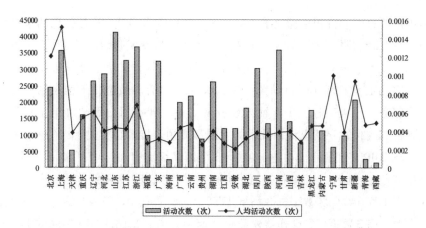

**图2　2011年北京群众文化机构组织文艺活动次数及其人均状况与全国比较**

资料来源：根据以下资料综合整理：上海高校都市文化研究院：《全国31个省市自治区公共文化服务指数蓝皮书》，商务印书馆2012年版，第101—103页；《中国统计年鉴》（2012）中关于各省市人口数量的统计情况。

筑着城市文化的文脉和独特光晕。

### （四）公共文化服务方式在现代信息技术发展背景下积极创新，提升首都的文化服务能力和文化传播效能

在全球崛起着传媒高度发达的"媒介城市"，这也是现代城市文化竞争力的一个基本维度。而从公共文化服务体系发展的角度，数字网络时代的信息爆炸以及媒介革命对于公共文化产品的供给和获取既是一种巨大的挑战，也为公共文化服务体系在新时代的更新升级带来重大的契机。尤其是公共文化服务体系需要借助新的传媒信息方式，既形成与公共媒介信息的差异化格局，也形成公共文化服务体系更为高效的服务手段和更具有未来意义的服务方式。

北京公共文化服务体系与现代传媒城市、信息城市、数字城市、智慧城市的融合，既是对于公共文化服务的有力拓展，也是对于城市文化传播运行体系的扩延。尤其在北京近年来大力发展数字信息应用的技术背景下，在文化与信息科技融合的态势下，公共文化服务也呈现出较为强劲和多样化的创新发展态势。基于新媒体的应用平台创新，北京积极拓展数字网络化、多媒体化的公共文化服务载体和方式，并且取得了良好成效，在文化信息资源共享工程及其网络体系建设、博物馆和图书馆的网络化延伸与发

展等重要方面取得积极而显著的进展①。北京市 2011 年 10 月推出的包括设
施提升工程、服务达标工程、示范先行工程、群众文化组织员工程、"万人
培训"工程、来京务工人员文化权益均等化工程、文化志愿服务工程、社
区数字化工程、24 小时自助图书馆工程、文化活动品牌化工程在内的公共
文化服务"十大工程"中，社区数字化工程、24 小时自助图书馆工程等子
项目都与现代数字信息传播技术的发展和应用直接密切相关②。

　　到 2010 年底北京已构建了包括 23 个区县级支中心、318 个街道（乡镇）
基层服务点、3953 个行政村基层服务点的共享工程四级网络体系；北京市文
化共享工程在线服务数字资源增到 17TB，包含管理中心下发资源、北京市原
创资源、商务数据库、合作共建数字资源等。与之相比，2010 年底的上海市
共有各级中心和服务点 2411 个，其中市级分中心 1 个，区县支中心 18 个，街
道（乡镇）图书馆的基层服务点 212 个，行政村和居委基层服务点 1895 个，
社区信息苑 204 个，市党政机关、大学、科研机构、民航系统、部队、企业、
高级中学、监狱、寺庙等其他类型基层服务点共 81 个③，见图 3。

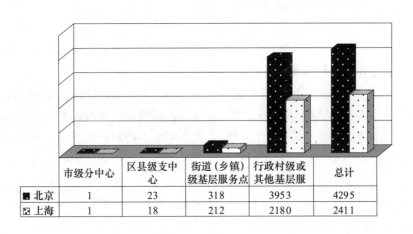

| | 市级分中心 | 区县级支中心 | 街道（乡镇）级基层服务点 | 行政村级或其他基层服务 | 总计 |
|---|---|---|---|---|---|
| ■ 北京 | 1 | 23 | 318 | 3953 | 4295 |
| ▦ 上海 | 1 | 18 | 212 | 2180 | 2411 |

图 3　2010 年底京、沪文化信息资源共享工程分中心与
服务点数量比较（单位：个）

　　①　徐翔：《北京公共文化服务的网络化建设与发展分析》，载《首都网络文化发展报告》
（2011—2012），人民出版社 2012 年版。

　　②　牛春梅：《北京公共文化服务推十大工程》，载《北京日报》2011 年 10 月 29 日。

　　③　《上海市文化信息资源共享工程工作情况》，文化部网站，http：//www.ccnt.gov.cn/
sjzz/shwhs/tsgsy/201103/t20110330_ 88541.html。

2012 年，北京启动了作为公共文化服务十大惠民工程之一的数字文化社区工程建设，并将之列入 2012 年市政府为群众拟办的 35 件重要实事之中，为首都群众提供更多更好的文化产品、更优质更便捷的文化服务①。公共电子阅览室的建设也是近年来我国公共文化服务数字化、现代化发展的新举措，北京早在 2010 年就率先列入了全国公共电子阅览室建设的试点省市名单，体现了在数字网络化公共文化服务方面的示范带动作用。2012 年北京"启动了行政村'多网合一'工程，将有线电视、数字电影、全国文化信息资源共享和远程教育融合在文化室，实现多元共享，丰富服务内容"②。数字化时代的"北京记忆"网站依托首都的互联网优势和数字化文献馆藏资料，为公众提供丰富的北京历史文化资料和多媒体资源，已成为全国性的知名项目，并对其他地方和城市的网络化城市记忆及其传播产生了带动效应。积极运用和融合新技术的公共文化服务创新，既是北京顺应数字信息时代发展和优化公共文化服务效力的举措，也体现着首都作为文化中心城市在文化、传播、科技等多方面的"多位一体"融合发展动力与综合竞争实力。

### （五）塑造了一系列都市公共文化品牌，构建着首都特色化、差异性的文化"竞争优势识别系统"

"从全球城市发展经验来看，一个有国际影响的城市，往往富有充足的文化资源，拥有独具价值的城市品牌。"③ 西蒙·安浩在阐释"竞争优势识别系统"理论中分析了文化、品牌等因素在国家、城市或地区竞争力构建中的作用及其实践机制④。他指出，文化的磁力和吸引力对于城市或地区的形象构建和竞争力打造不可忽视。为了使城市或地区"文化活动和文化景观魅力四射"，安浩强调了两种途径："1. 积淀多年的'文化大磁铁'，比如 Montreux 爵士音乐节，内华达州的 Burning Man 节和 Oberammergau Passion Play；2. 天生就具备独特价值文化产品，比如

---

① 《北京市"数字文化社区"工程正式启动》，文化部网站，http://www.ccnt.gov.cn/preview/special/3461/3469/201203/t20120301_231776.html。

② 《北京市文化创作演出活跃公共文化服务体系更加完善》，文化部网站，http://www.mcprc.gov.cn/preview/special/4185/4188/201301/t20130109_270253.html。

③ 吴忠：《提升城市文化软实力的意义与路径选择》，载《学术界》2011 年第 5 期。

④ ［美］西蒙·安浩：《铸造国家、城市和地区的品牌：竞争优势识别系统》，葛岩等译，上海交通大学出版社 2010 年版，第 90 页。

Cirque du Soleil，伦敦 Tate Modern 和 Live8 慈善音乐会。"① 事实上，这些文化活动和文化景观的魅力与公共文化的联系是十分紧密的，它们很多都是公共财政或公共机构下的文化元素。北京在公共文化事业和公共文化服务体系的长期发展和沉积过程中，也渐渐形成与强化了一批具有独特魅力和品牌效应的公共文化景观，并且为北京的文化"竞争优势识别系统"提供了亮丽的支撑节点。以大型的公共文化事件为例，首都的"相约北京"国际艺术节、北京国际音乐节、北京国际戏剧舞蹈演出季、北京国际青年戏剧节等都成长为具有国际知名度的重点文化活动，形成首都在全国乃至全球范围内的"文化磁力场"。例如，创办于 1998 年的北京国际音乐节的国际影响力不断上升，可以说"已经成为名列萨尔茨堡音乐节、琉森音乐节之后的第三大国际音乐节"②，成为首都的一场文化盛会。2011 年以来在国家创建公共文化服务体系示范区的背景下，北京抓住机会、整合资源、塑造品牌，树立朝阳区为国家第一批创建国家公共文化服务体系示范区，提升首都公共文化服务体系在全国的示范作用和比较优势。此外，在基层公共文化服务体系的品牌建构方面，北京还积极推进街道和乡村"一街一品"和"一村一品"项目建设，推动基层公共文化由遍地开花向打造品牌的质性提升。公共文化服务体系的品牌建设和特色发展，为北京的文化软实力和文化竞争优势的确立奠定了良好基础。

## 第四节　优化公共文化服务，提升北京文化竞争力

北京在公共文化服务体系的覆盖率和普及度等方面取得了显著的进展，也推动了城市文化服务和文化空间的积极改善。但是作为国家首都和国家文化中心城市，北京还面临着更为高端和更为激烈的世界范围内的文化城市的竞争，公共文化服务建设中还存在一些问题和不足，需要针对"世界城市"的目标和高度追求更为发达和完备的发展水平，为首都的文化竞争力提升发挥更大的作用。

---

① ［美］西蒙·安浩：《铸造国家、城市和地区的品牌：竞争优势识别系统》，葛岩等译，上海交通大学出版社 2010 年版，第 90 页。

② 《北京国际音乐节推广"委约作品"和低票价政策》，中国新闻网，http：//www.chinanews.com/cul/2010/11–08/2641032.shtml。

**（一）北京公共文化体系需着力凸显民众参与性和共享性，加大公众文化在首都文化体系中的基础地位，激发城市文化的巨大活力和魅力**

在首都北京的城市文化和公共文化建设中，重建设轻氛围、重文化输送轻文化参与的倾向在一定程度上仍然存在，这限制着城市文化活力和竞争力的进一步释放和发挥。正如有研究者所指出的，"在建设和发展中，过于侧重硬件等基础设施建设，对城市文化活力和文化多样性等'软实力'层面强调不足，仍然缺乏对文化艺术教育、市民参与、草根文化发展等基础性工作的扶持力度"[1]。这种民众参与性和共享性的缺乏也体现在公共文化服务的公众使用和普惠共享中。以公共图书馆的民众化应用为例，北京在人均拥有的公共图书馆数量以及人均借阅册数方面与伦敦、巴黎、东京等城市仍有不小的差距。根据《London：A Cultural Audit》(2009)[2] 以及北京的相关统计年鉴等资料，伦敦、东京公共图书馆每年借出的书籍数量以及市民每人每年借书数都数倍甚至近 10 倍于北京，纽约也是北京的 1 倍多甚至数倍，显示了北京在公共图书服务效果和利用效能方面与文化发达城市仍然存在显著的差距，见图 4。

在博物馆、美术馆、艺术馆方面，北京经过多年的发展取得了较为显著的进步，尤其是博物馆的数量发展与世界主要文化中心城市的差距得到缩小，但是在其公共服务与民众文化场域的结合力度上，与伦敦、巴黎乃至柏林等西方的文化发达城市仍有不小的落差。伦敦的博物馆和艺术馆每年大约接待 3000 万名游客[3]，华盛顿的博物馆每年接待参观人数达 4000多万人次。根据文化审计（Cultural Audit）(2009) 的资料显示，巴黎的博物馆和艺术馆年总参观人数达到了 2020 万。而根据《北京统计年鉴》的数据，北京的博物馆及其他文物保护管理机构只有 1000 多万的年参观人次。博物馆、美术馆的人均参观次数也是反映城市的这些公共文化机构和设施服务公众力度和实际效果的重要数值，北京只有 0.68 的人均参观

① 王林生：《伦敦城市创意文化发展"三步走"战略的内涵分析》，载《福建论坛》（人文社会科学版）2013 年第 6 期。

② London Development Agency. London：A Cultural Audit 2009. http：//static. london. gov. uk/mayor/culture/docs/cultural-audit. pdf.

③ 杨荣斌、陈超：《世界城市文化发展趋向——以纽约、伦敦、新加坡、香港为例》，张晓明、胡惠林、章建刚编：《2004 年：中国文化产业发展报告》，社会科学文献出版社 2004 年版。

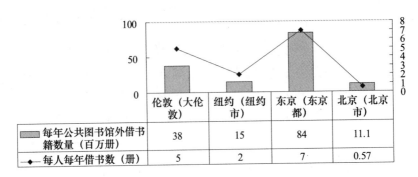

| | 伦敦（大伦敦） | 纽约（纽约市） | 东京（东京都） | 北京（北京市） |
|---|---|---|---|---|
| 每年公共图书馆外借书籍数量（百万册） | 38 | 15 | 84 | 11.1 |
| 每人每年借书数（册） | 5 | 2 | 7 | 0.57 |

**图4　北京公共图书馆服务状况及其与世界主要城市比较**

资料来源：伦敦政府统计报告《London: A Cultural Audit》（2009）、《北京统计年鉴》、《中国国家图书馆年鉴 2009》、维基百科等；转引自黄鹤、郑皓《国际视野下北京城市文化设施比较分析》，载《北京规划建设》2012 年第 3 期。

次数，不仅大大低于伦敦、巴黎和纽约，也低于在此方面并不突出的东京①。在博物馆的服务力度上，作为世界知名"博物馆之都"的伦敦其每个博物馆仅服务 4.25 万人，同样拥有丰富的博物馆资源的巴黎和纽约分别为 7.26 和 8.13 万人，而北京城区则达到了 11.42 万人，博物馆的人均拥有量仍然偏低，这也必然导致实际的服务效果受到一定的制约②，见图 5。

公共文化服务最终要落实和体现到对于公众的服务能力以及公众对于城市文化的参与和融合程度，这其中需要公共文化服务和公众、受众发生密切的关联和互动。对于当前我国以及北京全国文化中心的公共文化服务体系建设而言，在与西方的文化中心城市的比较和借鉴中，需要注意这些城市在实际运行和服务效力方面的领先性，改善公共文化的服务理念，真正切实地让公共文化服务更多地融入市民的文化生活和注入城市的文化活力之中，并使首都完备发达的公共文化服务体系发挥对于我国公共文化服务理念和实效方面的示范带动作用。

①　李建盛：《北京建设具有世界影响力文化中心城市：任重而道远》，载李建盛主编《北京文化发展报告》（2012—2013），社会科学文献出版社 2013 年版，第 20 页。

②　参见黄鹤、郑皓《国际视野下北京城市文化设施比较分析》，载《北京规划建设》2012 年第 3 期。

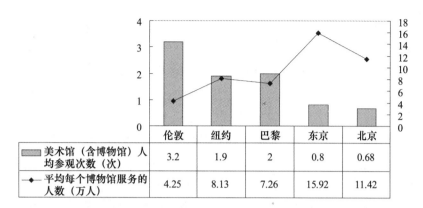

| | 伦敦 | 纽约 | 巴黎 | 东京 | 北京 |
|---|---|---|---|---|---|
| 美术馆（含博物馆）人均参观次数（次） | 3.2 | 1.9 | 2 | 0.8 | 0.68 |
| 平均每个博物馆服务的人数（万人） | 4.25 | 8.13 | 7.26 | 15.92 | 11.42 |

**图 5　北京博物馆（美术馆）服务状况与世界主要城市比较**

资料来源：根据伦敦政府统计报告《London：A Cultural Audit》（2009）、《北京统计年鉴》、《2012 世界城市文化发展报告》等资料整理。其中"美术馆（含博物馆）人均参观次数"的数值转引自李建盛《北京建设具有世界影响力文化中心城市：任重而道远》李建盛主编：《北京文化发展报告》（2012—2013），社会科学文献出版社 2013 年版，第 20 页；"平均每个博物馆服务的人数"数值转引自黄鹤、郑皓《国际视野下北京城市文化设施比较分析》，载《北京规划建设》2012 年第 3 期。

## （二）在图书馆、博物馆、文化馆等公共文化服务体系建设中的部分重要领域，北京的竞争实力与发展水平仍显现出与国家文化中心示范龙头地位的不匹配性，需要在更高层次上树立首都公共文化服务的综合竞争优势

作为我国最具文化竞争力的文化中心城市，北京的公共文化服务体系发展追求其完备性和综合的全国领先优势，这也是国家文化中心的应有之义。尽管不可能在所有的领域都获得全国的龙头地位，但是北京的公共文化服务体系理应在一些重要领域中确立其充分竞争优势。而就现实的发展水平可以看到，作为公共文化服务体系中十分重要的公共图书馆、博物馆服务等领域，北京尽管拥有巨大的中央资源和首都区位、区域综合实力等多种优势，但仍然未能实现其公共文化服务水平与全国文化中心竞争力的匹配性。以公共文化服务中具有核心性的公共图书馆服务为例，坐拥国家图书馆的中央资源的北京，却面临着落后于上海、深圳等其他城市的困局和挑战，在藏书量、外借服务频次等方面都不具备首都文化应有的领先优势。当作为全国文化中心和文化首都的北京其公共图书馆总藏书量达到 4000 多万册时，作为经济中心城市的上海却已达到 6000 余万册；当北京

的公共图书馆平均每人每年外借册次为 0.53 册时，上海达到 0.65 册，而提出建设"图书馆之城"愿景的深圳为 0.87 册①。公共博物馆服务也是城市公共文化服务中的关键环节，在北京拥有城市数量优势的博物馆领域，其人均的博物馆机构数低于江苏、福建、陕西、云南等省份；在博物馆的人均参观次数上，2011 年北京为 134 人次/千人，同期的上海为178.9 人次/千人，江苏、福建等省市甚至达到 400 多人次/千人②。作为著名的文化古都和历史文化名城，北京的博物馆、纪念馆服务功能依然有待继续夯实。此外，文化馆站也是我国公共文化服务体系中基本而典型的构成类型，在此方面尽管北京实现了区域的全覆盖，但是放在全国的比较视野中依然显现出发展质量不足。北京 2011 年每百万人拥有的文化馆和文化站数量分别为 0.97 个和 16.16 个，福建、天津、四川等许多省市都高于北京。就人均群众文化机构总支出和财政拨款额、人均艺术表演团体演出场次和观众人次等许多重要性的指标来说，北京不仅低于上海、浙江、江苏等沿海发达地区，甚至某些方面还低于一些中西部地区省市。

与国际上的文化中心城市相比，首都北京的公共文化设施也呈现出在城市文化拓展和城市文化更新中的滞后性，并对首都文化建设提出重要而迫切的诉求。伦敦、巴黎等诸多知名的文化中心城市无不具有世界性的公共文化设施乃至其集群体系，并且构建着城市在文化设施和文化空间方面的特色优势。以伦敦为例，为了能更好地促进城市文化发展，伦敦在2003 年公布的《伦敦：文化资本，市长文化战略草案》中提出更多地投资世界级文化设施的建设和维护、充分发挥公共场所的文化潜力等构想③。根据《2012 世界城市文化发展报告》对上海、柏林、伊斯坦布尔、约翰内斯堡、伦敦、孟买、纽约、巴黎、圣保罗、新加坡、悉尼和东京这12 座重要首都城市或文化中心城市的调查，具有浓厚文化底蕴的巴黎拥有各城市中数量最多的美术馆（1046 家）和公共图书馆（830 家），这为其"世界艺术之都"和世界文化首都的形成和巩固提供着一份坚实的支

---

① 陈威主编：《完备的公共文化服务体系研究》，深圳报业集团出版社 2010 年版，第 50 页。
② 上海高校都市文化 E－研究院：《2011 年全国 31 个省市自治区公共文化服务指数蓝皮书》，商务印书馆 2012 年版，第 115—116 页。
③ 杨荣斌、陈超：《世界城市文化发展趋向——以纽约、伦敦、新加坡、香港为例》，张晓明、胡惠林、章建刚编《2004 年：中国文化产业发展报告》，社会科学文献出版社 2004 年版。

持；伦敦拥有数量最多的高达 173 家的博物馆群，每 10 平方公里有 1.1
座博物馆，巴黎、纽约也分别达到 137 座和 131 座①，见图 6。作为德国
乃至欧陆的重要首都城市和文化中心城市，柏林的博物馆数尽管略少于伦
敦，但每 10 万人拥有博物馆数为 4.6 家，达到伦敦的 2 倍多，其密度是
这 12 座城市中最高的一个。根据文化审计（Cultural Audit）（2009）的数
据资料，伦敦有 92 个公共艺术馆，巴黎和东京也分别达到了 59 座和 40
座；伦敦每 10 万人就有 5 个公共图书馆。在巴黎大区中，"有 1000 多家
书店，300 多家影剧院，每年有 190 多个电影节日，还有 800 多家公共图
书馆，以及 350 多家剧场和剧院"②。

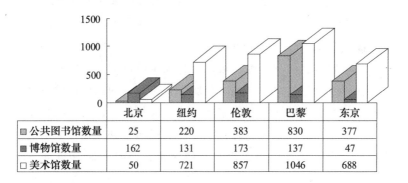

| | 北京 | 纽约 | 伦敦 | 巴黎 | 东京 |
|---|---|---|---|---|---|
| ■ 公共图书馆数量 | 25 | 220 | 383 | 830 | 377 |
| ■ 博物馆数量 | 162 | 131 | 173 | 137 | 47 |
| □ 美术馆数量 | 50 | 721 | 857 | 1046 | 688 |

**图 6　北京公共文化设施与世界主要文化中心城市比较（单位：座）**

资料来源：《2012 世界城市文化发展报告》；李建盛：《北京建设具有世界影响力文化中心
城市：任重而道远》，李建盛主编：《北京文化发展报告》（2012—2013），社会科学文献出版社
2013 年版，第 20 页。

　　在完备发达的公共文化服务体系的建设目标和进程中，北京事实上
还需要大力提高自身的标准和质量要求，切实面对我国其他城市和地区
给首都公共文化服务领先地位带来的严峻挑战，强化一些仍显薄弱而具
有现实紧迫性的环节与领域，实现和保持应有的整体竞争优势。对此，
要有针对性地改善北京公共文化服务体系中重点的弱势方面，在国家高
端视野下优化体系建设和服务质量，确保发挥首都公共文化服务在全国

①　《2012 世界城市文化报告：上海多项指标倒数》，人民网，http：//artbank. people.
com. cn/n/2012/0817/c238225 - 18770778. html。
②　[法] 奥迪勒·苏拉尔、卡里纳·卡莫尔：《巴黎独特的文化韵味及其文化产业布局》，
载《毛泽东邓小平理论研究》2012 年第 6 期。

的引领带动效力，把它有力地转化为首都的核心文化优势与文化竞争力的主要支撑。

**（三）北京公共文化服务需要加强塑造层次化、品质化、高端化的公共文化供给系统，增强符合首都城市、世界城市水准的公共文化竞争力**

我国的公共文化服务体系遵循和体现的是公益性、基本性、均等性、便利性的原则，首都北京在公共文化服务体系和文化惠民工程方面也主要注重的是基本性、普惠性的群众文化需求。这种格局逐渐形成了中国和北京公共文化服务体系的内容和层次偏于单一化、低层次化等倾向，固然有利于在有限的财力物力承受范围内实现更大程度的文化共享和保障群众的文化权益，但是对于一个文化城市尤其是要参与到激烈的全球城市文化竞争中的首都城市和国际性大都市而言，这种公共文化服务的格局和内容结构面临着内容质量和层次不高、难以充分满足城市多元化公众人群需求等问题。例如，北京目前对于公共文化服务体系建设的主要评价机制还侧重于覆盖率、服务频次、硬件和网络体系建设等指标，而公共文化服务的文化质量和内容创新等并未作为强调的重点，优质公共文化产品的共享和普惠程度较低，代表城市高端文化水平的文化精品资源库有待进一步充实提高。

又以公共文化设施的层次性为例，北京当前许多基层公共文化设施普遍规模偏小、档次偏低，难以满足一些高层次、多样化的服务需求。根据2011年零点公司对朝阳区文化设施进行的调查，在295个公共文化设施中，基层文化设施面积较为狭小，其中50平方米以下的设施占到30.5%，100平方米以下的设施占到57.1%，相对于央属、市属、区属表现相对较好的文化设施，村属或社区属的公共设施运营情况有待进一步改善①。朝阳区尽管是北京创建"全国公共文化服务体系示范区"的重点区县，但其基层公共文化场所在服务能力方面依然体现出这种薄弱性。以日本的基层公共文化设施"公民馆"作为比较对象，"所谓'公民馆'，就是社会教育的中心设施，是兼具公民学校、图书馆、博物馆、公众堂、町村居民集会所、产业指导所等多种特点的设施，是具有社会教育、公民自

---

① 黄鹤、郑皓：《国际视野下北京城市文化设施比较分析》，载《北京规划建设》2012年第3期。

治、社交娱乐、产业振兴、青少年培养等广泛的社会民主化所需功能的设施"①。据 2008 年的数据资料，其中央馆、地区馆层级以下的公民馆分馆，150 平方米以上的分馆数量占到了 71%，与北京的规模偏小、功能偏于简单、层次偏于单一的文化馆站相比，基层公民馆更高层次、更多样化层级的状态使得它在服务公众方面发挥着更为充分的作用，见图 7。

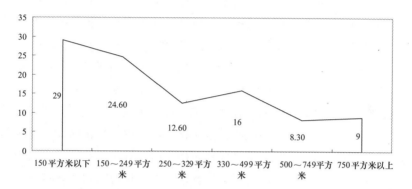

**图 7　2008 年日本基层公民馆层次状况（单位:%）**

资料来源：于群、李国新主编：《中国公共文化服务发展报告》（2012），社会科学文献出版社 2012 年版，第 327 页。

事实上，也是由于服务的内容跟不上城市人口日益增长而多样化的文化需求，一些公共文化设施出现了利用程度不高的现象。例如，文化馆、档案馆曾是北京历史发展中形成的重要而典型的文化事业构成和公共文化场所，但是随着城市结构的演化以及信息文化需求的变迁发展，文化馆、档案馆成为门庭较为冷落的文化场所。这固然与它们所提供的公共文化服务和产品的类型有关，但也与其服务的丰富性、层次性以及针对群众新兴文化需求的契合度存在紧密的关联。即使是利用率较高的公共文化服务设施和服务，也不能回避其所面临的服务对象和内容针对中高层次文化需求发展不足的现象。首都北京的公共文化服务在满足基本性、均等性、普惠性的基础上，还要注重满足中、高层社会文化群体

---

① 转引自李国新《日本的公民馆及其基本制度》，于群、李国新编《中国公共文化服务发展报告》（2012），社会科学文献出版社 2012 年版，第 321 页。

多层次、多样化的文化需求。这不仅是针对北京特殊城市市情对公共文化服务体系的结构要求，也是针对北京所面临的高端城市文化竞争而加强城市文化内容供给和传播、提升城市文化内涵与品质的必要而更高的要求。

**（四）北京公共文化服务的品牌特色与文化发达城市仍有一定的差距，对北京文化标识度与首都文化名城的影响力塑造形成一定短板**

公共文化服务不仅包括普惠性、均等性的要求，也包括结合城市历史积淀、发展特点对于特色化、品牌性公共文化资源和公共文化服务的打造。这些特色的公共文化服务资源甚至可以成为城市独特的"文化名片"，从而对城市的文化竞争力发挥十分重要的作用。以伦敦为例，其数量位居世界城市首位、馆藏丰富的博物馆打造了伦敦作为"博物馆之都"的城市形象及其所蕴藏的深厚的城市文化底蕴，也对城市的文化旅游等相关文化产业带来较为显著的反哺促进作用。美国首都华盛顿虽然城市规模并不大，但是通过其丰富而优质的博物馆、纪念馆等公共文化场所的品质和优秀的整体规划，有力地塑造和增强着其作为美国文化中心城市的地位，并且在一定程度上形成华盛顿这座政治性和意识形态性较强的文化城市的特色。西班牙第二大城市巴塞罗那通过对城市公共空间包括公共文化空间的成功改造，塑造了在世界范围内的城市空间改造的著名典范，并大大提升了巴塞罗那作为"知识城市"、"文化城市"的魅力与综合竞争力。在巴黎的城市改扩建历史进程中，各种新的公共文化空间、设施及其集群依然是城市增长中关键而不可或缺的维度。对于北京来说，在广泛加强公共文化服务体系的覆盖程度和文化共享的基础上，虽然也形成了一定的公共文化服务的优势领域，但是其向城市的核心文化竞争力和知名文化品牌的转化上尚有一定的距离，亟须通过加强公共文化服务突出城市文化的核心优势领域与特色竞争力。北京要充分重视发挥公共文化服务的特点和功能，结合中国特色社会主义文化之都和具有世界影响力的文化城市的建设目标，在现有的一些已经具有国家级竞争力的公共文化服务场所和设施基础上，规划打造一批具有国际高端性的公共文化"好莱坞"和"百老汇"，或具有强大对内对外吸引凝聚作用的具有特色性的公共文化"左岸"或"格林威治村"都市区域，使之切实地在推动城市文化服务、文化生产、文化消费等领域中发挥显著的融合促动作用，从而提升首都的都市文化竞争力。

**（五）北京公共文化服务设施和网络体系还需要大力提升与民众生活体系的无缝对接与融合，使之在城市的文化共享和文化再生产中凸显更大的化合作用**

公共文化服务通过对城市的文化氛围的改善、文化交流共享的提升、文化人才资源的吸引以及文化生产创新活动的促进，从而以公共性、公益性的资源和服务对城市的文化生产力起到激活和发酵作用。对于人口整体素质较高的城市而言，高效率的公共文化服务供给和使用在城市的文化发展繁荣中所起到的推动作用也更为显著。公共文化设施的空间布局、公共文化服务的内容与需求的契合度、公共文化服务的机制和方式等因素都影响到城市公共文化服务的实际效果。西方发达城市对公共设施和服务的实际使用效率问题予以高度重视，采取各种积极措施促进城市居民对公共设施和服务的使用。例如，纽约市在《纽约2030》中提出开敞空间步行10分钟可达性原则。就我国国内的不少城市而言，上海、深圳、合肥、张家口等多个城市纷纷提出"一刻钟公共文化服务圈"或类似的理念目标，尽管实际发展水平和实现效果还存在差异，但这都体现着公共文化服务体系在对公众参与的便利性、使用效率方面无法回避的要求。美国首都华盛顿力图通过丰富而高水准的公共艺术、公民文化、艺术社区和艺术设施的建设来吸引创意人才，通过浸润渗透覆盖到城市社区基层的文化服务和公共文化环境，来促进城市的"艺术与文化"发展。就北京的实际而言，尽管已经实现公共文化服务体系的基本全覆盖，但是还存在着公共文化服务设施的地理位置分布与人口分布不平衡、空间可达性不够便利、实际服务机制带来的瓶颈等问题，影响了公共文化服务在居民文化生活中对接效应和功效的进一步提升。此外，首都部分文化馆、文化站、基层图书室等设施由于与居民的需求匹配度不高，其闲置程度也相对较高，甚至一些基层的相关场所被挪作他用，带来公共文化服务体系扩张和覆盖中的隐忧，也影响到民众切实地享有公共文化服务所能带来的"文化福利"和"文化红利"。在建设具有世界水平和世界竞争力的城市文化的进程中，北京迫切需要提高公共文化服务在居民流动性和文化生活中的便利性、普惠性与融合度，营造高效的市民公共文化服务网络体系，锻造具有更为坚实的民众基础的文化导向型城市。

# 第五章　历史资源与首都文化竞争力

从文化竞争力的视角考察，在国际舞台上，首都北京虽然已经具有一定的知名度，在某些领域也具有一定的竞争优势，但还未掌握话语主导权，不仅辐射力有限，而且时间难以持久；中国的主流价值观还缺乏明显张力，无法有效输出。整体而言，北京的文化内容缺乏应有的吸附魅力，缺少真正能够立足世界的文化品牌，北京在国际文化版图中的影响力仍然有限。

作为一个具有近千年历史的古老都城，北京是元代以来在原有的城市格局基础之上发展起来的，遗留有大量反映城市变迁的历史文化遗存。这些遗存，负载城市的成长信息，承载城市的历史记忆，诠释城市的文明演进，标识城市的文化品格。历史文化资源是北京最具优势的特色资源之一，是北京深厚历史底蕴的物质展现，是构成北京文化竞争力的重要支撑要素。因此，需要找到有效的传播载体与转化路径，使历史资源在北京提升文化竞争力的进程中发挥应有的效力。

## 第一节　历史资源是北京提升文化竞争力的重要载体

有研究者采用定性比较与定量比较相结合的方法，对比了北京与纽约、伦敦、巴黎、东京"四大国际都市"文化发展的基本状况，形成了初步结论：①"四大国际都市"都已经确立了独特的城市文化精神与理念，北京虽然也提炼出了"北京精神"，但还没有取得广泛的社会认同，也无法通过"首善之区"的特殊地位在全国范围内进行价值引领。②政策法制方面，各个城市的具体情况各有差异，但北京在促进文化发展方面还缺乏立意高远的顶层设计和长远规划，文化发展的法制环境并不良好，文化管理体制也不够顺畅。③综合实力比较方面，北京在经济实力、人力资源与结构等方面与"四大国际都市"还有一定的差距。④文化产业方面，巴黎作为法兰西文化的荟萃地，是著名的旅游城市；伦敦是世界金融、信息服务中心和创意中心；纽约作为世界金融、贸易中心，印刷、信息、戏剧、旅游、化妆品及其他各种文化产业也极发达。北京文化产业核心元素不突出，文化渗透力、传播力都有待加强，在国际上的影响力还远远不够。⑤公共文化服务体系方面，在经费投入、公众参与度、文化设施数量等方面，北京的人均占有率和参与度都还比较低①。

2006 年 5 月，美国《新闻周刊》根据美国、加拿大、英国等国家的网民投票，评选出进入 21 世纪以来世界最具影响力的文化国家及其形象符号，其中代表中国文化形象的主要有：汉语、北京故宫、长城、苏州园林、孔子、道教、孙子兵法、兵马俑、莫高窟、唐帝国、丝绸、瓷器、京剧、少林寺、功夫、《西游记》、中国烹饪等。与美国相关的文化符号包括：华尔街、百老汇、好莱坞、麦当劳、NBA、可口可乐、希尔顿、万宝路、迪斯尼、硅谷、哈佛大学、感恩节、超人、自由女神像、芭比娃娃、白宫、橄榄球、爵士乐、星巴克、沃尔玛。英国文化符号的代表包括：英语、白金汉宫、威斯敏斯特宫、大英博物馆、巨石阵、牛津大学、格林威治天文台、达尔文、牛顿、莎士比亚、甲壳虫乐队、英联邦、绅士风度、维多利亚女皇、劳斯莱斯、芝华士、哈利波特、丘吉尔、BBC、贝克汉姆。法国文化包括：法语、埃菲尔铁塔、卢浮宫、凡尔赛宫、巴尔扎克、雨果、轩尼诗、拿破仑一世皇帝、路易威登（LV）、雅诗兰黛、欧莱雅、家乐福、克里斯汀迪奥（CD）、皮尔卡丹、圣米歇尔山、圣女贞德、香榭丽舍大街、《红与黑》、启蒙主义、香奈儿。通过对比可以得出结论，历史文化符号在中国文化国际传播过程中仍然占有非常大的比重，世界对中国文化形象的了解仍然更多地集中于传统领域，历史因素在北京文化竞争力的培育过程中占有相当大的比重。

在 2009 年 12 月召开的中共北京市委十届七次全会上，北京提出了建设"世界城市"的战略目标。2010 年 11 月，中共北京市委十届八次全会提出"加快向中国特色世界城市迈进"的总体要求。2011 年，加快推进中国特色世界城市建设被纳入北京市"十二五"期间的重要任务。

文化影响力、传播力、渗透力以及构建在这些基础之上的文化竞争力

---

① 唐莹莹、王松霞：《北京：比较视野中的国家文化中心建设》，载《北京联合大学学报》2012 年第 1 期。

是世界城市最重要的构成要素之一。世界城市也是文化之都，没有文化上的全球影响力难以成为世界城市。北京悠久的历史文明与丰厚的文化积淀是面向世界展现的最具文化竞争力的内容之一。对于北京而言，通过发挥历史资源的文化独特性提升文化竞争力不仅是一项重要的文化发展战略，也是一个有效的实施路径。

北京有超过50万年的古人类进化史，2万年的人类生活史，超过3000年的建城史，超过850年的建都史。元、明、清三代，北京跃升为东亚文明的中心，是古老东方文化的集中代表，是中国传统社会发展的顶峰与最后结晶。历代皇朝在北京留下了众多的文化遗迹，这里有世界上最大的宫殿建筑群、陵园建筑群和皇家园林，各色寺庙、王宫府邸遍布城内。它们作为中国浩瀚历史的见证者与讲述者，集中反映和代表了中国古代都城营造艺术的最高成就。特别是经元、明、清数百年建设发展而形成的北京旧城，仍然保留着基本完整的古都格局。曲艺、戏曲、庙会、民间习俗等皇城根下传统市民文化，形态多样、风格独特，是极典型的"活态文化"。北京自建城以来吸引了各地知识分子云集，在文学、音乐、绘画、书法、古玩等领域中不但有极高水准，而且具有鲜明的地域色彩，反映出独特的审美观念、精神气质与文化个性，悠久的历史积淀与独一无二的文化景观难以复制。

北京是全球拥有"世界文化遗产"项目最多的城市之一，自1987年以来，先后有6项具有代表意义的重要历史建筑及人类遗迹，被联合国教科文组织列入"世界文化遗产名录"，它们不仅代表了北京在长期历史中形成的独特城市气质，也代表了中国在世界文明演进中曾经所达到的历史高度，是真正具有国际影响力的人类文明成果。

故宫旧称紫禁城，始建于明成祖永乐四年（1406年），此后历经明清两代，不断增建，占地约72万平方米，建筑面积15万平方米，"峻极之状，嘉祥之美，穷山海之瑰富，尽人神之壮丽"。作为明清皇宫，故宫是中国3000年宫殿建筑技术的总结，也是世界现存最大、保存最完整的木质结构宫殿建筑群，与法国凡尔赛宫、英国白金汉宫、美国白宫、俄罗斯克里姆林宫并称"世界五大宫殿"，1987年被联合国教科文组织列为"世界文化遗产"。评委会评价："紫禁城是中国五个多世纪以来的最高权力中心，它以园林景观和容纳了家具及工艺品的8000多个房间的庞大建筑群，成为明清时代中国文明无价的历史见证。"故宫还是故宫博物院所在地，是卓越的艺术空间，可移动文物藏品超过180万件，包括珍贵文物

168 万多件。2012 年单日最高客流量突破 18 万人次，全年客流量突破 1500 万人次，是世界上最繁忙的博物馆。2010 年各省文物业藏品数量情况见表 1。

表 1　2010 年各省文物业藏品数量统计表　　　　单位：件/套

| 地区 | 数量 | 地区 | 数量 | 地区 | 数量 |
| --- | --- | --- | --- | --- | --- |
| 北京 | 3735879 | 黑龙江 | 218877 | 山东 | 1448056 |
| 天津 | 955735 | 上海 | 1444185 | 河南 | 1833281 |
| 河北 | 554831 | 江苏 | 2490474 | 湖北 | 1464517 |
| 山西 | 775959 | 浙江 | 896263 | 湖南 | 857677 |
| 内蒙古 | 461499 | 安徽 | 822095 | 广东 | 1121797 |
| 辽宁 | 724757 | 福建 | 445866 | 广西 | 347472 |
| 吉林 | 299574 | 江西 | 643335 | 海南 | 58398 |
| 重庆 | 754363 | 四川 | 1147088 | 贵州 | 119594 |
| 云南 | 453712 | 西藏 | 143071 | 陕西 | 946083 |
| 甘肃 | 546332 | 青海 | 186276 | 宁夏 | 84093 |
| 新疆 | 150646 | | | | |

资料来源：中华人民共和国文化部：《中国文化文物统计年鉴 2010》，国家图书馆出版社 2011 年版，第 143 页。

周口店北京猿人遗址是世界上迄今为止人类化石材料最丰富、最生动，植物化石门类最齐全、研究最深入的古人类遗址。1929 年中国古生物学家裴文中在此发现原始人类牙齿、骨骼和一块完整的头盖骨，并找到了"北京人"生活、狩猎及使用火的遗迹，证实 50 万年以前北京地区已有人类活动。之后考古学家陆续在龙骨山上发现一些猿人使用的石器和用火遗址。这一发现和研究，奠定了周口店在全世界古人类学研究中不可替代的地位。"北京人"的发现，为中国古人类及其文化的研究奠定了基础，为人类进化理论提供了有力实证，是中国科学家为世界考古史做出的重大贡献。

长城是人类建筑史上的伟大奇迹，北京段从东北绕至西北，绵延 629 公里，包括八达岭长城（延庆）、居庸关长城（昌平）、金山岭长城（河北滦县）、慕田峪长城（怀柔）、司马台长城（密云）、古北口长城（密云）等。1987 年，北京长城申遗成功，成为中国第一处"世界文化遗产"。

颐和园占地面积 2.97 平方公里（293 公顷），建于 1750—1764 年，以昆明湖、万寿山构成基本框架，借景周围的山水环境，汲取江南园林的某些设计手法和意境，集中国传统造园艺术之大成。园内建筑以佛香阁为中心，景点建筑物百余座、大小院落 20 余处，精巧华丽，布局严整，饱含中国皇家园林的恢宏富丽气势，是中国现存规模最大、景观数量最多，保存最完整的一座皇家行宫御苑，被誉为皇家园林博物馆。

天坛始建于明朝永乐十八年（1420 年），是明清两代帝王用以"祭天"、"祈谷"之地。天坛熔古代哲学、历史、数学、力学、美学、生态学于一炉，集传统工程建筑艺术与古代信仰理念于一体，是中国皇家祭坛的杰出范例，是中国众多祭祀建筑中最具代表性的作品，是华夏民族一段漫长历史时期思想文化的遗迹和载体，是物化了的古代哲学思想。同时，天坛又以大面积树林和丰富的植被创造了"天人协和"的生态环境，是研究古代建筑艺术和生态环境的实物。无论在整体布局还是单一建筑上，天坛都完美地反映出了天地之间的密切关系，不仅是中国古建筑中的明珠，也是世界建筑史上的瑰宝，1998 年被联合国教科文组织确认为"世界文化遗产"。

天坛也是北京以及中国展示文化形象过程中最为频繁使用的象征符号之一。2003 年 8 月 3 日，第 29 届奥运会会徽发布仪式在天坛祈年殿举行。2013 年，已经举办三年的北京国际电影节第一次设立"天坛奖"，并推出"天人合一，美美与共"的价值理念，不但增添了北京国际电影节的文化内涵，也是中华文化走向世界的一次远航。

明十三陵是明朝迁都北京后 13 位皇帝陵寝的总称，始建于明永乐七年（1409 年），占地面积达 40 平方公里，地上、地下建筑体系规模宏大，布局严谨，山水幽穆，是中国乃至世界现存规模最大、帝后陵寝最多的一处皇陵建筑群。明十三陵既是一个统一的整体，各陵又自成一个独立单位，陵墓规格大同小异。作为中国古代帝陵的杰出代表，明十三陵将数量众多的建筑物巧妙安置于地下，有机结合陵墓建筑与自然景观，体现了中国封建社会最高丧葬制度等级，展示了持续 5000 余年的世界观与权力观，2003 年入选"世界文化遗产"。

目前，京杭大运河与北京城中轴线也在大力推动"申遗"工作，云居寺与房山石佛经也已经列入"申遗"项目备选。

京杭大运河北起北京，南至杭州，南北纵贯 3000 余里，途经 8 个省市，连通海河、黄河、淮河、长江和钱塘江五大水系，全长 1782 公里，是世界上里程最长、工程最大，也是最古老的运河之一。京杭大运河北京段经过通州、朝阳、东城、西城、昌平、大兴等多个区县，沿线分布有南新仓、八里桥、通运桥、张家湾古城等众多与大运河相关的历史遗迹。

北京城中轴线北起钟鼓楼，南至永定门，全长 7.8 公里，纵贯宫城、皇城、内城和外城，是北京古都文化空间的核心，是北京旧城规划设计的精髓所在，也是北京城市发展的脊梁。众多重要建筑、街道或有序安排于中轴线之上，或对称布置于中轴线两侧，形成有序的空间布局。中轴线的设计充分体现了封建帝王无上的权威与传统的宇宙观，体现出古老帝都那种内在的"天朝在上，俯视四方"的底蕴。数百年来，中轴线始终处于驾驭全城的至尊地位，不仅被视为北京的核心文化线，也是中华民族的文脉所在。

此外，北京还拥有国家重点文物保护单位 98 家，市级文物保护单位 357 家，区县级文物保护单位 1000 余家。这些历史资源都是不可再生的宝贵财富，是北京作为中华民族悠久历史文明代表的集中展现，也是北京提升文化竞争力的独有优势。2010 年全国主要地区文物业收入情况见表 2。

表 2 　　　　　　　**2010 年全国主要地区文物业收入数据** 　　　　单位：千元

| 地区 | 门票销售总额 | 财政拨款 | 事业收入 | 其他收入 |
|---|---|---|---|---|
| 北京 | 436440 | 914236 | 282404 | 20215 |
| 山西 | 235020 | 532824 | 181222 | 59307 |
| 浙江 | 260636 | 1217770 | 325715 | 47410 |
| 山东 | 287670 | 492220 | 144792 | 11631 |
| 河南 | 204354 | 504962 | 273749 | 23145 |
| 四川 | 168214 | 733491 | 285374 | 36740 |
| 陕西 | 463781 | 547120 | 418304 | 145709 |
| 江苏 | 92886 | 652833 | 147173 | 68518 |
| 广东 | 72094 | 691025 | 119530 | 20297 |

资料来源：中华人民共和国文化部：《中国文化文物统计年鉴 2010》，国家图书馆出版社 2011 年版。

北京是世界了解中国传统文化最重要的窗口，自元代以来一直是全国的政治中心、文化中心，悠久的文明历史从未间断，长期作为国都的历史赋予北京独一无二的政治地位与城市角色，留下众多历史遗存，这些资源不仅展示了独特的地域文化，更是记录中华民族文化精神历史演进的刻度表，是传承中国传统文化最好的物质化载体，是中国传统文化发展到顶峰的集大成者，中华民族5000年的文化，在北京有着最集中的沉淀和呈现。

北京目前无法与巴黎比拼时尚，无法与伦敦竞争创意，更无法超越东京的现代科技，但北京仍有自身独特的优势资源。漫长的历史岁月，独特的人文环境与地理位置，超过800年作为帝国之都的城市角色，孕育和造就了令世界瞩目的辉煌文明，并为当今的北京留下了博大精深的历史文化遗产。北京作为中华民族辉煌文明的代表，是经由千百年来的历史发展所形成的。深厚的文化积淀形成了北京独有的城市气质，这是北京所具有的鲜明个性。北京的历史资源与文化底蕴不仅在中国所有的城市当中无出其右，在世界范围内也是罕见的，这是北京提升文化竞争力的重要载体。

# 第二节　北京历史资源保护与利用的基本现状

近年来，在"人文北京"、"世界城市"建设理念与"文化创新驱动"思路的引导下，经过多年的实践探索，北京历史文化资源保护工作有了新的突破，历史文化名城整体保护的框架逐步清晰，保护力度不断加强，保护理念不断深化，保护内容不断丰富，保护方式、手段日益多样。与此同时，依然存在多种深层次的矛盾、困境与比较复杂的制约因素，阻碍这项工作继续深入推进。

### （一）北京市近年来对历史文化资源保护与利用的成效

1. 对历史文化资源在北京文化建设中重要性的认识日益深化，规划的科学性、有效性、针对性不断增强。

自20世纪80年代以来，随着国民经济快速发展，对北京的城市属性与功能认识水平不断提高，历史文化资源保护在北京城市规划中所占的分量不断增强，重要性亦不断凸显。尤其是近年来，在几项事关北京未来发展战略的重要规划中，历史文化资源的保护都是北京城市文化建设的重点内容。

2005 年修编的《北京城市总体规划》（2004—2020），按照科学发展观的要求，确定了正确处理保护与发展关系，坚持整体保护和以人为本的原则，提出消除旧城内危房隐患，改善居民居住条件，发展符合旧城空间形态的文化产业，促进旧城文化复兴的基本思路。

2010 年 6 月，国务院批复同意北京市核心区行政区划调整，将城四区合并调整为新的东城和西城两区。对于历史文化资源保护方面，可以更好地整合和共享资源，对历史文化遗产进行统筹保护，打破在体制机制上客观形成的一些障碍。

2010 年 10 月，北京市历史文化名城保护委员会成立，时任北京市委书记的刘淇担任名誉主任，市长郭金龙担任主任，市委宣传部长蔡赴朝、常务副市长吉林担任副主任，副市长陈刚担任副主任兼秘书长。北京市规划委员会、北京市住房与城乡建设委员会、北京市文物局等相关委办局负责人均是委员会成员。委员会还专门成立了由旧城保护、城市规划、非物质文化遗产等方面的专家组成的专家顾问组。规格之高、规模之大为此前所未有，这意味着北京市政府已经将历史资源保护工作提升到了前所未有的高度，表现出前所未有的决心与力度。

2011 年，《中共北京市委关于发挥文化中心作用加快建设中国特色社会主义先进文化之都的意见》要求，深入挖掘历史文化遗产的文化内涵和文化价值，展现古都北京的历史文化风貌和独特城市魅力，逐步恢复古都壮丽景观，充分发挥利用丰富的历史文化资源，聚合浓郁京味文化，城市建设文化品位明显提升。在保护好古都风貌、传承优秀文化遗产的同时，强调继承与发展并重，从不同角度向世界展示和弘扬北京厚重的文化底蕴，进一步巩固全国文化中心地位，努力打造中国特色社会主义先进文化之都。

《北京市国民经济和社会发展第十二个五年规划纲要》中，"文化彰显魅力"独立成篇，明确提出，在城市化快速发展过程中，倍加重视文化的传承，加强历史文化遗产保护，同时致力于创造能够世代相传的新的城市遗产，使人们更好地感受到城市的文化魅力。具体方面，重构历史文化魅力走廊，推进历史名城风貌保护，让文化元素融入城镇乡村，保护弘扬非物质文化遗产，塑造高品位、有特色的城市文化的重要发展战略。

2. 对于重点资源的保护与利用基本到位，城市核心区的人文特征日益凸显。

在北京的众多历史文化遗存中，作为"世界文化遗产"的故宫、颐和园、天坛、八达岭长城和明十三陵的开发利用基本到位，只有周口店猿人遗址稍差，目前参观者中外国人多于中国人。北京市政府对这些重点资源充分重视，政策保障相对强势。故宫按照历史原貌复建了毁于20世纪20年代的建福宫景区，修复了武英殿建筑群以及午门等主体建筑工程；天坛全面完成了神乐署建筑群的修复与开放；颐和园开展了对佛香阁、长廊、智慧海等主体建筑的维修保护工程；北京地段的长城在保护好墙体历史形成的自然状态的同时，先后对分布于平谷、密云、怀柔、延庆等10余处长城险情地段开展了修复工程。

不仅重视对遗产本身的保护与修缮，而且不断加大对遗产外围景观环境的保护与整治工作。东城区政府先后投入巨资，对故宫缓冲区东部区域进行了大规模的搬迁，建成了皇城遗址公园和菖蒲河公园，部分恢复了皇城水系，从而延续了上述区域的历史文脉。天坛西侧南中轴线的环境整治工作也取得了明显成效，坛墙内外一些新建违法建筑物被拆除，西侧坛墙得以修复，永定门城楼复建。颐和园周边先后完成了北宫门、青龙桥、西苑及西南区域环境的治理。地下文物保护也取得突出成绩，完成第四批地下文物埋藏区划定工作，结合奥运场馆、南水北调、大运河（北京段）保护等重点工程开展的考古挖掘和遗址展示，进一步丰富了北京地区的史地资料和文化内涵。全面开展了全国第三次文物普查工作，发掘整理出一批历史文化遗产。

近年来，北京市以2008年奥运会与新中国成立60周年大庆为契机，对历史文化资源的保护与利用开展了大量实践。在天安门、长安街、朝阜大街、地安门内大街等旧城重点地区开展了公共空间优化、绿地建设、市政基础设施完善、重点文物保护单位腾退修缮等多项工作；什刹海、大栅栏、鲜鱼口、皇城历史文化保护区的保护工作得到显著推进，人居环境得到明显改善，历史风貌进一步凸显。市区两级政府对历史文化名城的保护经费投入资金约180亿元，主要用于旧城环境整治、基础设施建设、房屋修缮、"煤改电"工程、文物保护、非物质文化遗产保护等方面。通过这些保护实践，旧城一定范围内的传统风貌得到了有效保护与恢复，部分居民的居住条件与环境有了明显的改善，传统文化也有了传承和复兴的新契机。

3. 远郊区县历史文化资源的独特价值正在日益受到人们的关注，以历史文化资源为依托的文化产业发展正在向郊区推进。

一些经济文化发展相对较弱的郊区县也开始认识到，其历史文化资源的独特价值及其与北京古都风貌和文化中心地位之间的相互联系，因而纷纷提出"以文化品牌带动区域发展"的战略。如门头沟的"永定河文化"、通州的"运河文化"、延庆的"三朝御路文化"、石景山的"首都休闲娱乐中心区（CRD）"和"京西文化"的概念、丰台的"卢沟晓月"文化节等，在创建地域文化品牌概念方面做了很多有益探索。虽然有些概念的概括性、代表性和科学性还值得商榷和调整，但在其引领下，有些区县的文化产业确实蓬勃发展起来。门头沟区以古道古村落资源为依托发展健康休闲旅游和文化创意产业，着手实施文化产业发展战略。通州依托古老的运河水系、深厚的文化底蕴和优越的区位交通条件，制定调整了新城核心区规划，正在打造现代化的滨水宜居新城。延庆积极加大对地方文化挖掘整理的力度，在全市范围内率先健全和完善了区县级文保规划体系，建立起了可以堪称全国区县级博物馆样板的精美博物馆，夯实了"文化兴区"的基础。丰台依托卢沟桥—宛平城、中国抗日战争纪念馆、抗战雕塑园等红色文化遗产，积极打造面向全国的爱国主义教育基地；重点推进卢沟桥文化创意产业集聚区的整体开发建设，将历史文化遗产、遗迹打造成为重点功能区域地标性的文化标识。房山正积极探索周口店遗址和琉璃河遗址大范围的整合利用。这些实践都大大充实了北京文化中心及古都风貌的内涵，将北京文化产业的发展延伸推进到了更深更广的层面。

### （二）北京历史文化资源保护利用方面存在的问题及制约因素

1. 北京城市形象和城市气质模糊化、古都风貌的整体性不断受到冲击，城市的文化价值缩水。

1949 年新中国成立之后，原有的城市格局显然已经不能满足作为社会主义新中国首都的功能需求，北京开启了大规模城市建设的历史进程。尤其是 20 世纪 80 年代之后，在现代化思想的统领之下，北京进入城市发展的快车道，改造力度空前，整体面貌日新月异，但也不可避免地改变着延续数百年的历史环境，使众多历史遗产的完整性和原真性不断受到冲击，原本作为城市中心的旧城失去往日光彩，以胡同、四合院为核心的传统街区逐步被商业化气息包裹，大量新奇建筑出现，但风格混杂，民族元素缺失，特征不明，至今未形成系统的景观体系，更未取得广泛的社会认可，北京作为一座世界闻名古都的城市风貌不断遭受侵蚀，文化气质渐渐模糊，由传统城市格局和地域风格建筑承载的城市特征与文化氛围不断被稀释，800 年帝都历史所孕育出来的一脉相承的城市风情在现代化城市文明演进过程中日益淡化。

2. 开发与利用观念仍然存在误区，学术支撑不足。

对北京历史文化资源的深刻内涵和长远意义认识不清，急功近利，普遍把历史资源当作旅游资源或房地产的景观资源进行单一开发，以追求经济效益为根本目标，从而对北京的历史文化风貌造成建设性破坏。目前，人们对许多历史文化资源的价值判定，主要以它们在旅游开发方面的作用来衡量。故宫、天安门、颐和园、天坛、长城、明十三陵等一直是北京旅游市场的重要支柱；近年来，什刹海周边、恭王府、前门、琉璃厂、"798" 创意文化区等又成为旅游者的新宠。尽管北京的旅游资源主要就是丰富而独特的历史文化遗迹和古都风貌，但绝不能因此就把历史文化资源等同于旅游资源。历史文化资源的真正价值在于它本身的客观存在与文化特质，在于它是北京历史文脉的真实载体，而不仅仅是作为旅游景观所具有的审美功能。某些文物古迹或文化遗产未必是引人注目的可观之物，但它是城市发展历程的见证和标志，是古都北京文脉延续的轨迹，同样应该予以妥善保护和利用。否则，北京的历史文化风貌将变得支离破碎，原本悠久而清晰的历史脉络将不复完整。

同时，在一些历史文化资源开发项目上，开发主体对北京历史文化资源的既有格局和内在联系认识不清，尤其是对于那些散落城乡各地、浩如烟海的具体文化遗存，缺乏深入研究和准确定位。对于它们在北京历史文脉中的地位和作用尚需调查认证、逐一分析。从金中都、元大都到明清皇宫的发展变化，从金代西苑太液池到清代西郊颐和园的建造，从元大都的中轴线到今天新北京的中轴线，反映了中华民族对宇宙变化及社会发展的认识过程的变化，我们只有通过深入研究，才能够科学解释这个变化过程。现在很多地方都重视恢复某些文物古迹的原貌，却因为缺乏深入系统的研究，没有弄清当时的原样和背景就贸然开工，结果造成了不伦不类的"假古董"。

3. 对不同类型历史文化资源的价值认识与保护力度不平衡。

一般而言，有形的保护得多，无形的保护得较少；实用性强的保护得多，无实用价值的保护得少；宫殿、园林、长城等类保护得多陵寝、墓葬、历史人物遗迹、近现代建筑等保护得少；古代的保护得多，近现代的保护得少；重点文物保护得多，区域性、线性文化资源保护得少。对历史人物资源的挖掘，多只停留在帝王将相层面，很少关注其他层面的历史人物群体。北京的墓葬文化资源具有其他地区难以比拟的独特性，目前的开发状况却很难令人满意。金代的皇陵已经发掘多年，保护措施却至今还不到位。明代的皇陵大多处在修复之中，开发利用尚有较大差距。平谷的黄帝陵有较大的开发利用价值，但目前处于闲置状态。众多的山区名人墓葬和原始墓葬群落，甚至连基本的保护都没有。

同时，各区县对历史文化资源的主观认识和保护利用力度不平衡。由于相关部门决策者的认识水平和社会发展具体情况的差异，各区县在保护和利用当地历史文化资源的态度、力度以及实际效果方面，都存在着很大不同。此外，在北京的近百处国家级文物景点、300多处市级文物景点中，已经得到较好开发利用的不足1/3，而完全处于尚未开发状态的占2/3以上，这种丰厚的历史文化资源大多数都被闲置的状况是非常可惜的，也是极大的资源浪费。以名人故居为例，在近些年大规模的旧城改造过程中，一些故居被拆除、被遗忘，即使一些被列为文物建筑，其中也有许多或藏于深巷，年久失修，无人辨识；或保护不力，移作他用，面目全非。

4. 缺乏整体意识，开发过程中对系统性文化资源重视不足，许多文化遗存成了孤立的点缀。

在保护、规划方案的制订过程中，不仅应重视单体建筑的保护与复原，还应注重整体氛围的营造。应该避免对重点保护单位进行保留，相邻建筑全部拆除的情况。文物孤立，不少文物点除了其本身的历史、艺术价值外，已无整体景观价值可言。以西郊清代皇家园林为代表的历史名园多数保存状况良好，但并未形成区域的整体环境氛围。某个文物或者历史景观不是孤立存在的，对于文物古迹之间及其与环境之间的相互联系、背景体系也要加以整体保护。这样，其历史文化价值才能在一个相应的环境中更好地体现出来。比如，对于一些古村落、古建筑的保护，不能仅停留在保护几个四合院、一两座房子甚至单个的戏台、过街楼等，对于其周围的环境、街道的格局、整个村落的肌理以及依托的地理、景物要素都要妥善整理和保护。否则，失去了彼此呼应、关联的特定情境，"活文物"势必变成"死文物"，最终陷入保与不保的两难境地。

5. 保护与修缮资金仍然短缺，开发经费来源模式需要深入研究。

按照《文物保护法》和有关要求，各地、各部门要将文物古迹保护纳入经济和社会发展计划，纳入财政预算，保障相关机构的经费使用。但在一些区县所属文物管理机构中，其经费并不充足，从而限制了文物保护工作的开展。同时，由于历史久远，不少区县的文物自然损坏、人为破坏严重，急需大量资金用于修缮与维护。一些特殊文物类型如长城的抢修与维护，所需资金数额更加巨大。长城所在的部分区县如密云县虽然近几年筹集资金 1600 余万元，但远远不能满足文物修缮的需要，缺口较大。历史文化资源的开发需要投入大量公益性资金，特别是旧城风貌保护、市政设施改善、人口疏散等资金需求量巨大，以政府财政投入同时争取社会资金的投资方式仍远远不能满足需要，而名城保护的多元化社会融资模式尚未建立。

6. 体制、机制仍是难题，需要探索行之有效的科学方法。

历史文化资源的保护与开发工作综合性较强，涉及经济、社会等方方面面。行政管理体制方面，涉及名城保护的区域统筹力度仍需加强，市区两级政府、相关主管部门的职责需要进一步明确，部门联动的工作机制仍需健全。以旧城历史文化保护区保护与更新为例，目前多以建设项目推进为主，尚缺乏深入、持续的跟踪研究、实践总结和维护机制。文物建筑的腾退、保护与合理利用，地下文物保护，近现代建筑与工业文化遗产的保护与再利用，旧城整体保护，文化线路挖掘，非物质文化遗产传承等工作很多还处在摸索阶段，对保护与合理利用的认识存在多方分歧，缺乏可操作性强的成熟的技术方法，尚需深入研究。

行政主体多元，文物管理使用单位纷繁复杂，鉴于文物保护单位的地域分割，一些区县历史文化资源的开发利用工作阻力重重。如石景山区，其诸多文物古迹分属区政府、首钢和驻地军队，彼此之间缺乏合作，甚至互相排斥，形成"三分天下"的尴尬局面。同样的情况还存在于房山区，该区虽然没有首钢这样的巨型企业，但驻地军队内的文物古迹区政府同样无权干涉，这种状况导致管理乏力，文物保护呈分散管理状态，许多珍贵文物得不到应有保护，损毁严重，甚至近乎形销迹灭。又如石景山区的石景山，多年来被首钢厂区包围，民众无法接近。如今的开发工作一直由首钢主持，无法形成全区合力，缺乏宏观的设计思路与综合发展规划。海淀区"三山五园"，因不归文物部门管理，整体开发利用难度极大，难以统一规划，形成规模效应。需要全面调动全社会各方面力量，积极探索历史文化名城保护的有效途径；通过打破条块分割，完善相关政策，形成公共政策集合，切实推动名城保护各项工作的实施，努力实现政府主导，规划先行，市场引领，保护与发展共赢。

## 第三节 历史文化资源的"再生"：提升首都文化竞争力的样本分析

一个城市的文化持续力是文化竞争力的源泉，北京的历史文化资源优势虽然非常明显，但需要对此正确审视。如果不能将历史文化资源转化为文化生产力，不能对历史文化资源进行二次开发，持续发挥魅力，实现文化价值的"再生"，那么利用历史资源提升文化竞争力将无从谈起。

实现北京历史文化资源的再生，需要坚持鲜明的民族特色，融合世界先进文明成果，突出自身独特的文化内涵与品位，展示亮点，尤其是通过科技与创意的有效结合，宣传北京，塑造北京城市新形象，提高北京的国际影响力和区域辐射力。下文我们将采用几个典型样本，对北京如何利用历史文化资源提升文化竞争力进行事例分析，以寻找未来的实践路径。

### （一）《中国·皇城北京》与"再现圆明园"：历史资源与现代科技的融合

2012年8月8日，好莱坞著名导演詹姆斯·卡梅隆率领卡梅隆－佩斯（中国）集团与中影集团、北京市国有文化资产监督管理办公室、天津北方电影集团、外文出版社、北京派格太合泛在文化传媒有限公司在中国国家博物馆签署合作备忘录，宣布联合拍摄大型史诗3D电影纪录片《中国·皇城北京》，全景式再现元代以来北京成为国都的历史变迁与城市风貌。

卡梅隆－佩斯集团（CPG）是卡梅隆与其合作伙伴于2011年整合重组的数字技术公司，CPG（中国）则是卡梅隆－佩斯集团首次在美国本土以外设立的总部机构，2012年4月26日落户天津。《中国·皇城北京》是该公司首部大型史诗3D纪录片，同时也是《中国》系列的开篇之作，CPG（中国）将为本片提供全程3D技术服务以及监制和认证。

詹姆斯·卡梅隆是电影《泰坦尼克号》与《阿凡达》的导演，这两部影片在全球的文化市场中都具有时代坐标意义，它们不仅创造了当时电影发展史上的最高票房，同时在技术革新领域都领潮流之先，尤其是《阿凡达》，被认为迅速改变了世界电影工业的发展轨迹，是全球影视产业趋势从2D转向3D的标志性事件，卡梅隆因此也被誉为"3D电影教父"。而上映于1997年的《泰坦尼克号》通过3D版重新包装登陆中国之后，更是创造了超过10亿元的票房奇迹，收入为世界其他国家票房的总和。

《中国·皇城北京》是中国古老文明与好莱坞先锋艺术科技结合的积极尝试，也是利用历史文化资源提升北京在国际领域文化竞争力的一个典型样本。好莱坞代表了人类电影制作的最高水准，凭借强大的原创能力与顶尖的技术优势，美国在全球范围内售卖与传递着自己的文化价值观。北京独有的文化积淀辅以潜藏的巨大市场空间构成了绝对的吸引力，帝都800年的深厚底蕴容纳了巨量的创作内容，也孕育了无穷的创作灵感。北京不仅代表了中国的过去，更代表了中国的未来。通过最先进的3D影像技术展现北京古老文明的绚烂之光，必将大大增强中国文化的传播力与影响力，也创造了中国文化或者说北京文化走向全世界的新形式。

文化与科技的融合是非常有效的传播方式。几乎与卡梅隆宣布拍摄《中国·皇城北京》同时，圆明园管理处于2012年6月7日宣布，将推出"再现圆明园"数字三维景观，对圆明园32个景区进行复原再现。

圆明园曾经有"万园之园"之称，显赫一时，始建于清康熙四十六年（1707年），历经雍正、乾隆、嘉庆、道光、咸丰五代皇帝150余年的扩建经营，逐步形成一座大型皇家宫苑。盛时圆明园是清朝紫禁城之外的第二个政治中心，是清代五朝的皇家文化活动中心，继承中国2000多年的优秀造园传统，汲取西方古典的造园艺术手法，古今中西，兼容并蓄，是18世纪世界园林艺术的盛大博览会，是18世纪中外建筑艺术的综合展览馆，是一座巨大无比的皇家博物院，在世界范围内曾产生深远影响。1861年雨果致巴特勒上尉的信中，对圆明园的造园艺术成就给予了极高的评价："在地球的某个地方，曾有一个世界奇迹，它的名字叫圆明园。艺术有两个原则，理念与梦幻。理念产生了西方艺术，梦幻产生了东方艺术。如同巴黛农是理念艺术的代表一样，圆明园是梦幻艺术的代表，与巴黛农不同的是，圆明园不但是一个绝无仅有的举世无双的杰作，它汇集了一个民族的近乎超人类的想象力所创作的全部成果，而且堪称梦幻艺术之崇高典范。"

这样一座凝结人类文化艺术结晶的世界名园于 1860 年惨遭英法联军野蛮劫掠焚毁，之后又历经数次浩劫，一代名园几成废墟，大多建筑面貌早已不存。1988 年 6 月，经过各方努力，圆明园遗址实现对社会开放，但公众能够看到的只是非常少量的残留遗迹以及部分残存的山水轮廓，很难将如今呈现在眼前的断壁残垣与当年的鸿篇巨制对应起来。因此，再现圆明园的全园格局始终是各方关注的焦点。

早在 2002 年，北京理工大学王涌天教授就建议采用计算机图形、虚拟现实、增强现实等最新数字技术，全面、立体、精致地再现圆明园全貌。从 2009 年开始，"再现圆明园"项目正式启动，由清华城市规划设计研究院完成。课题组通过建筑历史、考古、园林、数据库技术、网络工程和视觉艺术等多学科的协作，完成了圆明园 32 个景区的复原设计和三维再现，展现了圆明园从 1740 年到 2010 年间演变的面貌。

圆明园从营建至被毁前后历经了数百年的变迁，多位皇帝都进行过大规模营建和改扩建，体现出不同的造园思想和审美观，因此景区在不同的历史时期呈现出不同的景观，有些地方甚至差异巨大。"再现圆明园"技术加入了时间轴，游客拖动时间轴，就可以系统观赏到数百年间圆明园风貌的演变以及前后的传承关系。

游客可以下载"再现圆明园"软件，通过虚拟平台与数字三维景观，在已复原的 32 处景点遗址前，观看金碧辉煌的殿堂与玲珑剔透的亭台楼阁，了解建筑用途，并遥想曾经宏丽精致的园内场景。"再现圆明园"技术使游客有了深度的"参与感"与"介入感"，古老的皇家园林不再是一个被动的参观对象，而是通过现代科技展示出自身另一层面的韵味，这也是一个历史魅力的"再生"过程①。

数字虚拟复原技术也可以推广应用到其他一些大型文化遗产的保护工作中。这些文化遗址往往都是历史上某一时段的成果代表，由于遗迹存量过少，无法实物复原，对大遗址逝去的辉煌难以准确认知。而通过虚拟复原，可以将文化遗产从沉睡中解放出来，重现魅力，也可节省博物馆建设的巨大耗资。

除了"再现圆明园"项目之外，中央电视台还于 2006 年拍摄完成了

①　关于"再现圆明园"数字虚拟复原技术项目的详细介绍，参见王其亨、张凤梧《再现圆明园百年变迁格局》，载《天津大学学报》（社会科学版）2010 年第 5 期。

大型历史纪录片《圆明园》，同样是以数字化技术再现了圆明园从始建至被毁的历史过程。同样类型的纪录片还包括《故宫》《台北故宫》以及正在拍摄过程中的《颐和园》。这同样是一种历史资源的"再现"、"再生"过程，也为历史资源向文化生产力的转化提供了另一种方法与思路。

### （二）南锣鼓巷：凸显北京特色的文化符号与时尚标签

历史文化资源如果不能得到有效利用，就将沦为"沉睡"资源，不仅自身魅力与价值无法持续发挥，如果处置不当，还将成为一种"负担"。北京丰厚的历史文化资源构成了文化产业发展的重要支撑，不仅蕴含着巨大的文化能量，同时也具有广阔的经济潜在价值与社会价值。

南锣鼓巷始建于元代，北起今鼓楼东大街，南至地安门东大街，全长786 米，宽 8 米，是北京最古老的街区之一，是我国唯一完整保存着元代"鱼骨状"胡同院落肌理与街巷布局的传统街区。经过 700 多年的时间演变，元代时期的史迹由于年代久远基本不存，现今保留下来的基本上是明清以及民国时期各种形制的府邸与宅院，既有深宅大院，也有胡同人家。据调查，在南锣鼓巷地区的 1000 多个院落中，保护完好的尚存数百个。

2006 年之前，南锣鼓巷地区虽然历史风貌基本完整，但比较沉寂，原住居民的生活环境并不理想。交道口街道组织调研团队，在深入研究地方传统文脉与现代地脉特征的基础上，从历史、空间、文化、发展四个角度出发，确定南锣鼓巷的形象定位，以积极的姿态，在历史风貌整体保护框架下寻求合理发展途径，完善地区功能，重振地区活力。南锣鼓巷也逐渐发展成为北京古都风貌展示、休闲旅游和文化创意的特色新兴街区。

在南锣鼓巷地区的改造过程中，政府没有组织居民完全外迁，没有完全改变居住区的原始功能，而是注意保持人口结构多样性，避免街区"空心化"。在规划中立足于提高历史街区的内生动力，着力提高原住居民的收入与生活质量，鼓励原住居民积极参与到古巷的保护与开发中，一部分出租房屋收取租金，一部分直接参与到经营活动中。同时，不断激发经营者的文化创造力，在保持胡同街巷社区原有空间形态的基础上，实现了商业业态的活化。

南锣鼓巷不仅呈现出古都意蕴，更彰显了北京现代、时尚、国际化的一面，这是它与国内众多商业街区最明显的区别。这里商铺林立，没有其他地方随处可见的商标品牌，而是以个性鲜明的酒吧、咖啡吧、小餐馆、服装服饰、创意小店、休闲会所为主，大多为此处独有。沿街商铺以传统建筑为依托，形成颇具文化呈现功能及旅游功能的城市景观。比较而言，该地区店主的平均受教育程度和文化素养较高，艺术爱好者与休闲旅游者居多，他们是充满理想色彩的实践者，对生活充满热情，普遍重视文化创意在自身经营中的比重，借助底蕴深厚的传统建筑与院落街区，营造浓厚的古巷氛围与生活气息，提升经营品位，构建了一条类型多元的文化长廊。如今，南锣鼓巷年客流量超过 300 万人次，以 25 岁以下的年轻人居多，尤其是青年学生所占比重最大。对于这一群体而言，南锣鼓巷既古老又现代，传统与创意并存，是历史资源与文化创意产业有效结合的典型样本①。

南锣鼓巷、什刹海地区等一批北京内城的胡同及其内部的四合院，借助现代商业资本的追捧，经过新兴文化产业的系统开发、包装与地区资源的整合，重新获取吸引力，再次焕发光彩。虽然新创造的环境可能与历史古迹应有的古朴氛围产生了很大的差异，但不可否认，这些地区确实已经产生了深远影响，成为中外游客了解老北京文化、感受老北京风情的首选区域之一，不仅成为本地区新的经济增长点，而且成为传递北京形象的新符号。美国《时代周刊》誉之为"25 处亚洲风情体验地之一"（25 Asian Hotspots）。

利用历史文化资源提升北京文化竞争力的有效路径中，需要正视商业资本的力量，正视资本的逐利性，但不应被资本左右，不应过早被商业气息包围，文化不应成为商业的陪衬与附庸。不管是南锣鼓巷文化创意街还是后海酒吧街，都是在原有历史文化空间中注入了新的产业因素，是原有空间与文化创意的自然结合，经历一段时间的酝酿和发酵，实现了功能转化，最终形成了一个既宁静、惬意又活力、时尚的新空间。

商业开发与历史资源保护、文化传承之间并非截然对立，我们反对单纯地、被动地维持现状，在文化价值与经济价值方面，二者不可偏废。实际上，现今我们能够看到的历史遗迹都是在历史长河中不断演变的，都是在与周边环境的长期博弈中留存下来的，尤其在现代社会，经济力量无处不在，我们必须正视这种现实。

---

① 关于南锣鼓巷案例的研究，比较有代表性的参见张纯等《地方创意环境和实体空间对城市文化创意活动的影响——以北京市南锣鼓巷为例》，载《地理研究》2008 年第 2 期；吕斌：《南锣鼓巷基于社区的可持续再生实践——一种旧城历史街区保护与发展的模式》，载《北京规划建设》2012 年第 6 期。

历史文化资源的保护不应该保守，在城市建设迅猛发展的今天，消极、静态的保护政策无法取得应有的效果。历史文化资源作为一种生产力，北京在这方面的优势是独一无二的，如果能够对此加以有效开发与利用，那么未来经济上的发展前景也是非常巨大的。"文化遗产不应该是城市发展的绊脚石。当你把它当成是城市发展的负担时，它就只能蓬头垢面地待在角落里，而当你把它当成是城市发展的不竭动力与文化资源时，它就立刻站起来，光照四方。文化遗产应拥有自己的尊严，融入经济社会发展中，成为一个城市最美丽的地方。"① 在适当程度上发掘历史遗存的社会经济价值，这也是一种积极的保护姿态。

悠久的历史传统仅仅是北京文化竞争力潜在的或可能的资源，这不是一个自然的过程，而是一个创造性转化的过程。在世界范围内，古老文明与文化竞争力二者之间并无必然的逻辑关系，作为公认的文化强国，美国并无深厚的文化积淀，但这并不妨碍它用自己的文化理念影响世界。文化竞争力只有在不断创新的过程中才能持续提升，真正的文化创新是继承传统与"再造"传统的同一过程。文化竞争力的核心要素之一是关注度，如果失去人的现实关注，最有价值的历史资源也可能走向式微。文化与科技的有效融合，历史与现代的交相辉映，不管是3D的视觉效应，还是胡同中的时尚景观，古老的北京必须与时代同步，才能持续散发自身的文化魅力，完整展现出文化上的竞争力。

## 第四节 利用历史资源提升首都文化 竞争力的基本思路

历史资源在北京提升文化竞争力的进程中虽然具有明显的优势，但突破点尚不十分明确。只有借助科学、合理的方式，寻找两者之间的有效契合点，才能真正发挥应有的文化魅力，否则甚至可能成为城市现代化发展的包袱与障碍。

### (一) 坚持精品意识

世界文化遗产、全国重点文物保护单位是北京提升文化竞争力的精品

---

① 单霁翔：《把尊严还给文化遗产》，载《人民日报》（海外版）2010 年 8 月 13 日。

资源、重中之重。无论在国内还是在国际，最能代表北京城市形象的仍然是故宫、长城、天坛这样带有标志性意义的建筑。在当今全球激烈文化竞争的态势下，只有那些真正能够展现北京独特历史文化风貌的城市符号才能更好地传播北京的城市形象。因此，对北京历史资源的开发应注意区分，尤其在资金有限、保护力量尚需加强的情况下，更应该合理分配力量、保证重点。《北京市国民经济和社会发展第十二个五年规划纲要》明确提出，旧城是古都风貌和传统文化的精髓，是北京历史文化名城保护的核心。"十二五"时期，着重围绕"一轴一线"，集中力量打通重要节点，回填历史元素，恢复经典风貌，融入现代文化，形成集中展现古都历史文化、富有鲜活时代气息的城市魅力走廊。"一轴"是指中轴线，它南起永定门，北至钟鼓楼，长约7.8公里，集中了钟鼓楼、恭王府、皇城墙、中南海、故宫、太庙等文化元素，始于元忽必烈大都城的规划设计，至明清形成现有规模。"一线"是指朝阜大街，它西起阜成门，东至朝阳门，长约7.45公里，集中了历代帝王庙、白塔寺、广济寺、鲁迅故居、西什库教堂、京师大学堂建筑遗存、孚王府、东岳庙等众多文物文保资源，汇聚了民居宫殿、寺院学府、园林山水、幽静庭院和繁华商业，建筑风格各异，是历史上皇权正统文化和多元文化交汇的代表，是北京旧城内一条极具城市传统历史文化特色、横贯东西的景观走廊。北京南北中轴线和朝阜大街以其独特历史地位和丰富的文化遗存，构成了古都风貌骨架。具体方面，系统规划实施魅力中轴线工程，再现朝阜大街美丽景观，促进长安街之前三门大街区域的融合发展。

**（二）顺势而为，与时俱进，处理好历史资源保护与创新的关系**

创造力是文化竞争力的核心，也是一个民族文化活力的标志。从文物的角度而言，历史资源的首要任务是保护，既包括保持原有的物质形态，也包括对无形历史价值的保护。丧失保留至今的各种物质与非物质文化遗产，城市将失去记忆。但是从文化竞争力的角度而言，保护虽然是基础，但并非最终目的，历史资源记录的是过去的辉煌，要想持续发挥魅力，必须坚持创新精神，坚持"在发展中保护，在创新中继承"的原则，尤其是在当代的文化竞争中找准自身定位。

对于北京而言，利用历史资源提升文化竞争力的首要工作是保护古都的基本风貌。虽然充斥着各种现代化的城市建筑，但在北京的核心区域，原有城市结构尚存，以南北中轴线与朝阜大街构建的十字骨架基本展现了原有的城市形态与古都风貌，北京的城市性格也深深渗透进了那些宫殿府邸、角楼胡同、寺庙道观之中。对这些有形建筑的保护实际上就是对北京历史传统的保护。与此同时，应最大限度地把握传统文化的神韵，并将其置于开放、发展的历史进程之中，以现代性的方式承续传统文化的精神。

北京不应简单陶醉于自身文化积淀的深厚之中，更应注重文化发展的潜力与可持续性，同时也必须正视文化创造乏力的现实。以京剧为例，虽然享有"国粹"的美誉，但群众基础日益薄弱，成为曲高和寡的博物馆艺术。我们无法否认京剧的精致，但一个在国内都无法实现普及的艺术形式，很难期待在国际上有影响力、传播力，更难期待有竞争力。"所谓文化完整性，是文化人类学对文化健康状态的描述，通常是指具有悠久历史传统、丰富象征体系，且在当下仍具广泛认同基础和传承活力的文化形态，其显著特征在于它是一种'活的文化'。"[①] 文化竞争力首先要求的是一种"活态"的文化，要具有鲜活的生命力与创造力，如果没有新的文化创造，城市也将迷失发展方向。

2007 年 6 月，近 1000 位来自国内外的城市市长、建筑规划师、文化学者以及其他各界关注城市文化的人士相聚在北京，围绕着全球化时代的城市文化建设议题开展了广泛的对话，最终达成了《城市文化北京宣言》。其中指出："城市文化建设承担着继承传统与开拓创新的重任，城市是全人类的共同记忆。文化遗产见证着城市的生命历程，承载和延续着城市文化，也赋予人们归属感和认同感。城市文化建设要依托历史，坚守、继承和传播城市优秀传统文化……成功的城市是在保持自己文化特色的基础上进行再创新的城市。"[②] 国务院在 2004 年批复的《北京城市总体规划》（2004—2020 年）在文化上把城市发展目标确定为："弘扬历史文化，保护历史文化名城风貌，形成传统文化与现代文明交相辉映、具有高度包容性、多元化的世界文化名城，提高国际影响力。"在当今多元的世界文化格局中，我们所谓的文化创新既不是中国传统文化的复活，又不是外来文化成果的移植。对历史文化资源的保护不是墨守成规，而是为了更好地传承与发展。此处的创新包括观念创新、思维创新与战略创新，通过

---

① 耿波：《北京建设世界城市的范式创新与文化使命》，载《城市问题》2011 年第 1 期。
② 《城市文化北京宣言》，载《建筑与文化》2007 年第 8 期。

深入挖掘北京历史文化资源的厚重底蕴与价值承载，又能赋予其新的时代内涵，不断提升文化竞争力。

文化创新要求文化与科技的有效融合，在现代科技迅猛发展的趋势下，充分利用各种技术手段开发传统文化资源，提高传统文化的表现力，开发和生产具有丰富文化语义内涵和审美形式的文化创意品牌，催生新的文化业态，发展新兴文化产业，为文化发展不断注入生机和活力。

**（三）提炼城市精神内核，传递核心价值观念，突出城市特色**

"北京作为一个有着 3000 年历史的文化古都，同时又是一座特大型的国际化大都市，要把塑造高品位、有特色的城市文化作为重要的发展战略。"① 从国际性的视野考察，真正具有文化竞争力的城市必然是独具文化魅力的城市。纽约、伦敦、巴黎、东京等都有其不同的城市个性。

纽约虽然建市仅有 300 年历史，但却是世界公认的国际文化、艺术中心，著名的文化设施包括百老汇、林肯艺术表演中心、美国大都会博物馆、美国自然历史博物馆等。此外，纽约拥有近 2000 家非营利性文化艺术机构，上百家具有国际影响力的媒体集团，如美国在线时代华纳集团、维亚康姆、国家广播公司、纽约时报集团等。Time、Newsweek、Fortune、Forbes 和 Businessweek 等具有国际声望的报刊也把总部设在了纽约。

巴黎被誉为"世界文化艺术之都"，诞生了雨果、莫奈、巴尔扎克等文化名人。卢浮宫、爱丽舍宫、凡尔赛宫不仅是人类建筑艺术的结晶，而且还是人类文化艺术精华的珍藏地。巴黎圣母院、埃菲尔铁塔、巴黎歌剧院、协和广场都展现着良好的城市形象和文化吸引力。同时，作为时尚之都、浪漫之都、服饰之都，巴黎也赢得了广泛的世界审美认同。

伦敦是最具多元文化的城市之一。全世界每年约有 1 亿人前来伦敦参观各类博物馆和画廊，伦敦艺术品拍卖销售额仅次于纽约，位居世界第二。2003 年颁布的《市长文化战略草案》提出了文化的多样性、卓越性、创造性、参与性、价值性。现在，伦敦正在朝着"卓越的创新文化国际中心"的预期目标迈进。

东京拥有长达千年的皇城历史，有着令人惊叹的人文风光。它既树立了城市繁华的顶级样板，同时日本的传统审美并没有被完全摒弃，街巷里

---

① 《北京市国民经济和社会发展第十二个五年规划纲要》。

仍若隐若现地透出江户时代的古老风韵，顽强地保持着国际化与本土化的共生。这里有最先进的科技，也有引领整个亚洲的时尚。这里总是能够欣赏到世界一流的文艺演出，也是世界上拥有书店数量最多的城市。东京是一座充满活力和时代感的城市，是亚洲流行文化的发源地，总是走在流行的最前线。

这些城市独特的城市气质与文化魅力，既是不同城市的历史记忆、历史文脉的积淀与延续，又是不同城市居民对自己喜爱的城市生活与文化样式的创造，以及他们的价值观在城市文化中的折射。

然而，在当前中国的许多城市中，"一方面是城市风貌的日新月异，呈现出物质财富的增长和经济的繁荣；另一方面，则是传统文化的黯然失色，呈现出文化财富的锐减和文化生活的浮躁。人们在失去了丰富的文化资源和广阔的文化空间的同时，失去了形成文化共识的基础，也失去了文化创造的能力"[①]。

世界城市应具有独特的城市文明和文化魅力。在经济全球化过程中，国际大都市的城市形态、基础设施、经济运行、行为方式日趋雷同，只有城市文化保持着各自独特的面貌。于是，文化特征成为世界城市创新的重要资源，对于北京而言，"悠久的历史和博大精深的文化，决定了中国建设世界城市的发展模式不是复制一个伦敦，再造一个纽约，更不是克隆一个东京和巴黎，而是要以深厚的中华文明沉淀为依托，吸收融合世界先进文明的成果，建设具有鲜明的民族特色、独特的人文魅力、丰富的文化内涵和高尚的文化品位的世界城市"[②]。

一个没有自身文化特色的城市最终将会走向丧失个性的"无国籍化"。北京的文化个性与城市品格是在长期的历史积淀中逐渐形成的，是东方古老文明最具代表性的样本，具有不可复制、不可代替的"唯一性"[③]。北京要提升文化竞争力，必须利用历史资源大做文章。北京作为一座千年之都，应该从历史的积淀中寻找出绵延已久的城市精神，找到属于城市自己的文化发展路径，融合传统与现代，民族特色与国际品格兼具，地域文化与世界前沿并举，既展现古都北京的文化魅力，又符合现代

---

① 单霁翔：《城市文化与传统文化、地域文化和文化多样性》，载《南方文物》2007 年第 2 期。
② 《文化软实力：北京走向世界城市之路》，载《光明日报》2010 年 3 月 5 日。
③ 杨早：《北京的城市性格》，载《同舟共进》2010 年第 5 期。

社会的发展要求。

### （四）立足国际视野、利用历史资源培育具有世界影响力的北京城市符号

北京作为国家首都，是中国对外文化交往的窗口，是中国文化走出去的引领者。从国际性的视角观察，北京的文化竞争力在很大程度上代表着整个中国在世界范围的文化影响力与传播力。北京要发挥独特的历史资源优势，依托深厚的文明积淀，吸收、融合世界最先进的文明成果，立足国际视野，建设具有鲜明民族特色、独特人文魅力、丰富文化内涵和高尚文化品位的世界城市。同时，北京在国家文化发展战略中也需要承担起中坚和引擎的角色，在凝聚民族精神、传播国家形象、引领时代风尚等方面承担更多的责任，需要以更大的力度推进文化竞争力的有效提升。

在为自身历史文化资源自豪的同时，更应该能正确审视，立足国际视野，采取开放心态，积极吸收世界各国的先进理念与方法。在对历史文化资源的保护、利用与开发过程中，进一步夯实城市文化底蕴，保存城市记忆，增强城市吸引力，在国际上赢得更大影响，通过历史文化资源这一有效载体，真正提升中国文化在国际上的传播力与竞争力。

历史文化资源不仅包括有形的物质文化遗产与无形的非物质文化遗产，还包括北京建城3000多年以来逐渐形成的独特的城市气质与文化品格。丰厚的历史文化资源是北京独有的城市符号，透过这些符号，可以探寻出一种历史、一种氛围、一种味道、一种气息，各种因素的积聚构成了我们对城市感知与记忆的基础。北京作为古老文明与现代文明的汇集之处，必须紧跟世界潮流，不能故步自封，在坚守自身文化特色的同时，更需要找到传统符号与现代生活的结合点，处理好历史与当代、传承与创新之间的关系，在保留古都风貌的同时，展示其奋进、开放的城市形象[①]。

历史资源是北京提升国际文化竞争力的重要载体，但是我们必须正视，北京众多历史元素在世界范围内仍然停留在"标本"阶段，很难在

---

① 王建伟：《北京历史文化街区保护与利用过程中需要明确的四组关系——以朝阜大街为视点》，载《北京联合大学学报》2013年第5期。

短时间内摆脱国际上"猎奇"的目光与心态，北京的文化输出能力、传播能力仍然十分缺乏，目前北京在全球文化链条中仍然处在比较靠后的位置，仍然处在单向的接受者的地位，文化竞争力仍然有限。如何使北京与国际主流文化产生深刻的双向互动，如何使北京在某个或多个领域产生能够引领世界消费潮流的文化品牌仍然是我们当前面临的重大挑战。

# 第六章 现代传播体系与首都文化竞争力

## 第一节 现代传播体系与首都文化战略

城市的传播能力是城市文化竞争力中基本而重要的一环，它是一个城市文化产业体系中具有基本性的构成，也是城市文创产业中具有支柱性的支撑。而对于承担着国内外文化交流传播中枢功能的首都城市而言，成熟发达的传播体系更是必不可少的方面，它影响着首都在国内外文化环境中的信息表达力、引导力和话语权。"一个城市文化的影响力，不仅取决于其内容是否具有独特魅力，而且取决于是否具有先进的传播手段和强大的传播能力。特别是在当今信息社会，凡是传播手段先进、传播能力强大的城市，其文化理念和价值观念就能广为流传，就能掌握影响世界、影响人心的话语权。"[1] 在现代信息社会发展和竞争的浪潮中，城市的传播体系面临着现代化、信息化的要求和挑战。

国际上许多首都城市都拥有成熟发达的现代化传播实力，如英国首都伦敦具有高度发达而集聚的媒介产业，是全球性的媒介中心城市之一，全球超过 200 家报纸、3500 家出版社、2/3 的国际广告公司都将其总部设在伦敦。新加坡提出打造具有很强辐射能力的"全球媒介城市"（Global Media City）的目标，2002 年推出了"媒体 21"（Media 21）计划，希望把新加坡建设成为亚太地区主要的媒体中心，进入全面打造世界媒体的阶段。作为美国文化中心城市的纽约也高度重视媒体产业在城市发展中的地位，"纽约的电视、广播、报纸、杂志、书籍和时装，年复一年地塑造和影响着美国人的思想。这是美国任何其他力量都无法办到的"[2]。20 世纪

---

① 牛继舜等编著：《世界城市 文化力量》，经济日报出版社 2012 年版，第 55 页。

② 郑寅：《纽约和华盛顿之比较》，载《开放导报》1994 年第 5 期。

90 年代，纽约开始了打造"世界新媒体中心"的城市战略，把新媒体产业作为该城市的战略产业。同样作为美国文化中心城市的首都华盛顿，虽然没有纽约那样高度集聚的传媒文化产业，但也集聚了一批在国际或国内重要的传播媒介或其主要的驻扎机构，如全国广播公司（NBC）、美国广播公司（ABC）、哥伦比亚广播公司（CBS）、福克斯广播公司（Fox）、CNN、"美国之音"等主要传媒公司，以及中国国家广播电视台 CCTV、半岛电视台等媒体的美国中心或重要分支机构。在当今的城市化发展进程中，大众媒介表现出在城市尤其是大城市集聚的现象和态势，作为各国主要城市的首都城市也成为传媒的主要集中地，更加剧了首都在传播实力方面的竞争。"比如在纽约、伦敦、巴黎、东京等'全球城市'和在北京、莫斯科、渥太华、新德里、罗马、曼谷、里斯本、维也纳等'首都城市'，都群集了全世界的和本国的最重要的大众媒介。"①

　　针对我国传媒发展的实际国情和要求，我国作出了发展现代传播体系的重大决策。诚如时任国新办主任王晨所指出的："在信息技术高度发展的当今时代，谁的传播手段先进，传播能力强大，谁的思想文化和价值观就能更广泛地流传，谁就能更有力地影响世界。"② 2011 年 10 月，党的十七届六中全会通过的《中共中央关于深化文化体制改革推动社会主义文化大发展大繁荣若干重大问题的决定》（以下简称《决定》）中，高度重视发展现代传播体系，对之进行了专门的战略凸显。《决定》指出，"提高社会主义先进文化辐射力和影响力，必须加快构建技术先进、传输快捷、覆盖广泛的现代传播体系"，强调要加强党报党刊、通讯社、电台电视台和重要出版社建设，进一步完善采编、发行、播发系统，加快数字化转型，扩大有效覆盖面；加强国际传播能力建设，打造国际一流媒体，提高新闻信息原创率、首发率、落地率；建立统一联动、安全可靠的国家应急广播体系；完善国家数字图书馆建设；整合有线电视网络，组建国家级广播电视网络公司；推进电信网、广电网、互联网三网融合，建设国家新媒体集成播控平台，创新业务形态，发挥各类信息网络设施的文化传播作用，实现互联互通、有序运行。此外，在《决定》的其他部分也都不断

　　① 邵培仁：《论中国媒介的地理集群与能量积聚》，载《杭州师范学院学报》（社会科学版）2006 年第 5 期。
　　② 王晨：《构建现代传播体系 提高国际传播能力》，姜加林、于运全主编：《构建现代国际传播体系》，外文出版社 2012 年版，第 xv 页。

涉及构建现代传播体系、增强传播实力的重要性及其相关举措，例如：针对新兴网络文明的发展，指出要支持重点新闻网站加快发展，打造一批在国内外有较强影响力的综合性网站和特色网站，发挥主要商业网站的建设性作用，培育一批网络内容生产和服务骨干企业；发展网络新技术新业态，占领网络信息传播制高点。针对现代文化产业的发展，《决定》要求壮大作为典型传媒产业的出版发行、影视制作、印刷、广告等传统文化产业，加快发展传媒业界的数字出版、移动多媒体等新兴文化产业。2012年11月，党的十八大报告对于建设社会主义文化强国、增强文化实力和竞争力作出了重要的部署，强调要"构建和发展现代传播体系，提高传播能力"，把现代传播体系的发展与文化产业、公共文化服务等共同作为我国文化实力和文化竞争力建设中的主要内容。这些政策决策为当下和未来首都北京的传播竞争力建设、传播体系构建、文化传播示范作用的发挥，提供了重要基础和国家战略指引。

　　首都北京在城市文化发展中，坚持把传媒实力和现代传播体系的建设作为一项重点工作。这既是对国家政策方针的贯彻，也是发挥首都文化示范作用和辐射作用的必然要求。就中央的文化战略而言，发展现代传播体系的主要目标是"提高社会主义先进文化辐射力和影响力"，首都北京对中国特色社会主义先进文化之都的建设必须把城市的传播辐射力和影响力作为其必不可少的重点。2011年底，北京发布了在其文化政策上具有历史意义的《中共北京市委关于发挥文化中心作用加快建设中国特色社会主义先进文化之都的意见》，这是在我国推进文化强国进程中首都北京对于发挥其文化中心作用、加强首都文化建设发展的重要文件。该意见从文化产业发展、传媒建设与管理等角度，提出要进一步巩固壮大出版发行、影视制作、印刷、广告等传统文化产业，加快发展数字出版、网络电视、移动多媒体等新兴文化产业，要加强网络文化建设和利用。这些举措都有利于首都传播能力的发展和培育，推动首都现代传播体系的新发展。2013年北京市的《政府工作报告》继续贯彻"充分发挥全国文化中心示范作用，加快社会主义先进文化之都建设"的战略方针，体现了对于"增强文化创意产业竞争力"的重视，数字出版、影视产业等成为首都文化创意产业竞争力建设中得以强调的部分。没有现代化和发达的传播体系，首都城市在当今国内国际文化传播、文化交流格局中的职能和作用的发挥会受到严重的影响。北京作为

全国的文化中心和传媒中心，文化传播能力和传媒竞争力是其城市文化
竞争力中必不可少的环节，它不仅是发挥首都在媒体话语权引导、传媒
文化构建中的中枢作用的要求，也是增强首都文化辐射和文化传播能
力、推进国家文化中心和文化之都建设的重要诉求。

# 第二节　北京现代传播体系发展的现状与水平

发达高效的传播体系和现代化的传播能力是首都文化竞争力的主要向
度之一，是北京参与国际首都城市和文化城市竞争中不可或缺的构成。对
于首都北京而言，其传播体系的发展存在着作为一座城市的共性层面和作
为一个首都的特殊层面。从北京的城市文化来说，现代传播体系的建设关
系到传媒产业和文化产业的主要构成，它在北京文化经济中占到主要比例
的成分，也是北京在全国具有优势性的领域。从北京的首都文化特征与功
能来说，传播体系的发展与升级更是密切关系到首都对于强势传媒话语的
主导能力和竞争能力，关系到首都在全球文化对话语境中的自主权以及影
响力的生成、优化。现代大众传媒和传播能力建设是首都北京所一直重视
和强调的发展领域，它不仅是北京具有显著的全国竞争优势和"首位度"
的文化产业，还担负着国家首都、中国特色社会主义文化之都应有的文化
传达和意识形态引导功能，在社会效益和市场效益上都显现出必要和强力
的领先优势。

### （一）书籍报刊出版保持全国中心地位和高度集聚特点

图书报刊出版是大众传播体系中主要的构成部分，即使是在新兴传媒
强势崛起的时代，传统的纸媒传播依然占有巨大的份额，是文化传播中的
主体渠道和基本构成。首都北京云集了大量的全国性主要出版社和报刊传
媒机构，具有稳固的全国出版中心地位，其出版发行对北京和全国的受众
产生着强大的扩散辐射力和影响力，也是我国书报刊传媒对外传播的中心
窗口和桥头堡，在发挥首都文化中心作用方面起着重大的作用。

从北京书报刊出版发展情况来看，尽管面临新兴媒体、数字出版等的
挑战，但纸媒出版依然保持平稳发展和稳中有升的态势，保持着首都作为
出版中心在全国的辐射力。"十一五"期间，北京市出版业增加值年均增
长在10%左右。就出版数量而言，北京图书报刊在近年来依然保持一定

增长，其中图书出版总数从"十一五"之初的 113232 种，逐年增长为 125412、136284、144211、155209 种，并在 2011 年进一步增长到 166000 种；期刊总印数 2006 年为 47.39 亿印张，从 2007 年至 2010 年逐年增长为 54.21、55.39、59.35、69.61 亿印张，5 年间增长了将近 50%；首都地区报纸出版的种类和印数近年来在基本稳定的状况下也实现了一定程度的增长，报纸出版总印数从 2006 年的 74.01 亿份增长到 2011 年的 79.90 亿份，见图 1。书籍报刊出版的不断发展和持续增长，为向北京和全国乃至世界范围提供文化产品提供着有力支撑，是首都文化传播能力的重要保障和体现。

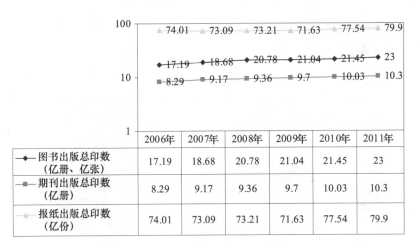

| | 2006年 | 2007年 | 2008年 | 2009年 | 2010年 | 2011年 |
|---|---|---|---|---|---|---|
| 图书出版总印数（亿册、亿张） | 17.19 | 18.68 | 20.78 | 21.04 | 21.45 | 23 |
| 期刊出版总印数（亿册） | 8.29 | 9.17 | 9.36 | 9.7 | 10.03 | 10.3 |
| 报纸出版总印数（亿份） | 74.01 | 73.09 | 73.21 | 71.63 | 77.54 | 79.9 |

**图 1　北京图书报刊出版发展情况**

资料来源：《北京统计年鉴 2012》。

北京书籍报刊出版的一个显著特点是在全国所占的显著比重，突出地体现着作为全国文化中心的地位和优势。根据新闻出版总署发布的《2011 年新闻出版产业分析报告》，2011 年我国出版图书 369523 种、期刊 9849 种，图书和期刊的总印数分别为 77.05 亿册和 32.9 亿册，见图 2、图 3。同年，北京地区出版的图书种类为 166000 种，占到全国的 44.9%；图书印数 23 亿册，占到全国的 29.9%；期刊出版也占到全国约 1/3 的比例，其中北京地区 3065 种的期刊出版种数占到全国的 31.1%，10.3 亿册的期刊印数占到全国的 31.3%。在报纸出版方面，

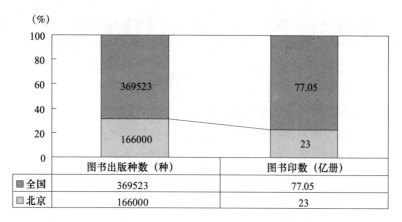

**图 2　2011 年北京图书出版情况**

资料来源：根据北京市统计局《北京统计年鉴 2012》和国家新闻出版总署《2011 年新闻出版产业分析报告》资料综合整理。

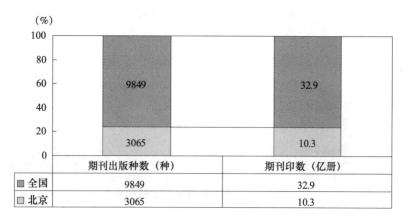

**图 3　2011 年北京期刊出版情况**

资料来源：根据北京市统计局《北京统计年鉴 2012》和国家新闻出版总署《2011 年新闻出版产业分析报告》资料综合整理。

2011 年全国共出版报纸 1928 种，总印数 467.43 亿份，同年北京地区分别为 253 种和 79.9 亿份，北京的报纸总印数占到全国的 17.1%。在区域性、地方性报纸盛行的情况下，北京地区接近全国 1/5 的报纸印数也显现着其巨大的首都优势和中心集聚性。北京地区的出版业也具有充分体制机制活力，非公有制的出版企业在首都和全国都占有重要比重，2010 年北京市民营文化工作室已达 5000 多家，占全国的 45%，年策划出版图书近

5 万种，约占北京地区出版图书总量的 40%①。

　　图书报刊的出版发行对于北京文化竞争力的提升起着十分重要的作用。当前，北京的文化创意产业增加值已经突破 2000 亿元大关，2012 年达到 2189.2 亿元，占地区生产总值的比例达到了 12.3%，其比重居于全国领先水平，文化产业成为首都重要的支柱性产业，为首都的文化竞争力的提升提供着强有力的支持。在北京的文化创意产业中，新闻出版处于首要性的地位，不仅表现在其浓厚的国家意识形态引导和管理的要求，也表现在其在文化产业各门类中的规模和产值。在北京市九大类的文化创意产业（文化艺术，新闻出版，广播、电视、电影，软件、网络及计算机服务，广告会展，艺术品交易，设计服务，旅游、休闲娱乐，其他辅助服务）中，新闻出版是支撑首都文化创意产业产值和收入的主要因素。2011 年，北京市新闻出版业增加值达到 191.9 亿元，仅次于北京市十分发达的软件、网络及计算机服务，位居各文化创意产业中的第二位，明显高于广播影视业、广告会展业、设计服务业、旅游和休闲娱乐、文化艺术等其他行业和领域。在就业人数和规模上，2010 年北京新闻出版业从业人员已达 14.9 万人，在北京九大类文化产业中也高居第二位，2011 年进一步增长到 15.1 万人。截至 2012 年 11 月底，北京地区新闻出版业年度收入达到 619.3 亿元，同比增长 12.3%，资产总额达到 1196.5 亿元，同比增长 13.1%②。

　　近年来，首都北京的图书报刊传播在巩固深化国内中心地位的基础上，进一步注重优质内容和品牌的锻造，强化在国际文化市场中的竞争力。2009 年，北京地区实现版权输出 1484 项，同比增长 20.5%，较之以往年份有了较大增长，输出引进比例从 2005 年的 1∶8.38 缩小到 2009 年的 1∶5.4③。2010 年，北京地区版权输出较之 2009 年增长了 45.1%，全年实现海外收入 1.88 亿元，见图 4、图 5。根据国家版权局的统计资料，2010 年全国 3880

---

① 《北京出版年鉴》（2011 年），http://www.bjppb.gov.cn/hyzx/bjcbnj/20120110/22964.html。

② 《北京分别召开新闻出版和广播影视工作会》，http://www.ce.cn/culture/gd/201302/01/t20130201_24084532.shtml。

③ 《北京市"十二五"时期新闻出版业发展规划》，http://www.bjppb.gov.cn//zwgk/hygh/20110801/21262.html。

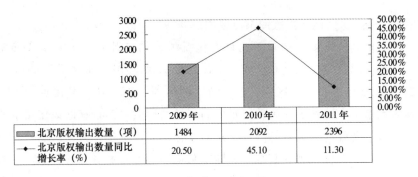

**图 4　北京版权输出发展情况**

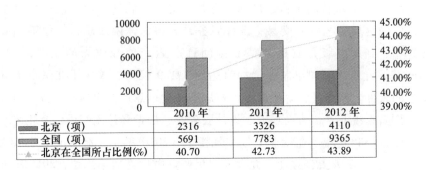

**图 5　北京地区版权输出数量及其在全国所占比重**

项图书版权输出中，北京市占到了 2092 项①。2011 年，首都的版权输出达到了 2396 项，同比增长达 11.3%。从版权输出的内容和结构来看，科技类和课本类占到图书输出总数的 36%，成为图书对外传播的主体内容。由国家版权局批准设立的中国人民大学文化科技园、北京国际版权交易中心和国际版权交易中心三个版权基地都位于北京，为推动北京的版权进出口贸易和"版权之都"建设起着有力的助推作用。"截至 2012 年 5 月底，北京地区作品版权登记累计 2375730 件，年均超过 25 万件，登记数量占全国的 80%……图书版权引进累计 75522 种，年均 8391 种，版权输出累计 12696 种，年均 1410 种，版权输出、引进总数占全国的 64.7%。"② 从 2010 年到 2012 年，北京地区输出版权总数分别

① 《2010 年全国版权输出情况统计汇总表》，国家版权局网站，http://www.ncac.gov.cn/cms/html/309/3616/201203/734218.html。

② 《市新闻出版局局长冯俊科 北京将申办国际"版权之都"》，载《北京日报》2012 年 9 月 17 日。

为 2316、3326、4110 项，占全国比例分别高达 40.7%、42.73% 和 43.89%；在版权输出中最为主要的图书版权部分，北京从 2010 年至 2012 年分别为 2092、3096、3623 项，其比重更是一度超过全国的 50%。活跃的版权登记和版权贸易，使首都在我国尚较为薄弱的出版"走出去"进程中起着引领示范作用。

### （二）广播影视的内容生产和传播渠道建设成效显著

广播、电视和电影是电子媒介的代表，也是具有广泛深入影响的典型大众媒体，是国家和地区现代传播体系构建中的主要环节。首都集聚了中央和北京的众多广电媒体和企业，是我国广播影视生产和传播的重镇。尤其在影视制作方面具有良好基础和发展空间，以打造"东方影视之都"作为首都北京的发展目标。全国领先的广电传媒实力为首都的现代媒介传播能力提供了重要保障，也为北京在国际范围内的城市文化竞争力和影响力提供了良好支撑。

在文化大发展大繁荣的政策环境下，北京广播影视制作业规模逐年攀升，显现出"东方影视之都"的良好发展态势。2010 年，北京广播影视制作单位累计 1238 家，比上年增加 285 家，全市广电行业年增加值达138.6 亿元。2011 年，北京市广播影视制作机构增加到 1330 家，并进一步增长到 2012 年 11 月底的 1579 家，见图 6。这其中，文化市场化运营的活力被大大地激发，民营企业数量在首都广电行业中甚至达到了 2012 年底的 97.8%，多元化的体制机制结构对于首都广电影视行业的竞争力起到重要的激活和推动作用。2011 年全市广播影视业的增加值达到 154 亿元。从行业从业规模来看，北京作为广电影视媒体的中心城市也是毋庸置疑的，2011 年从业人员达到 30805 人，而我国另外三个直辖市——天津、上海、重庆分别仅为 7569 人、27243 人、11959 人，东南沿海的发达省份如江苏、浙江、广东等虽然在总体从业规模上要大于北京，但是就从业人员占总人口的比重而言显然仍大大低于北京[1]。

首都电视媒介的优势主要表现在电视节目的制作和交易，它成为面向北京和全国的电视文化生产传播中枢地，在满足首都人民需求的同时，也很好地承担着服务全国的职责。首都有中央电视台一座，公共节目 23 套；

---

[1] 赵玉明主编：《中国广播电视年鉴》（2012），中国广播电视年鉴社 2012 年版。

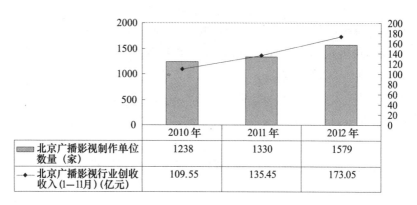

| | 2010 年 | 2011 年 | 2012 年 |
|---|---|---|---|
| 北京广播影视制作单位数量（家） | 1238 | 1330 | 1579 |
| 北京广播影视行业创收收入(1—11月)(亿元) | 109.55 | 135.45 | 173.05 |

**图 6　北京广播影视行业发展情况**

北京电视台一座，公共节目 25 套。在电视节目的生产上，近年来北京取得了很大的进展，为推进"东方影视之都"的建设打下了坚实的基础。"十一五"规划的五年来，北京共制作电视剧 266 部 8380 集，同比增长 69.1%；动画片 71 部 3.24 万分钟，同比增长 368%。作为"十一五"的收官之年，2010 年京产电视剧 63 部 2204 集，见图 7。2011 年，我国国内电视剧产量约 1.47 万集，其中京产电视剧达 87 部 2721 集；2011 年北京出产动画片 20 部 962 集，共 1.12 万分钟。2011 年京产电视剧集数占到该年全国 14942 集的 18.21%，见图 8。截止到 2012 年 12 月底，北京共出产电视剧 90 部 3146 集，动画片 23 部近万分钟。在这些大量的电视文化产品中，出产了《历史的天空》《士兵突击》《金婚》《北京青年》《正者无敌》等不少精品力作，《亮剑》《杨善洲》《惊沙》等作品获得精神文明建设"五个一工程"奖，也出现了《媳妇的美好时代》等刷新收视率纪录并获得白玉兰奖、金鹰奖、飞天奖、东京国际电视节最佳海外电视剧奖诸多奖项的优良电视作品。在城市的电视传播体系建设方面，2010 年北京市有线广播电视用户达到 448.12 万户，数字电视用户达到 276.79 万户，电视节目播出 10.78 万小时。

北京作为电视行业的龙头城市，其电视作品的生产创作能力显然处在全国的领先水平。2010 年北京出产电视剧数量约占全国总产量的 15%，2011 年其出产电视剧的集数和部数占全国的比例都超过了 18%。2012 年，全国约 1.7 万集的总电视剧制作量中，北京地区的也占到了将近 1/5。这种强力的竞争优势为首都对全国电视传播体系的内容辐射力提供了厚实的基础，也为首都通过电视进行国内外传播和文化产品输出、文化价值引导提供了有利条件和保障。

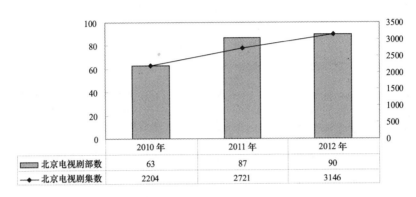

图7　北京电视剧出产情况

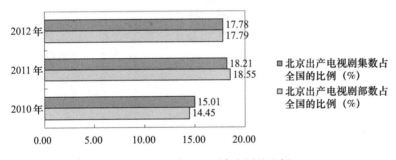

图8　北京出产电视剧占全国的比例

电影制作和传播是体现首都北京优势更为明显的一个领域，在电影制作机构的分布和集聚、电影传播机制和平台、电影院线建设和消费体系等方面都体现出在我国的引领性地位，并积极参与到国际电影生产传播的竞争格局之中。近年来，北京在影片制作上巩固和增强了全国主要阵地的地位，2011 年北京出产电影 306 部，占到全国的 54.8%。截止到 2012 年 12 月底，北京共生产电影 243 部①。城市的电影设施和渠道体系建设也是首都在电影传播取得显著进展的方面，截至 2012 年底，北京有电影院线 17 条，电影院 129 家，银幕 697 块，银幕数量占到全国 13118 块的 5.31%，

---

①　《北京分别召开新闻出版和广播影视工作会》，http://www.ce.cn/culture/gd/201302/01/t20130201_ 24084532. shtml。

从人均拥有银幕数量来看处于全国高位，构建着发达的电影文化传播体系和消费土壤。快速发展的电影放映体系为北京"东方影视之都"提供着又一重要的城市竞争标识，截至 2012 年 11 月底，北京的电影院线系统累计放映电影 109.35 万场，比上年同期增加 25.98 万场，增长 31.2%；观影人数 3138.1 万人次，比上年同期增加 291.67 万人次，增长 10.2%，电影已经成为首都一个重要的文化传播阵地。2011 年以来北京开始举办的一年一度的北京国际电影节，是北京作为中国的电影中心走向国际高端竞争前台的重要推进，电影的传播也更将成为首都北京释放自身传播辐射力和文化影响力的有力推手。

　　首都的广播体系经过多年的发展，已成为城市传播体系中较为稳定和成熟的组成部分，并发挥着超出本城市范围的多方面影响力。就构成主体而言，北京地区有中央人民广播电台和中国国际广播电台两座，中央电台 2 座，公共节目 21 套；有北京人民广播电台一座市级电台，其有 9 套开路广播、15 套有线调频广播、17 套数字音频广播，在北京有线电视网数字平台上播出 16 套有线数字广播节目和 1 个动感音乐数字电视频道。在广播内容的制作上，北京也显示出较大的活力。例如，2011 年北京制作了 11.82 万小时的广播节目，而同为我国中心城市的上海则只有 7.23 万小时。就首都城市本身的广播受众而言，中央与北京市的广播电台占据了 90% 以上的市场份额，尤其是北京市的广播电台近年来都维持着 60% 以上的比重。以 2011 年为例，北京人民广播电台在北京的市场份额为 69.2%，中央人民广播电台为 23%①。近年来的广播数字化、网络化的发展，也给首都的广播媒体注入了更多的竞争活力和提供了良好的竞争机遇。以新浪微电台来说，这是各广播电台争抢的一块新的阵地，微博社交媒体与移动媒体、广播媒体的结合聚变给广播带来了新的发展方向和巨大的市场前景。根据新浪微博的统计，在2013 年 1 月份的热门微电台中，首都的占到了前 10 位中的 5 个，分别为中国国际广播电台 HITFM、中央人民广播电台《中国之声》、CRI 怀旧金曲频道、中央人民广播电台《音乐之声》、北京音乐广播，凸显了

---

① 陈若愚主编：《中国广播收听年鉴·2012》，中国传媒大学出版社 2013 年版，第 226 页。

首都广播媒体在全国的竞争力[①]。

### （三）首都互联网传播竞争优势明显，成为中国事实上的"网都"

互联网传播是当今国家和区域传播竞争中极为重要的部分，甚至在一定程度上重组着传统的城市体系格局，也为许多传播能力相对较弱的发展中国家的城市提供了很好的"后发"赶超机遇。北京在其文化积淀、网络科技等基础上，互联网传播能力得到了迅猛的发展，不仅成为中国的"网都"，也初步显现出在国际范围内网络传播的影响力和竞争地位。

首都云集了国内众多的互联网企业，在网络文化和网络传播的企业数量、行业规模以及产值方面，都占据着国内的显著比重。市场化的网络文化经营企业和机构是网络传播体系主体。首都的网络传播企业规模居于国内领头羊地位，根据 2012 年 8 月的统计，北京以提供在线产品和服务为主营业务的上市互联网企业总市值已达到 4000 多亿元。北京近几年来网络文化经营单位稳步增长，获得文化部网络文化经营许可证的单位数量大大领先于国内其他地区。2011 年和 2012 年分别为 300 家和 302 家，约占全国的 1/3，2011 年同期上海、天津、重庆分别只有 91 家、7 家、3 家，见图 9 与图 10。与上海、深圳、广州、杭州等国内其他互联网产业发达城市相比，北京的互联网领军企业数量多、规模大、分布领域广，体现了首都网络传播对于国内举足轻重的辐射作用。

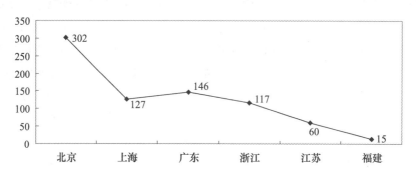

图9　2012 年北京在文化部审批的互联网文化单位数量与部分省市对比（家）

---

　　①　新浪微博数据中心，转引自网站（http：//www.bpes.com.cn/zh-CN/displaynews.php？id=806）。

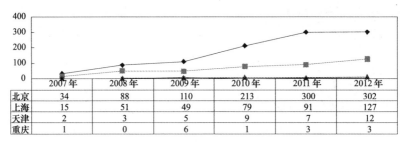

|  | 2007 年 | 2008 年 | 2009 年 | 2010 年 | 2011 年 | 2012 年 |
|---|---|---|---|---|---|---|
| 北京 | 34 | 88 | 110 | 213 | 300 | 302 |
| 上海 | 15 | 51 | 49 | 79 | 91 | 127 |
| 天津 | 2 | 3 | 5 | 9 | 7 | 12 |
| 重庆 | 1 | 0 | 6 | 1 | 3 | 3 |

—◆—北京 —■—上海 —▲—天津 —✕—重庆

图 10　北京每年获得网络文化经营许可证的互联网文化单位数量
及其与其他直辖市的比较（2007—2012 年）

资料来源：根据文化部网站的资料整理。

从我国的网络新闻传播格局来看，我国逐步形成了包括人民网、新华网、中国网、国际在线、中国日报网站、央视国际网络、中青网和中国经济网等的中央重点网站，以及包括千龙网、北方网、长城在线、华龙网等在内的数十家地方重点新闻网站。其中，大部分主流网络媒体的总部或网络运营中心都设在首都北京。北京的千龙新闻网由《北京晨报》、《北京日报》、北京电视台、北京人民广播电台、北京有线广播电视台和《北京广播电视报》等 9 家北京市属新闻媒体共同发起和创办，对其新闻传媒资源进行了整合。在 2012 年 8 月 19 日反映的 Alexa 近三个月数据资料中，首都北京有 15 家主流新闻网媒进入中国访问状况前 50 名的新闻门户网站中，北京市的北青网、千龙新闻网、北京广播网在中国新闻门户网站中分列第 16 位、第 20 位、第 39 位，较为显著地领先于长江网、中原网、大江网等其他省市的地方新闻或门户网站。根据 CNNIC 的统计，截止到 2011 年底，全国 230 万家网站中，北京拥有 42 万家，占到近 1/5，显现出首都在网络传播方面的强大实力[1]。在大规模的、品牌性的网络传播上，首都北京具有一大批关键性的核心网站，它们成为向全国乃至世界进行网络传播的中枢节点。Alexa 截止到 2012 年 8 月的近三个月资料显示，中国在 Alexa 全球排名前 500 名的网站共有 73 家，其中北京占据了 42 家，占到 500 家总数的 8.4%，见图 11；位列我国第二的上海只有 9 家，广东、浙江等网络发达省份分别只

---

① 中国互联网络发展中心：《第 29 次中国互联网络发展状况统计报告》，http://www.cnnic.cn/research/bgxz/tjbg/201201/P020120118512855484817.pdf。

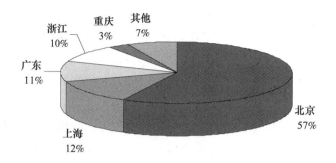

**图11 各省市 Alexa 全球前 500 名网站数量在我国所占
比例（2012 年 5—8 月）**

资料来源：根据 Alexa 和艾瑞网的数据资料整理。

有 8 家和 7 家，西部中心城市重庆只有 2 家；在全球前 100 名的网站中，北京也高达 9 家。这些网站的浏览量和覆盖状况在我国占有重要比重，显示着以首都为代表的互联网站在现代传播格局中的地位和竞争力。

以 2012 年 5 月至 8 月的 Alexa 数据资料为例，北京市最主要的三家主流新闻网站——北青网、千龙新闻网、北京广播网的用户日均访问页面数达到了 21 个，而同期的上海和广东其各自 3 家主要新闻网站（上海为东方网、新民网、《解放日报》，广东为南方网、深圳新闻网、南方周末网）分别只有 9 个和 11 个的页面浏览数，见图 12。

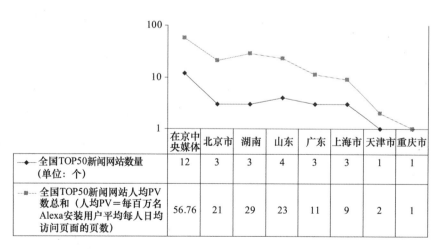

| | 在京中央媒体 | 北京市 | 湖南 | 山东 | 广东 | 上海市 | 天津市 | 重庆市 |
|---|---|---|---|---|---|---|---|---|
| 全国TOP50新闻网站数量（单位：个） | 12 | 3 | 3 | 4 | 3 | 3 | 1 | 1 |
| 全国TOP50新闻网站人均PV数总和（人均PV＝每百万名 Alexa安装用户平均每人每日访问页面的页数） | 56.76 | 21 | 29 | 23 | 11 | 9 | 2 | 1 |

**图12 我国新闻门户网站前 50 名主要地区状况比较（2012 年 5—8 月）**

资料来源：2012 年 8 月 19 日根据 Alexa 近 3 个月的数据资料整理分析。

　　在互联网视听节目的运营传播方面，截止到 2011 年 6 月 30 日，北京有 185 家持证机构，其中既有不少在京的中央单位，也有北京市的主流新闻媒体、事业单位，如北京电视台、京华时报社、共青团北京市委、北京市委干部理论教育讲师团，还有诸多商业性的门户网站、视听网站和行业细分网站、企业单位，其覆盖传播的广度和力度在国内处于显著领先地位；而上海市则为 29 家，在单位数量上仅次于浙江省的 42 家，位居全国第三。截止到 2013 年 3 月，在全国 608 家互联网视听节目服务许可证持证机构中，北京占到了 191 家，而同期其他的发达省市中，上海仅为 31 家，江苏为 26 家，见图 13、图 14。

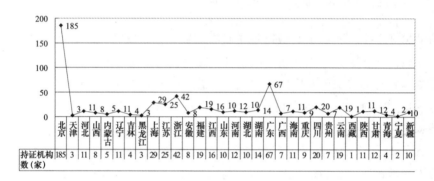

图 13　互联网视听节目服务持证机构数（2011 年 6 月）

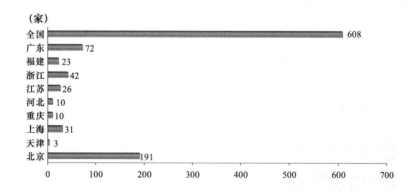

图 14　互联网视听节目许可证持证机构数量（截至 2013 年 3 月 31 日）

　　资料来源：国家新闻出版广电总局：《互联网视听节目服务持证机构名单》，http://www. sarft. gov. cn/articles/2013/04/25/20130425115324250788. html，2013 年 4 月 25 日。

北京的主要互联网视频传播网站引领着国内其他地区同行企业的健康发展方向，参与形塑着国内的网络视听传播格局。2011年，我国17家主要视听节目服务网站自制网络剧、微电影达134部，总时长超过1万分钟，其中多数网站和主体制作机构都是北京的视听网站和文化企业，包括优酷网、酷6网、新浪视频、乐视网等。根据互联网实验室2011年5月的统计数据，中国人气值与市场份额前30名的视频网站中，北京地区占了17家，其中优酷网、酷6网、奇艺高清等都具有较高的市场份额与传播效果，促进了各种影视产品、视频内容的传播，丰富着北京在网络时代的富媒体传播形态①，见图15。

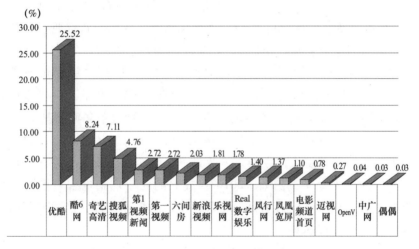

**图15 中国视频网站市场份额前30名中北京网站状况**

**（2011年5月）**

## （四）数字化传媒新形态不断崛起，为首都传播体系建设持续注入活力

新媒体时代各种新兴媒介形态和传播方式不断涌现，数字化与信息化的结合更是大大提高了各种信息传播的速度和容量，使得传统的传播格局面临数字化新媒体的有力挑战。首都北京在数字出版、移动电视、数字广播、IPTV等多种新媒体的发展都取得及时更新和实践覆盖，为国内城市

---

① http：//www.chinalabs.com/html/zuixinredian_ wenzhang_ /20110622/41704. html。

新媒体的发展发挥着示范和引领作用，也有效地增强和拓展着首都的传播辐射能力。

　　互联网等新媒体的兴起不仅带来了新兴网络媒体的迅猛发展，也使得各种既有的传统媒体与网络发生了融合与聚变，促进了传播形态与传播效能的有力拓展。北京结合作为"网都"的优势，其媒体格局的发展与融合也走在全国的前列，中央与北京市的多种传统媒体单位与新媒体的紧密结合，使得首都传媒运营得到有效的提升和优化。2009 年 12 月，中国网络电视台（CNTV）正式开播，这是在央视网基础上创办的融网络特色和电视特色于一体的传播平台；2010 年，中国新华新闻电视网（CNC）开播；2011 年 12 月，中国国际广播电视网络台（CIBN）正式上线。北京电视台的"BTV 在线"将北京电视台 12 个节目中心的100 多档电视节目在网上播出，60 多档优秀节目在网上点播收看，并对一批优秀节目进行精编，形成 10 多个自办频道。"BTV 在线"2009 年共制作网络视频 17260 条、4416 小时，比 2008 年制作总时长增长了168%。北京青年报社旗下的北青网 2009 年实现盈利千万。《北京晚报》在 2009 年 11 月建立了新闻图片网。北京的《京华时报》建立了全国第一家每日视频——"京华播报"，通过主流媒体短片丰富和提升传播效力。首都传统媒体在新媒体背景下，其全媒体发展态势和格局也处于全国的领先水平。例如，2010 年成立的北京广播电视台整合北广传媒集团、北京人民广播电台、北京电视台的多种资源，呈现显著的全媒体融合运营发展态势。

　　随着 3G、移动互联网等移动媒体技术的应用，手机电视、移动数字广播等新的媒介传播形态在首都北京得到迅速发展，并对全国产生着示范和辐射作用。近几年来，中央电视台、中国国际广播电台、中国广播网、人民网等在京中央媒体相继启动了手机电视、手机报等新媒体业务，大大提升了首都媒体的移动传播能力。2010 年，CMMB 手持电视北京地区发射点已达 16 个，可提供中央 1 台、中央 5 台、中央电视台新闻频道以及 BTV－1 等诸多节目应用。2009 年 12 月，北京电视台与北京北广传媒投资发展中心、北京人民广播电台共同入股北京中广传播有限公司（CMMB 北京公司），经营中国移动多媒体广播电视 CMMB 业务（广播式手机电视）。为丰富 BTV 手机电视内容，BTV 与中影集团、搜狐、第一视频、激动网等内容提供商进行合作。2010 年，北京电视台的 BTV 手机电视在移动、联通、电信三大运营商的手机电视业务中开通了 BTV 手机电视专区，与联通合作开发了第一款手机视频报——BTV 多媒体手机杂志。2010 年 BTV 手机电视客户浏览量突破 200 万。北京青年报社先后推出以手机报等为代表的系列新型媒体产品，于 2010 年成立北青通信传媒有限公司，专门致力于新媒体业务的开发。移动多媒体广播方面，广电总局 2006 年制定颁布了数字音频广播行业标准，在北京、上海、广东等地开展数字声音广播试点工作，北京人民广播电台 DAB 数字多媒体广播于 2006 年正式开播。2010 年，北京电台建成全国唯一运营、覆盖城乡的数字广播网（DAB）系统，多媒体广播节目——RBC 综合频道正式开播。2011 年，北京人民广播电台的移动多媒体广播播出了 17 套广播节目和 6 套电视节目。

　　新媒体快速更新发展背景下的"三网融合"是我国近几年来传播体系建设的重点与热点。2010 年 1 月，国务院出台《推进"三网融合"总体方案》。2010 年 7 月，全国首批 12 个"三网融合"试点城市名单出炉，北京被列入我国"三网融合"首批试点城市之一。在国家"三网融合"战略背景下，首都传播体系继续呈现强劲的创新发展态势。IPTV（交互式网络电视）作为数字网络媒体与有线电视等媒体融合的产物，是首都新媒体发展的又一重要新领域。"十一五"期间，获得 IPTV 牌照的公司有 7 家，其中位于首都北京的有央视国际、中国国际广播电台以及北京华夏安业科技有限公司，占到了将近 1/2。2010 年，北京地区的 IPTV 集成播控平台完成与中央总平台的对接，标志着北京的"三网融合"迈出实质性的一步，北京也是最早建成本地 IPTV 集成播控分平台并与总平台实现对接的城市之一。2012 年以后，中国网络电视台、北京电视台、北京联通在京正式签署 IPTV 业务合作协议，北京地区的 IPTV 业务逐步进入用户上线测试和实际运营阶段。

　　新媒体技术的应用也使得城市的传播渠道和终端形态不断更新，推动首都的传播覆盖效力和传播质量的提升。其中，移动电视等传媒形态构成了首都城市传播体系的重要终端。截止到 2012 年 1 月 31 日，北广移动电视公交电视终端屏总量已达 2.4 万个，全部业务平台终端接收设备总量已达 3.5 万个，日受众超过 1300 万人次①。依托地面数字电视单频网，北广传媒移动电视成功搭建了公交电视、出租电视、社会车辆电视等业务平

---

　　① 北广传媒移动电视官方微博，http：//media. weibo. com/profile. php？ uid = bamcmtv。

台。截至 2009 年底，北广地铁电视已在北京地铁线路上拥有 1.18 万块电视屏。2012 年，北广传媒地铁电视播出的时间与地铁运营时间同步，自制、集成节目已占播出节目整体的 60%。北京城市楼宇电视终端总量在 2010 年也已达 1 万屏左右。这些公共性、移动化的媒介传播，构成北京传播体系的重要新空间和有力新支撑。

数字媒体时代，包括互联网期刊、电子图书、在线数据库、移动阅读等众多典型媒介产品的数字出版，是飞速发展并且具有成长空间的传媒领域，是城市和地区发展其数字文化影响力的重要渠道，也是传播先进文化与核心价值的重点新阵地。根据各种资料数据显示，北京的数字出版发展迅速，从 2006 年 19.1 亿元的年增加值迅速发展到 2010 年的 195 亿元，2011 年增长到 225 亿元，近几年来一直在占全国数字出版增加值的 20% 左右浮动，2008 年甚至一度达到全国的 29.46%，见图 16。

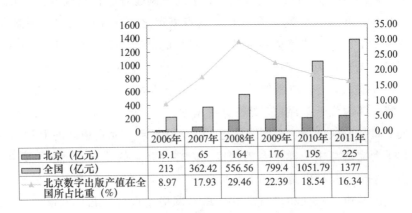

| | 2006年 | 2007年 | 2008年 | 2009年 | 2010年 | 2011年 |
|---|---|---|---|---|---|---|
| 北京（亿元） | 19.1 | 65 | 164 | 176 | 195 | 225 |
| 全国（亿元） | 213 | 362.42 | 556.56 | 799.4 | 1051.79 | 1377 |
| 北京数字出版产值在全国所占比重（%） | 8.97 | 17.93 | 29.46 | 22.39 | 18.54 | 16.34 |

**图 16　北京数字出版产值及其在全国所占比重**

资料来源：各年度《中国数字出版产业年度报告》；千龙网：《首都互联网发展报告（2007—2012）：网络经济篇》；魏巍：《北京市网络出版产业发展状况、问题与对策研究》，载《经济研究导刊》2011 年第 1 期。

2011 年，北京的中文在线、北大方正、书生公司、超星公司等几家电子图书运营企业占据全国电子书市场 90% 的份额。截止到 2011 年底，北京市拥有近 300 家数字出版企业，在国内所占比例约为 1/3。北京的数字出版当前仍保持在快速发展的态势，以 2012 年 1—2 月为例，其数字出版（互联网出版）行业规模以上单位实现收入 26.8 亿元，收入同比增长率达到 23.3%①。数字出版正成为北京极富竞争力的新兴战略性产业，为首都在数字时代的传播力延展提供着重要向度。此外，首都的音视频等电子出版在数字时代也面临新的挑战和机遇。作为全国电子出版的中心城市，北京拥有约占全国 1/2 的音像出版单位和电子出版单位，首都地区的电子出版物种数约占到全国七成的比例，电子出版与数字化的音视频等产品传播构成了一种既竞争又互动互促的关系。同时，许多音像电子出版单位也涉入互联网出版领域，这些为首都的网络动漫、数字报刊、电子图书、播客等出版新领域提供了竞争力的基础。截至 2009 年底，北京地区涉足互联网出版的经营机构 4630 家左右，占全国的约 21%②。

总体来看，首都北京的新媒体传播形态保持着及时而快速的更新，在媒介融合和新媒体技术应用的许多领域都保持着全国的行业领军地位和充分的创新活力，也夯实和巩固着北京作为全国传媒中心的优势地位和竞争力。对于推进中国特色世界城市和中国特色社会主义先进文化之都建设的首都北京而言，具有充足活力的新媒体传播体系正成为其参与国际城市文化竞争和构建首都城市传播话语权的重要新兴领域和发展向度。

## 第三节　首都传播竞争力发展的问题和建议

北京是我国的传媒中心和信息传播枢纽城市之一，这不仅是关系到北京的文化创意产业、信息经济的一个主要方面，也是北京作为首都城市所必须具备的文化实力，它也关系着首都北京通过其传播竞争力在国家信息话语体系中的中枢地位、在国际文化体系中的话语能力和文化信息辐射效力、在全球信息时代新格局中的国家传播软实力的输出能力和全球传播新秩序的构建。总体来看，首都北京的文化传播能力和现代传播体系的发展水平处在全国的前列和中心地位，其图书报刊出版、广播影视、数字媒介和新媒体传播等多方面都体现出在全国的优势和统摄力、辐射力，对于发挥首都和全国文化中心的作用起着不可或缺的作用。当前，传播竞争力是世界上许多国家的首都城市都十分重视的维度，北京在新时期也面临着其

---

① 《北京文创新兴业态增长强劲 互联网出版发展迅速》，千龙网，http：//beijing. qianlong. com/3825/2012/05/18/3022@7961343. htm。

② 《北京全力打造版权产业中心城市》，国家知识产权局网站，http：//www. sipo. gov. cn/mtjj/2010/201002/t20100210_ 494815. html。

传播竞争力进一步优化和提升的挑战。

### （一）首都文化传播力与国际主要城市的竞争水平

　　纵观具有强大文化竞争力的主要城市，文化传播能力都是其必不可少的一个基本维度，伦敦、巴黎、纽约、东京等世界城市更是具有十分领先而强大的传播实力。以伦敦为例，作为现代报业的发源地和全球重要的传媒中心，拥有英国广播公司（BBC）、《泰晤士报》、《卫报》等多家全球知名的传媒公司，在世界传播秩序中具有举足轻重的地位。纽约有300多家通讯社和广播电视公司，控制着2000多家电台和电视台，拥有《纽约时报》《华尔街时报》《时代周刊》《财富》《福布斯》等在全球具有广泛影响和很大权威性的报纸杂志，世界上具有行业引领地位的美国在线时代华纳集团、维亚康姆、美国国家广播公司、哥伦比亚广播公司等知名传媒集团的总部都设在纽约。根据斯蒂芬·克拉克、皮特·丁泰纳（Stefan Kratke，Peter J. Taylor）等对于全球传媒城市（Global Media City）的研究，在伦敦、纽约、巴黎、洛杉矶、米兰、马德里、阿姆斯特丹、多伦多等全球媒介城市谱系中，北京还处于相对较为落后的地位[①]。陶建杰对纽约、巴黎、伦敦、东京、香港、新加坡、悉尼、台北、北京、上海十大国际都市的文化软实力的测评和比较研究中，北京的文化传播力居于第八位，这十大都市中事实上多数为首都城市[②]。有学者就我国以及北京传播力的发展现实指出，"我国的媒体业和影视业在国际影响力还有很大发展空间，即使是北京这样的国内领先城市与纽约、伦敦等国际大都市的差距也非常明显，如2009年北京尚没有一家媒体集团入选福布斯2000强"[③]。总体来看，北京的传播实力在主要的世界级城市竞争中仍处于较为落后的地位，亟须加快建设世界级传媒城市的步伐。尤其在具有强大世界影响力的"全球超级媒体"建设方面，北京与伦敦、巴黎、东京等首都城市与"世界城市"还有较为显著的差距。在建设中国特色世界城市和中国特色社会主义先进文化之都的进程中，其传播实力要瞄准的不仅是全国传媒中心城市的战略目标，更要把东方传媒之都和中国

---

　　[①]　Kratke，S. & Taylor，P. J. "A World Geography of Global Media Cities"，*European Planning Studies*，2004，12（4）.

　　[②]　陶建杰：《十大国际都市文化软实力评析》，载《城市问题》2011年第10期。

　　[③]　闻瑞东：《国外发达城市文化软实力的提升及启示》，载《社科纵横》（新理论版）2011年第3期。

特色世界传播中心城市建设作为首都应有的战略定位。对此，首都的传播竞争力建设要积极加快与国际市场和国际文化竞争接轨的步伐，加强对于传媒龙头企业的培育，发挥北京在文化人才、文化科技、媒体集聚等方面的既有积淀，推动传播载体和形式创新，持续增强首都的传播竞争力和首都文化的全球辐射力。

### （二）首都传播体系的对外传播和"走出去"能力尚显薄弱

首都的现代传播体系建设显现了一定成效，在全国处于领先地位，但是在当前我国大力提倡国际传播能力建设和文化"走出去"的背景下，首都北京在对外传播和文化输出方面仍处于较为薄弱的状态。对于"文化强国"的首都城市而言，强大的文化对外传播能力是其必不可少的尺度和标杆，而北京在此方面仍迫切需要加快发展步伐，强化自身作为国家文化交流中心、文化传播枢纽的地位和作用。以版权交易为例，2009年北京地区图书、电子出版物等的版权输出引进比例为1∶5.4①，2010年版权输出引进比例为1∶3.63，还存在较大的出版版权的文化逆差。2010年，首都地区版权输出海外收入仅为1.88亿元，在年数百亿元的出版收入中占的比例更是微弱。就传媒中十分重要的广播电视而言，2010年北京市全年各类广播电视节目出口总额仅为1508万元，总时长为1568小时，北京人民广播电台平均每年向海外传送节目近90分钟，而同年北京电视节目交易额已达205946万元，电视节目播出10.78万小时，广播电视出口额在制作、播放总量中占的比例也都很小。再以动漫游戏产品的输出和对外传播为例，2011年北京动漫游戏出口值只有12亿元②，不到其年产值的1/10。总体来看，中国特色社会主义先进文化和中华优秀文明通过首都的传播渠道而实现的对外输出和对外传播还需大力提高。首都北京作为国家对外文化传播中心，在文化"走出去"方面承担着更多的职责。北京要结合当前既有的文化"走出去"服务体系和基础条件，实施分领域、分对象、分重点的传媒文化"走出去"提升工程。根据北京的特点和相对优势，在北京文化创意产业发展基金中扩大对体现中国特色和具有先进

---

①　《北京市"十二五"时期新闻出版业发展规划》，http：//www.bjppb.gov.cn//zwgk/hygh/20110801/21262.html。

②　《2011年北京动漫游戏产值130亿　出口居全国之首》，中国新闻网，http：//www.chinanews.com/cul/2012/05－29/3923638.shtml。

思想文化内涵的传媒产品"走出去"的奖励，重点扶持在北京具有相对基础和比较优势的电影、电视、数字图书版权、网络游戏等的"走出去"，结合文化金融、财税手段，扶持网络文化"走出去"服务机构和第三方企业的发展，推动首都的主流外宣媒体、商业网站、社会化媒体针对不同的对象区域加大其本土化和地方化战略，加大首都对优秀思想文化作品的对外推介输出，推动首都传播竞争力的全球强势崛起。

### （三）在京中央传媒资源和北京城市传播力发展不平衡

北京的传播竞争力发展上过多地倚仗丰富的在京中央传媒资源，北京市的传播实力建设显现出与中央资源较为显著和严重的不平衡问题。以出版社为例，在首都的几百家出版社中，市属的出版社只有十几家；在图书报刊的出版发行中，北京市出版发行的图书报刊种数、印数等只占到北京地区总量的很小一部分。2010 年，首都地区的图书、报纸、期刊的总出版种数分别为 155209 种、262 种、3063 种，而北京市仅分别占到其中的5670 种、35 种、173 种，其比例分别只有 3.65%、13.36%、0.56%；在图书、报纸、期刊、电子出版物的出版总量数上，北京市也分别仅占北京地区的 4.11%、10.33%、3.59%、0.79%，见图 17。2011 年，北京市的出版单位出版的图书共 7000 余种，报纸总印数、期刊总印数仍然分别为8 亿余份、3000 多万册，基本保持平稳，在北京地区的出版实力中仍然只是占着较为单薄的比重。

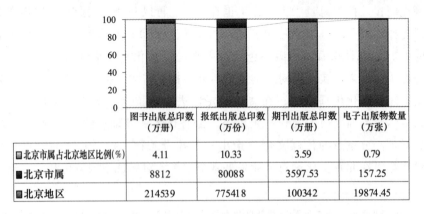

| | 图书出版总印数（万册） | 报纸出版总印数（万份） | 期刊出版总印数（万册） | 电子出版物数量（万张） |
|---|---|---|---|---|
| ■北京市属占北京地区比例(%) | 4.11 | 10.33 | 3.59 | 0.79 |
| ■北京市属 | 8812 | 80088 | 3597.53 | 157.25 |
| ■北京地区 | 214539 | 775418 | 100342 | 19874.45 |

**图 17　2010 年北京市出版情况在北京地区所占比例**

资料来源：根据北京市新闻出版局网站公布的统计资料整理。

　　中央在京资源的强大掩盖着北京市本身城市传播实力尤其是市场性传播主体在参与国内外传播竞争中实力的相对不足。如果没有中央在京资源的强大后盾，北京的传播竞争力甚至与国内其他一些城市相比也并不具备充分的领先优势。其一个后果是，首都缺乏中央资源和主体的传播领域，如一些新兴领域或市场化程度很高的领域，在传媒市场竞争中则较容易处于相对落后的地位。以北京与上海的比较为例，尽管首都北京在图书报刊等中央资源雄厚的传统媒体领域绝对地领先于上海，但是在包含网络文学、网络游戏等诸多新兴媒介技术和媒介文化领域在内的数字出版行业，则显现出一定程度落后于上海的态势。根据北京、上海等地相关的统计数据，2011 年，北京的 225 亿元的数字出版产值在全国占到了约 16%，而上海在这一领域则占到约 20%（见图 18），显现出较为强劲的发展态势和数字传播辐射力。

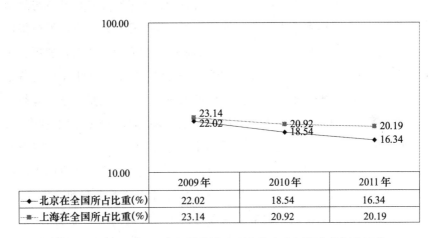

| | 2009 年 | 2010 年 | 2011 年 |
|---|---|---|---|
| ◆ 北京在全国所占比重(%) | 22.02 | 18.54 | 16.34 |
| ■ 上海在全国所占比重(%) | 23.14 | 20.92 | 20.19 |

**图 18　2009—2011 年京、沪数字出版产值在全国所占份额的比较**

　　资料来源：根据千龙网《首都互联网发展报告（2007—2012）：网络经济篇》、各年度《中国数字出版产业年度报告》、上海市新闻出版局资料等综合整理。

　　对于需要发挥全国示范作用和塑造世界影响力的文化传播中心城市建设而言，这种过于显著的不平衡状态是需要加以弥补和改进的一个方面。北京需要重视北京市与其他城市在缺乏中央资源条件下的传播竞争力比较，深化文化体制机制改革，加大市场化、商业性的传媒主体和传播产业在首都传播竞争力中的比重，更切实地增强北京的传播实力，更好地参与国际首都城市文化竞争。

### （四）北京的新媒体后发优势需进一步彰显和发挥

新媒体改变着城市的传统传播格局，给落后的城市提供了有利的后发赶超机遇，在构建国家的传播竞争力和文化软实力中起着重要的作用。研究表明，由于互联网的崛起，新的通讯枢纽如旧金山、法兰克福和香港等正从纽约、伦敦、东京等传统的"世界城市"（World City）的阴影中浮现出来①，而"相比较于人口规模来说，有另外一些城市则成为美国的信息'黑洞'，如底特律和费城等"②。一些知名的文化城市通过参与传统的传播中心城市缺乏积淀的新领域的竞争，而实现城市文化传播力和影响力的迅速增长，如东京通过动漫文化对"动漫之都"的打造和向全世界进行的文化内容输出。另外，城市的综合实力、经济实力与其新媒体竞争力也存在着一定程度上的不对称性，经济实力强大的城市未必也具有与之相匹配的强大的新媒体竞争力，这也给一些综合实力还相对落后的城市提供了缩小传播力差距的良好后发机遇。首都要抓住信息时代传媒快速更新发展的背景，在新媒体领域实现对于传统的传播中心城市的挑战和竞争之势。北京要及时反映和吸纳新的传播技术和内容形态，立足北京的媒介产业和文化科技基础，加强首都的新媒体、媒介融合与全媒体拓展和升级，强调数字化出版、手机电视和移动多媒体广播、IPTV、移动互联网产业等新媒介产业在北京现代传播体系中的创新引领地位。发挥北京影视之都和文化创意产业的积淀和人才优势，顺应新媒体内容的生产和竞争要求，促进微电影、网络电视剧、网络游戏等的创作与营销，将其优秀成果纳入首都的文博会、网博会、电影节等平台中进行推介，扩大北京文化新媒介、新业态、新内容的辐射和影响。以正在迅速崛起的微电影为例，这种新的媒介文化形态与社会化媒体、移动数字媒体等良好融合，带来了巨大的传播效应并蕴藏着丰富的文化潜力，北京在此方面已经形成了全国显著的生产制作优势，对于北京文化传播实力的提升起着有效的推动作用。中

---

① Townsend, A. M. "Networked Cities and the Global Structure of Internet", *American Behavioral Scientist*, 2001, 44 (10).

② 汪明峰:《城市网络空间的生产与消费》，科学出版社 2007 年版，第 125—126 页。

国特色社会主义先进文化之都和有世界影响力的文化中心城市建设需要占领传播新技术和新形态的前沿阵地，促进北京新媒体文化产业和传播竞争力在新语境下的升级跃变。

# 第七章　文化"走出去"与首都
## 文化竞争力

　　文化竞争力是一国综合国力的集中体现，它是一种相对优势和绝对优势组合的双向性效能力。文化竞争力的一个重要衡量指标，就是文化"走出去"的广度和深度。一国文化只有走出国门，在国际上产生具有本国特性符号的影响力，才能真正彰显其竞争力。国家"十二五"规划提出要创新文化"走出去"的模式，增强文化国际竞争力和影响力。十八大报告明确提出："大力发展涉外文化产业，积极参与国际文化竞争。"胡锦涛同志在中共中央政治局就深化中国文化体制改革研究问题进行集体学习期间，特别强调"要深入推进文化适应社会主义市场经济发展的要求，以发展为主题，以体制机制创新为重点，以满足人民群众精神文化需求为出发点和落脚点，着力构建充满活力、富有效率、更加开放、有利于文化科学发展的体制机制，繁荣发展社会主义文化，不断增强中国文化软实力和国际竞争力"①。李长春同志在十七届六中全会《推动我国文化大繁荣大发展》的报告中也多次指出："要支持和鼓励我国文化产品的出口，形成一批对外文化交流的文化品牌，不断扩大我国文化产品的国际文化市场份额，逐步改变文化产品出口严重逆差的局面。积极拓宽对外文化交流渠道，在发挥政府主导作用的同时，充分调动各部门、各地方、各文化企业和民间团体的积极性，逐步形成政府交流与民间交流并举，积极引入商业运作机制的新局面。"

　　文化"走出去"是我国经过 30 多年的改革开放之后，积极应对全球化这一历史潮流的战略选择，是当前我国关于推进文化大发展大繁荣最突

---

　　① 《胡锦涛：深化文化体制改革增强中国文化软实力》，中国新闻网，http：//www.chinanews.com/gn/2010/07‑23/2422727.shtml，2010 年 7 月 23 日。

出的主题之一。这个战略是在我国"入世"过渡期结束之后、文化产业开始深度参与国际文化产业分工与国际文化市场竞争中提出来的。一方面，它是我国经济"走出去"在文化产业发展领域里的必然延伸，同时也是我国文化市场对外开放的必然结果。更深层次的问题是如何克服"入世"后我国文化产业被动挨打的局面，变消极应对为主动出击，通过积极扩大国际文化贸易、克服巨大文化贸易逆差，维护国家文化安全①。北京作为全国的政治中心、文化中心和国际交往中心，在推动文化大发展大繁荣和文化"走出去"方面肩负着重要的使命。站在新的历史发展起点上，北京文化要想得到长足发展，提升整体竞争力，并形成国际性影响，实施文化"走出去"战略势在必行。整体来看，北京文化在"走出去"征途中，要转换思路，更新观念，适应新形势，发挥新作用，要借鉴纽约、伦敦和东京等世界发达城市经验，坚持从北京"三个中心"的实际出发，坚持以科学发展观为指导，从新高度、以新视角、用新举措，采取一些具有针对性的、可行的和创造性的研究思路和可持续发展的战略对策，通过向国际市场提供适销对路的文化产品和服务，大力弘扬中华民族优秀文化，在实现北京文化产业社会效益的同时，实现经济效益最大化，努力推动北京文化产业在国际竞争中得到跨越式发展。

## 第一节 北京文化"走出去"的现状

近年来，在中央和北京市有关政策的推动和大力支持下，北京市对外文化贸易环境不断优化，对外文化贸易大幅提高，结构不断优化，文化企业"走出去"的步伐明显加快，文化产品和服务的国际竞争力明显增强，国际影响力也日益提升。

在审视北京文化"走出去"之前，首先让我们回顾一下我国整体上文化"走出去"的现状。据商务部网站统计数据显示，"十一五"期间国际文化贸易逆差局面得到明显改善。我国2010年核心文化产业进出口总额143.9亿美元，出口电影票房收入35亿元人民币。图书版权输出引进比从2005年的1∶7.2缩小至2010年的1∶3，出现明显改善。2010年的深

① 胡惠林：《文化"走出去"的战略转型 缔造话语权和文化安全》，http：//culture. people. com. cn/GB/87423/12784634. html。

圳文博会交易额突破千亿元，是 5 年前第一届的 3 倍。目前，我国对外文化贸易几乎涵盖所有的艺术门类，交流的领域和渠道已大为扩展，打造了一批具有广泛影响力的国际文化产品交易平台，推出了一批具有国际竞争力的外向型文化企业，取得了良好的社会效益和经济效益，并积累了丰富的经验。例如，世界著名音乐剧《妈妈咪呀！》中文版借鉴了加拿大太阳马戏团及日本宝冢歌剧团、四季剧团等的成功经验，在京、沪两地两个月演出达 60 场，票房收入逾 3500 万元，购票观众超过 10 万人次，超出项目预期近 20%。《妈妈咪呀！》中文版的推出，意味着中国已经从重金引进西方原版音乐剧演出进入经典音乐剧版权合作的阶段。此外，2010 年，中国共有 34 家网络游戏企业自主研发的 82 款网络游戏进入海外市场，实现销售收入 2.3 亿美元，比上年增长 111%。"十二五"时期，新闻出版总署已经着手实施"中国原创网络游戏海外推广计划"，力争每年推动 100 种民族原创网络游戏走向海外，培育并鼓励 10 家大型网络游戏出版企业直接到海外投资，使之成为国际市场的竞争主体。除通过版权预售、音像、新媒体分销等方式外，中国电影企业开始借助资本运作进入国际电影市场。博纳影业公司在美国纳斯达克上市，橙天嘉禾入股好莱坞传奇影业等行为，为中国电影"走出去"提供了新的思路，开辟了新的道路。

与此同时，我国文化外交作用日益凸显。对外文化贸易展示了中国企业愈加自信的文化面貌，而海外文化中心的建设则传递着中国政府秉承高度的文化自觉和文化自信，重视不同文明间对话交流的信息。来自文化部的最新数字显示，截至 2011 年 9 月，我国正式运营的海外文化中心达 9 个，包括毛里求斯中国文化中心、贝宁中国文化中心、埃及中国文化中心、巴黎中国文化中心、马耳他中国文化中心、韩国中国文化中心、柏林中国文化中心、东京中国文化中心、蒙古中国文化中心；在曼谷、莫斯科、马德里的文化中心正在建设施工中，并将在 2012 年投入使用；在新加坡设立的文化中心即将开工建设，并有望在 2013 年投入使用；在塞尔维亚、斯里兰卡、巴基斯坦、墨西哥、加拿大、日本设立文化中心的工作也已进入选址阶段。传播博大精深的中国文化，增进我国和驻在国人民的相互了解和友谊，把中国文化送到驻在国公众的家门口。据不完全统计，2003 年至 2010 年期间，逐步建成的 8 个文化中心举办的大文化范畴活动达 3000 余起，参加中心汉语、武术、舞蹈等各类教学培训的学员达 3 万多人；驻在国部级以上政要出席活动约 500 起，在配合外交大局、传播中华文化、树立国家形象等方面作出了重要贡献。在国家外交工作中,文化外交的功能和作用正日益凸显。目前,文化部代表中国政府已与148个国家签订了文化合作协议。一系列重大的文化外交活动如"中法文化年"、"中俄国家年"、"中日文化体育交流年"等,极大地提升了中华文化的国际影响力。创造了源远流长、博大精深中华文化的中华民族,一定能够在实现伟大复兴的中国特色社会主义道路上,创造出中华文化新的辉煌[①]。

下面我们具体看一下北京文化"走出去"的现状。北京是世界闻名古都和历史文化名城,是现代中国的政治、文化和国际交往中心,北京的文化交流和文化贸易一直走在全国前列,并正在着力打造国际文化中心。近年来,北京利用文化创意产业飞速发展的优势,大力推动文化"走出去"战略,出台了一系列政策并设立专项资金鼓励、引导和支持。目前北京已形成了对外文化交流政府、企业、民间并举的格局。北京市每年在国外的年度交流计划达100多个,每年经北京市批准的中外文化交流项目达200余个,涵盖50余个国家,受众近3万人次。2009年以来,北京文化"走出去"围绕"北京向世界贡献什么"这一主题,立足开阔视野,引领首善之区的文化建设服务全国、融入世界。2009年北京全市国家文化出口重点企业占全国的26.5%,电影出口占全国的1/2,电视剧出口占全国的1/4,动漫网游出口占全国的60%。在《2009—2010年度国家文化出口重点企业和重点项目目录》中,共评选出国家文化出口企业211家,文化出口重点项目225个,其中,北京地区重点企业56家,占26.54%,重点项目102个,所占比重高达45.33%。2011年,北京市文化产业总收入突破9000亿元,实现增加值1938.6亿元,占地区GDP总值的12.2%,已成为仅次于金融业的第二大支柱产业。文化服务贸易和文化产品进出口保持良好发展态势(见图1),北京市核心文化产品进出口总额达5.6522亿美元,同比增长5.4%,其中:出口1.7163亿美元,同比增长16.5%;进口3.9359亿美元,同比增长1.2%。北京文化服务贸易总额达到21.12亿美元,其中:出口12.24亿美元,同比增长40%;进口8.88亿美元,同比增长11%,均继续保持全国领先地位[②]。北京市

---

① 周玮、白瀛、黄小希:《中华文化"走出去" 展示国家新形象》,《中国青年报》2011年10月8日。

② 材料与数据源自北京市外事办公室2011年统计年鉴。

近年来文化出口重点企业类别见表1。据北京市商务委预测，2012年北京的文化产品进出口总额预计将达到30亿美元左右。例如，在演出服务和产品出口方面，以中国杂技团、北京京剧院、北京交响乐团为代表的市属表演团体积极开拓海外演出市场，打造了《一品一三绝》《杂技魅影》《菊苑撷芳》等外向型演出品牌，在国际演出市场上获得了良好的口碑和较高的经济效益。

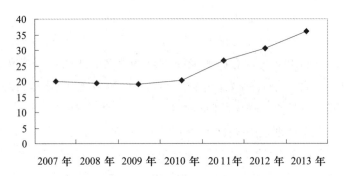

**图1  北京文化贸易进出口额（亿美元）**

资料来源：《北京市统计年鉴》（2007—2013）。

表1                    **北京市近年来文化出口重点企业类别**

| 年份 ＼ 企业名称 | 图书音像出版发行 | 网络技术 | 新闻媒体 | 影视制作发行 | 文艺演出团体 | 其他 |
|---|---|---|---|---|---|---|
| 2008—2009 | 12 | 3 | 4 | 1 | 1 | 1 |
| 2009—2010 | 20 | 5 | 4 | 19 | 5 | 5 |

资料来源：《光明日报》、中国传媒大学联合调研组"关于北京市文化'走出去'的调查"。

就北京文化国际竞争力而言，由北京市社会科学院文化所李建盛所长、研究员主编的《北京文化发展报告》（2012—2013），在经过实证比较研究后，认为北京的世界城市竞争力与世界其他城市有较大差距，北京未进入2012年全球城市竞争力、世界城市竞争力、全球城市竞争力指数的前10名，但进入了全球竞争力排行榜，位居第9名，表明北京在世界城市竞争力体系中的地位得到一定认可，但与一些世界著名城市相比仍有较大差距。在世界影响力城市排名中，北京位居第14名，而著名世界城

市如纽约、伦敦、东京均位于前 5 名，在首都城市中位居第 9 名，这表明
北京已成为具有一定世界影响力的城市，但是与纽约、伦敦、巴黎、东
京、香港等城市相比仍有很大差距。北京文化设施总体偏弱，与纽约、伦
敦、巴黎、东京等世界城市相比较，北京公共图书馆数量仅有 25 座，仅
为纽约的 10.9%、伦敦的 6.3%、巴黎的 2.9%、东京的 6.4%，每 10 万
人图书馆占有量北京位于其他四城市之后，相差较大①；在国家博物馆数
量中，北京位居第 2 名，而国家级博物馆位居第 1 名；北京的美术馆数量
远低于其他四城市。这表明北京与这四城市相比，有其优势，也有其差
距，但总体偏弱，北京的公共文化设施、公共文化活动和公共文化参与度
有待于进一步加强。北京的城市文化国际影响力明显不够，文化交流和传
播者远远不足，北京外籍人口占总人口的比重仅为 0.53%，远低于纽约、
伦敦、巴黎，甚至低于东京。北京年度举办的国际会议次数低于伦敦、巴
黎、东京；国际总部数量北京更是屈指可数；年入境旅游人次北京高于东
京，而低于纽约、伦敦、巴黎；留学生数量同样低于其他城市的相关统计
数字。北京的国际文化领军企业数量太少，竞争力不强。2012 年，中国
文化产业企业进入前 50 名的有：中国出版集团公司，排名 40；中国电影
集团，排名 44；中国凤凰出版传媒集团，排名 47。北京有 2 家文化企业
进入 50 强。总体上看，北京仍然缺乏有较大竞争力的文化领军企业，纽
约是世界上真正的文化产业领军企业集聚之都②。

　　目前，北京正式将建设"世界城市"写进了政府工作报告。以文化
产品提升城市的品位和影响力，利用文化"走出去"提高北京的国际影
响力，已成为北京建设"世界城市"的重要抉择。北京提出建设有国际
影响力的中国文化中心和中国特色社会主义先进文化之都是战略性的选
择，也揭示了其文化"走出去"的目标指向。

## 第二节　北京文化"走出去"在首都文化竞争力建设中的作用

　　"文化的国际竞争力涉及对一国文化的认知以及该国文化的传播、

---

① 王珏：《公共图书馆人均数量严重不足 资金、馆藏成难题》，新华网，http://www.
news. xinhuanet. com/politics/2013 – 07/25/c_ 125062007. htm。

② 参见李建盛主编《北京文化发展报告》（2012—2013），社会科学文献出版社 2013 年版。

消费与评价等诸多形态。在提升我国文化的国际竞争力方面，最核心的部分是与文化产品和品牌相关的文化价值观、内容吸引力及其传播与营销能力之组合等。"① 北京作为全国的政治、文化和国际交往中心，其文化"走出去"在首都文化竞争力建设中发挥着不可替代的重要作用。北京在文化产品"走出去"过程中的有益探索，不仅成功地保持了首都特有的文化个性，提升了首都在全国的引领地位，夯实了首都自身的文化品位，彰显了首都博大精深的文化魅力，也有力地促进了城市社会经济的协调发展，对京津冀区域产业升级和国家综合实力的提高都具有一定的引领和示范作用。

文化"走出去"是我国整体战略"走出去"的一个重要组成部分，江泽民同志曾高度概括出"走出去"的重要作用："只有大胆地、积极地'走出去'，第一，才能弥补我国国内资源的不足；第二，才能把我国的技术、设备、产品带出去，才更有条件引进更新的技术，发展新的产业；第三，才能由小到大逐步形成我们自己的跨国公司，以便更好地参与全球化的竞争；第四，才能更好地促进第三世界的经济发展，增强反对霸权主义、维护世界和平的国际力量。"这实际上是对"走出去"战略重要意义的高度概括，同时也是对我国文化"走出去"作用的重要概括。迈克尔·波特早在多年前就提出："自然资源禀赋的差异只是潜在的比较优势，其表现为各国在资源禀赋上的有利地位；而竞争优势才是各国在国际贸易格局中的现实状况，是在比较优势的基础上各种要素综合作用的结果。"② 客观上来说，不可否认在首都文化竞争力上，文化资源、人力资源、资本资源和基础资源是其重要的竞争力要素，尤其是人力资源和科学技术等经过长期投资和培育形成的高级要素是产业竞争力赖以提高的核心因素，但文化的国际影响力，尤其是在国际贸易中的地位格局，是首都文化能否起到引领全国，走向世界的最重要内容和要素。环顾世界，美国的文化国际贸易一枝独秀，究其原因，不可否认美国文化的全球化是其全球发展战略的重要组成部分，是重要的国家行为。这与文化产业在美国国民经济及政治中的重要地位是一致的。美国19世纪60年代顶着国内外巨大压力进行

---

① 陈少峰：《提升文化国际竞争力的立体化视角》，载《人民论坛》2011年第8期。

② ［美］迈克尔·波特：《国家竞争优势》，李明轩、邱如美译，华夏出版社2002年版，第89—93页。

了社会结构调整，成了"历史上第一个大规模将文化变革融合于社会结构的国家"。其后它又进行了 3 次国家总体产业布局的调整，每一次调整都进一步加大了文化、知识和高新技术的含量。结果大大增强了综合国力，增强了国际文化竞争力。

北京市建设"中国特色世界城市"和"在国内发挥示范带动作用、在国际上具有重大影响力的著名文化中心城市"的目标，对北京市文化"走出去"工作提出了更高要求。就北京文化"走出去"对首都文化竞争力的作用而言，笔者认为，至少可以体现在以下几个方面。

第一，可以开发利用国际文化市场资源，满足首都文化可持续发展战略的强力实施，拓展首都文化竞争力的增量资本。当前，首都北京集聚着全国优势文化资源，与此同时，北京的部分产业生产能力已严重过剩，为避免因市场狭小和过度竞争造成国民经济的震荡和损失，有必要积极引导和推动有比较优势的文化大型企业把生产能力转向境外，开拓国际市场，增强抗风险能力，获得更大的经济发展空间，实现可持续的外向型发展。此外，文化"走出去"，可以避免"内战内行，外战外行"的传统竞争力的阿喀琉斯之踵，把文化竞争力的舞台搭建到国际市场，为首都文化发展开辟新领域。只有在国际舞台上挥洒中国文化的特色符号，展示中国文化的博大精深，呈现中国文化的和平内核，才能真正彰显首都文化的综合竞争力。各国文化产业特征对比见表 2。

表 2 　　　　　　　　　**世界主要国家文化产业的特征**

| 国家 | 文化产业的特征 | 关键词 |
|---|---|---|
| 美国 | 由人类创作活动所形成的作品在商业领域也有很高的经济效益，并且在经济的波及效果中也有很大影响的产业 | 商业性创意产业 |
| 法国 | 对国内外确立与本国认同感直接相连的产业；对经济发展起重要作用的核心产业；基于创作活动的所有领域产业，也包括博物馆和建筑物 | 经济性，文化遗传，文化产业 |
| 英国 | 以个人创意力、技能、能力为基础开发知识产权，进而创造财富和就业能力的产业 | 个人创意性，知识产权 |
| 日本 | 文化产业是旅游、信息通信等各种产业和媒体的基本内容，是一个高附加值产业 | 数字内容，One Source Multi Use |

续表

| 国家 | 文化产业的特征 | 关键词 |
|------|------|------|
| 中国 | 文化产业是随着文化的大众化和社会化过程中而产生的商品，随着改革开放和市场经济的导入形成产业 | 商业化，市场化 |
| 韩国 | 文化产品的开发、制作、生产、分配、消费等服务产业 | 文化商品，数字文化内容 |

资料来源：对美国、法国等国文化管理机构、文化民间组织等网站的材料统计分析所得。

　　第二，可以充分使首都的文化技术、人才、信息，进入国际主流的文化技术体系，借鉴吸收国际文化发展经验，提升首都整体文化竞争力。作为一个把世界城市作为自己的重要发展目标的大城市，必须要参与国际分工，必须保持与国际主流技术的兼容，否则，就可能被国际市场排斥，造成巨大浪费和贬值。市委市政府的文件多次强调，北京的定位是国际化城市，而国际化城市的一个重要评价指标就是文化的国际影响力。北京实施文化"走出去"战略，可以更主动地利用国外文化产业的资金、技术、管理经验和人才等资源，跟踪、收集科技信息，及时掌握最新科技动向，开发出适应国际市场趋势的高新技术文化产品。可以说，北京文化"走出去"一方面把北京作为名片推销到世界各地，让世界人民了解并喜欢上北京文化；另一方面北京在国际文化贸易中也可以获取经济收益，推动城市经济总量和外汇收入的大幅提升。

　　第三，有助于发挥北京的地缘政治优势，促进中西方文化的交流与融合，以扩大文化影响力来促进文化竞争力的提升①。在全球化背景下，东方传统文化和美学风格已受到西方世界越来越强烈的关注，中国文化在不断拓展国际传播空间的同时，也获得了更为广阔的国际营销市场。目前，已有不少欧美高校和研究所购置具有中国文化特色的影视产品作为海外汉语教学和资料库使用。除华语世界外，现有100多个国家近4000所高校开设了汉语课程，学习汉语的人数超过了4000万。由此可见，具有中国元素的影视产品有相当广阔的生长空间。北京作为中国的政治首都，地缘优势尤其明显，作为中西方交流的节点城市，可以通过加快文化"走出去"的步伐来推动文化竞争力的提升。目前北京多数高校和科研机构成

---

① 刘彦武：《文化走出去战略的地缘政治学分析》，载《中华文化论坛》2014年第1期。

立了海外文化产品研发中心，希望借助现代信息技术，为首都文化产品的
推广和中国文化的海外传播做贡献。对本国优秀文化资源的优化与整合，
既有利于对民族传统文化、本土文化的发扬与传承，也有利于中国文化在
海外的影响力和知名度的提升，更有利于中西方文化的交流与融合，可以
说，北京在文化"走出去"方面必须积极主动，责无旁贷。

第四，有利于激活民营企业活力，推动企业转企改制，增强各类文化
企业的整体竞争力。北京的文化产业，国有经济比重过大。为了强化文化
企业的市场主体地位，必须吸引其他行业的企业、民营资本以及国际资本
参与国有文化单位的转企改制。2010 年，私营企业占北京文化创意产业
企业总数的 38.1%，资产占总资产的 10.6%，收入占总数的 15.2%。北
京市文化产业经济最为突出的特征是以中央单位为主。因此，为强化北京
市文化企业的竞争力，必须突出企业的主体地位，有必要加快推进企业的
转制工作。而文化"走出去"为北京市提升文化企业竞争力，推动转企
改制提供了非常好的契机。比如，2002 年，北京的民营企业四达时代通
信网络技术有限公司开始进入非洲市场。经过多年努力，目前已在乌干
达、几内亚等 5 国建立了独资公司，与尼日利亚、坦桑尼亚、肯尼亚等 4
国当地官方电视机构合作建立了合资企业，并在尼日利亚、坦桑尼亚等 7
国获得了数字电视运营执照和无线频率使用许可证。目前，该公司所获得
牌照国家的人口总数达 3.2 亿，覆盖人口 5700 万，共完成投资 1.01 亿美
元。2011 年 4 月，中央政治局常委李长春同志在莫桑比克考察时参观了
四达时代（莫桑比克）合资公司，鼓励四达时代再接再厉将非洲的数字
电视事业继续做大做好。

第五，有助于接受全球文化竞争力市场的检验，提升自身文化产品质
量和竞争力。加拿大知名作曲家、萨克斯演奏家亚尼克·瑞约认为，中国
应该把这些宝贵的文化遗产传递出去，接受世界文化市场的竞争与检验，
从而提升中国在国际文化舞台上的发言权。"走出去"，通过国际传媒企
业间的相互合作，也有利于我们在国际资源的共享与利用中争取一个更加
有利的战略态势。例如，就实际操作情况来看，中国影视产品走向海外市
场收效最为明显的是共同投资的"合拍片"。北京广电集团非常重视香
港、台湾、澳门等地与中国大陆资源的相互补充，与马来西亚、新加坡等
东南亚华语地区，韩国、日本等亚洲泛华语地区及欧美、中东等非华语地
区展开了深入而广泛的合作，通过引入资金、技术、文化及营销渠道，提

高自身产品质量，实现"借船出海"，全面扩展华语影视作品的影响力和竞争力。例如，2013 年北京文创国际集团成功营销文化产品，在香港产生重大影响。2013 年，新成立的北京文创国际集团首次整体运作京剧名家在香港的 6 场演出——"2013 北京舞台艺术香江行"。文创国际集团以整合演出资源，量身定制海内外文化市场需求为特色，集团负责人张晓表示，"2013 北京舞台艺术香江行"也是借助传统文化传播中华文化的一次探索，文创集团希望借此为两地的文创企业开展深入合作创造机会，为两地文创企业在更广领域、更深层次、更高水准上实现合作搭建交流平台，互利共赢①。

## 第三节　文化竞争力视角下北京文化"走出去"存在的问题

在全球经济一体化和各国相互依赖日益紧密的情况下，文化产业的强弱及其对世界文化的影响力直接影响一个国家和民族的文化竞争力。近年来，包括北京市在内的我国整体文化竞争力有所增强，但是在文化"走出去"方面依然存在诸多瓶颈②。尤其是，我国在价值观的输出与国际影响力方面仍处在起步阶段，没有对传统文化在当代实现开创性的发展，未能提炼出符合时代发展的新内容，从而整体上制约影响了文化的综合竞争力。

"文化"是一个系统的产物，不是指一两件文化产品。所以，一个国家的文化，要真正"走出去"，最主要的是指造就出这个国家文化的整体系统，从各个方面体现出相对于别的国家系统的优越性。因而，从这个角度来看，我国整体文化"走出去"仍然是被动应对式的。北京文化"走出去"近年来取得了显著的成绩，但伴随着总体上中国文化"走出去"战略确立的时间不长、路径理念还不够成熟、处于文化产业全球分工链的低端现状等，北京还没有能够培育出参与国际竞争的文化产业群和大型跨国文化企业，北京文化"走出去"要想获得进一步发展，还面临诸多亟待解决的问题，这些问题既包括机制体制问题，也涉及文化产品的内容原

---

① 参见 http：//bjrb. bjd. com. cn/html/2013－01/25/content_ 43290. htm。

② 周黎明：《中国文化走出去的薄弱环节》，载《对外传播》2014 年第 3 期。

创性问题，还包括诸如外向型人才缺乏、资金不足等其他问题，具体来说，主要包括以下几个方面。

第一，文化"走出去"官办色彩较为浓厚，在国际市场上的竞争力较为薄弱。文化产业国际竞争力，主要是指生产和销售文化产品，占有国际文化市场和获取利润的综合能力。从概念的解读可以看出，文化国际竞争力，主要体现在经营性的利润收获方面。当前北京市文化"走出去"以及对外文化交流仍以政府层面的推广为主，以官方派出艺术表演团体和展览单位去国外执行对外文化交流任务为主要形式，包括演艺品、音像产品和展览等在内的文化产品，多数依靠文化交流形式来进行，经费由政府承担，展览也多为免费赠送。这种形式的交流受众较少，对国外主流社会影响不大。缺乏市场因素的文化交流很难进入大众家庭，没有形成规模，持续性影响力较弱。

第二，目前全国和北京都还存在宏观管理政出多门、文化资源没有得到充分利用、产业结构不合理、产业组织形式规模小分散化状态、文化企业普遍缺乏活力等诸多共性问题，致使文化整体发展的竞争力受限。整体而言，无论是政府还是文化企业，都普遍认为目前我国文化管理机构及政策需要进一步调整完善，需要理顺各层级关系，形成文化"走出去"的政策合力。国内的一些专家学者认为，目前我国文化管理部门存在政府职能的越位和缺位导致政事不分、事企不分、管办不分，既造成政府不堪重负，又使社会和民间发展文化产业的积极性得不到充分发挥。在实际调研过程中，也存在文化资源管理不当等问题。目前我国对公益性文化事业和经营性文化产业缺乏分类管理和指导，造成文化资源配置效率低下，使部分政府文化资源和大量社会文化资源处于闲置和浪费状态。一些企业的文化资源是处于优势地位，但由于种种原因没有得到有效开发。比如，北京一些杂技等文艺团体，由于受出国指标等限制，无法实现"走出去"。

第三，缺乏长远的文化"走出去"战略规划，尤为明显的是缺少法律法规支撑，缺乏国家整体性战略规划。改革开放30多年以来，中国虽然出台了一些文化方面或与文化产业密切相关的法律法规，如《著作权法》《教育法》《商标法》《广告法》《行政许可法》以及《娱乐场所保护条例》《音像制品管理条例》《出版管理条例》《计算机软件保护条例》等，并制定了一些配套的实施细则，但总体来说，中国的文化立法还处于初级阶段，线条较粗，与蓬勃发展的文化产业很不相称，法律保障也不完善。如 2004 年生效的《行政许可法》并没有将文化事项纳入行政许可的范围。此外，在调研过程中，也发现，目前北京文化"走出去"，短期行为比较明显，由于缺乏一个推动文化"走出去"的长期战略规划，指导思想、目标任务、政策措施等都不明确，影响制约了北京文化"走出去"的步伐。国外很多城市，诸如纽约、东京和首尔等，都有文化产业发展、文化企业"走出去"的五年规划或十年规划。另外，就文化走出去的具体内容而言，每年北京对外文化交流活动的演出活动，往往局限于一次"活动"，缺乏整体包装和长远考虑①。

第四，文化"走出去"的规模和影响力有限，还没有在国际上形成北京声音。根据国际研究，人均 GDP 跨越 1000 美元时，消费支出中吃穿用类比重大大下降，住房类基本不变，而文化精神消费类支出开始大大上升；第三产业应该占到 GDP 总量的 40% 左右，其中文化类产品的产值所占比例也大大增加。中国目前人均 GDP 已超过 1000 美元，但是 2004 年第三产业的比例（31.8%）低于这个标准达 8 个百分点。根据《2006 年：中国文化产业发展报告》估计，2005 年中国城乡居民家庭文化消费总量仅仅约为 4150 亿元。和美国纽约、英国伦敦、日本东京、德国柏林、韩国首尔等世界文化高度发达城市相比，北京文化集约化程度不高、资源开发比较分散、文化整合的力度不够，尤其走出国门的产品所能蕴含的文化内容、所产生的文化附加值都十分有限，这些都不利于文化"走出去"在总体上形成竞争力。与沿海和内陆其他地区相比，2011 年，北京市的文化进出口贸易（包括文化产品和服务贸易）的比例约为 1:1，并已经实现了文化"顺差"，这与全国平均的 9:1 的文化"逆差"相比已经发生根本性变化。但是考虑到北京作为全国文化中心，很多文化贸易均在北京统计，因此仍然有较大的发展和改进空间。2012 年 3 月，国家文化对外贸易基地落户北京天竺综合保税区内，为北京市今后文化贸易的发展提供了重要交易平台和交易市场。

第五，适销对路的文化产品不多，原创文化精品有限。文化产业在英国、韩国又被称作创意产业。产业最核心的是创造力，尤其是对结合本国传统文化的原创性精品力作。由原创激发的差异和个性是文化创意产业的

---

① 王亚宏、刘硝磅、黄晓南等：《中国文化产业"走出去"的困惑与希望》，载《文化月刊》2010 年第 3 期。

根基和生命。用最新的科技水平包装文化艺术和不断对文化产业进行创新是文化产业取得成功的两大法宝。目前先进的科技正在不断地被运用到文化产业上来，比如音乐剧、话剧、魔术等舞台表演中运用了高品质的灯光和音响设备使表演美轮美奂，观众身临其境。影视产业中采用先进的计算机和软件技术把许多现实生活中不可能发生的场景非常真实地表现出来。这些先进技术使文化产品的吸引力大增，获得了可观的经济效益。文化企业大鳄迪斯尼公司把高新技术应用于文化娱乐业，1997 年收入便达到了225 亿美元①。而中国文化产业长期处于计划经济下，由国家大包大揽，缺乏市场自由竞争意识，缺乏创造动力。虽然北京、丽江以及深圳、厦门等城市的一些文化集团都做了体制改革试点，但只是阶段性摸索。中国的世界品牌数量少，高端品牌缺乏，竞争力不强的主要原因是中国文化企业的品牌意识薄弱，品牌几乎无自己的核心技术和自主知识产权，这是我国企业"走出去"的致命弱点。中国对外文化集团公司总经理张宇曾毫不隐讳地指出，中国缺乏品牌，尤其是缺乏高端品牌，这使中国文化处于全球文化产业链条的下游。中国文化处于全球文化产业链的末端在于中国缺乏高端品牌，从而成了我国文化"走出去"的一大掣肘，严重制约着我国文化"走出去"的步伐②。打造文化精品，是我国文化"走出去"的重要途径。同全国其他地区一样，北京文化在"走出去"的过程中，一方面是将现成的而非针对海外市场的产品被动输出，成功率低；另一方面又存在主观想象、闭门造车，和海外市场不对路的问题。产品的内容、切入点、翻译等都不符合海外消费者的习惯③。北京现在"走出去"的文化产品多为低端文化产品，如民乐类、传统杂技类，真正有影响力的精品不多，尤其是影响力较大的电影产品和游戏类产品严重缺乏。

第六，"走出去"的渠道短板明显。这种渠道短板既表现在投资渠道、资金来源不足，也包括销售渠道，无畅通"走出去"通道。文化产业的投资渠道可分为政府投资、民间投资和外资的进入。政府包办的体制及政策的不确定性，使得民间投资成本较高，外资由于文化市场准入方面

---

① 徐庆峰、吴国蔚：《对我国文化产业"走出去"策略的探讨》，载《经济问题探索》2005 年第 12 期。

② 邹盛瑜、蔡朋杞：《浅谈中国文化"走出去"战略中的制约因素及瓶颈突破》，载《时代文学》2008 年第 18 期。

③ 黄志坚等：《创新文化走出去的模式》，载《时事报告》2010 年第 2 期。

受到限制也较难进入，致使投资渠道过于狭窄和单一。由于只讲投入不注重产出，政府投资效益不佳；另外缺乏必要的引导和保护，民间和外国投资也存在重复和无效现象，投资回报率不高。这些都使得文化产业投资渠道不足，进而严重制约了文化产业的发展进程。在海淀区文化企业调研过程中，以银行贷款为例，由于文化产业的行业特性，致使其获得银行贷款时存在一定困难。如影视制作业因其行业特点，从产品制作到发行，进入市场循环，继而获取经济效益，具有一定风险性。又由于中国银行机构目前尚缺少对节目制作机构评估体系，致使很多银行不愿投资影视节目制作行业。根据一项对民营制片公司的主要融资渠道进行的统计调查，募集社会资金是民营制片公司最主要的渠道，占40%；银行贷款排在第二位，只占24%①。此外，文化"走出去"还存在营销渠道短板问题。在探讨首都文化贸易遭遇的难题时，北京京剧院院长李恩杰提出："文化'走出去'现在最缺的是渠道，就是到哪儿去的问题。现在市场中的演出商大部分都处于两种状态中：一种没能力，根本做不了中国文化在国外的对接；另一种是长期做，已经形成了垄断，几乎吃掉了文化演出所有的利润。受国外演出商的牵制，承担着辛苦的演出任务，但收入却被国外经纪人拿走大头。"② 可见，我国企业"走出去"的渠道存在诸多短板，构建海外营销网络体系时，在思想观念、经营战略、管理模式和配套政策方面仍然需要不断创新和完善。中国要形成真正有国际竞争力的经济体系需要政府和企业都做出更大努力。

第七，熟知国际文化运行的复合型文化经营人才不多，文化中介组织缺乏，尤其是行业协会的作用发挥不明显。目前在北京文化外向型发展过程中，由于缺乏熟悉国内外文化市场及国际服务贸易规则的复合型文化经营人才，一些文化企业虽然有好的文化产品和服务项目，但苦于无人运作而作罢。此外，虽然近几年北京文化贸易中介组织发展加快，但面向国际性的文化中介贸易组织较为缺乏，没有与国外代理商建立广泛的良好联系，营销渠道链条断裂现象普遍，而很多文化企业自身又缺乏国际文化市场营销运作经验，导致文化产品和服务出口渠道一直不够顺畅。此外，在

---

① 该段数据来源于《2005年度中国电影产业投资分析报告》。

② 祖薇：《文化走出去前途很光明道路很曲折》，参见网址 http://bjyouth. ynet. com/article. jsp? oid = 79244544。

国外，文化产业行业协会扮演着政府无法代替的重要作用。行业协会一方面延伸了政府行政管理职能，对行业提出指导和管理，另一方面也展开行业自律，并及时把产业界的信息及时反馈给政府部门。在很多方面，行业协会可以协助政府加强对文化企业走出去协调沟通。北京文化"走出去"中的行业协会桥梁纽带作用不明显，很难对文化"走出去"进行有效的协助指导。

## 第四节　典型案例分析：韩国首尔文化"走出去"的经验及启示

随着全媒体的兴起，世界媒体格局发生了翻天覆地的大变化，互联网、直播卫星电视、移动电视、手机等新兴媒体大量涌现，网上聊天、微博、微信、脸谱（Facebook）、优兔（youtube）等新的传播方式导致了传播方式的革新，直接影响到人们的观念、社会制度、国际关系，构成了复杂的新型传播环境。从文化国际竞争力方面而言，文化产品既要保留自己的特点，又要考虑受众的欣赏习惯和思维方式，应该使外销文化产品大众化、本地化、现代化、年轻化。近年来，韩国首尔的文化竞争力充分体现出全媒体格局下的模式新发展，一些经验值得北京借鉴。

### （一）首尔文化"走出去"的模式：政府主导型

首尔是韩国第一大国际型大都市。2011 年全球城市指数排名第八，在亚洲仅次于东京和香港。首尔不仅是韩国经济中心，而且还是时尚和文化中心，同时首尔还是世界著名的设计之都，2010 年其数字创意机会指数排名世界第一。首尔占据了整个韩国文化创意产业产值的 85% 以上。波特认为，国家竞争优势是由一国局部地区的产业和产品竞争优势带动而成[①]。从上面一节的分析来看，韩国的文化产业无论是从规模还是从质量来说，都是快速发展的产业领域之一，文化产业的重要性日益凸显。特别是 IT 和信息通信产业的发展，为游戏、无线网络内容市场的迅速发展奠定了坚实基础。同时，电影、唱片和游戏等正以亚洲为中心向世界市场发

---

① M. E. Porter. The Competitive Advantage of Nations, New York: The Free Press, 1990: 173 – 178.

展，商业化运作很成功，显示出出口产业的竞争实力①。韩国文化产业之所以能够如此快节奏的发展，诚如波特所言，主要得益于和依托于地方政府的大力支持和协调，首尔在其中扮演了极为重要的角色。首尔的文化产业发展影响到国家整体层面的文化战略推进和布局。2005 年，首尔市政府把文化作为市政发展的核心议题，决定了把在未来 10 年之间首尔成为"世界一流的文化城市"作为城市发展的重要战略目标，规划并通过了《文化艺术部门十年计划（案）》，提出了培养文化市民、建设具有文化的城市空间环境、构筑和完善文化艺术活动的体系 3 个目标，并制定了 7 个部门的各种城市文化发展的政策和措施。首尔文化产业的规模性发展，主要还是体现在其文化创意产业园区的兴建上相关文化特色店统计见图 2。

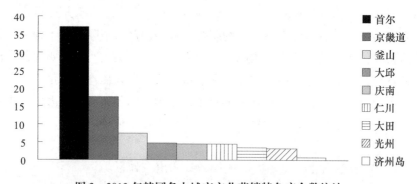

图 2　2013 年韩国各大城市文化营销特色店个数统计

资料来源：WC，Global Entertainment and Media Outlook，Price Water Coopers，2008.

## （二）首尔文化"走出去"：首尔文化节与文化创意产业园区

1. 首尔文化"走出去"的营销方式：首尔文化节

韩国首尔文化"走出去"的一个重要营销方式是文化节。首尔文化节（Hi Seoul Festival）是在韩国首都首尔举行的一场大型文化庆典活动，旨在向世界各国人民展示首尔悠久的历史和缤纷多彩的文化，如同韩流的兴起，是韩国文化的新符号。2003 年，韩国首尔市政府设定每年举办一届文化节，从此便开始了轰轰烈烈的文化营销运动。10 年来，对于首尔市政府来说，最大的苦恼是："怎样将文化节办成国际性的庆典？"首尔

---

① 　WC, Global Entertainment and Media Outlook, Price Water Coopers, 2008.

市政府经过认真调研，聘请专家多次论证、设计，提出发展文化营销新思路，文化节的重心着力于市民庆典和文化庆典的内涵协调，把这两点作为首尔文化节的基本定位，期望展示出有着600年历史的名城——首尔的悠久历史和缤纷多彩的文化，并逐渐发展成为全世界共享的文化盛会。

首尔文化节的官方网站的版本，拥有26个国家的语言版本，使得世界很多东方文化爱好者能够第一时间接触到首尔文化节的信息，这样既扩大了首尔文化节的受众范围，吸引更多的人来到现场观看文化节，同时也为那些渴望了解文化节的人们提供了一个现场感颇强的机会。首尔文化节期间首尔美食节、首尔魔术庆典、国乐庆典等活动同期展开，届时观众们可以根据自己的时间，选择自己最喜爱的节目前往观赏。通过这种方式，首尔的文化为外界所感知，尤其是在全媒体影响下，首尔的地域文化产生广泛影响。例如，在第八届首尔文化节中，给人留下的深刻印象是，除了市民喜悦地参与全城的欢乐活动之外，他们努力地超越时空限制，打通东西方文化的遮蔽，融合传统与现代、外国与韩国的文化。有70个团体汇聚首尔（海外团体占25个），他们通过200多场表演，为人们展示了热情和才华。其中，韩国的传统文化作品约占60%、西方文化的艺术作品约占35%。主办方将节目的难易程度、通俗化和艺术化进行了细致的分类，难、中、易程度分别定位为10%、40%、50%。同时，他们把艺术性较强的作品，巧妙地转化为传统保留节目。比如，《乱打》（Nanta）就是专门精心为外国和韩国民众准备的常设剧种。这个作品难度和艺术性都较高，并且没有使用任何语言，仅限于身姿进行沟通，这样一种直接的表达方式，让市民愉快地领略到精湛的武术和动人的剧情，享受到动与静之美。首尔文化节总导演、文化财团代表理事李升烨说："在韩国推进近代化进程中，曾有盲目追求西化、美国化的倾向，在艺术领域也是如此。现在，我们努力在韩国文化艺术中，去寻找传统的文化元素，慢慢摆脱西方的文化。""国内外参与人数应该是180万人左右，或者是200万人。这数字并不重要，更重要的是，市民是否感觉到幸福和愉快！""我是偏重考虑市民的因素，注重让市民摆脱生活的空间、摆脱生活的压力。要让国外市民承认的话，首先应该要获得当地市民的喜欢，才有可能让世界喜欢！"①

2. 首尔文化"走出去"的产业基地：首尔文化创意产业园区

---

① 参见 http://www.koreaxin.com/article-55746-1.html。

首尔政府于 2002 年在上岩洞兴建文化产业创意园区，共占地 569925
平方米。在规划中，产业园区的核心部分就是数字媒体城建设，主要是由
韩国首尔市政府开发和推广，其具体的实施建设工程计划是由政府专门成
立的数字媒体城处负责。首尔市开发公司负责执行土地开发和基础设施的
建设。2008 年文化创意产业园区的数字媒体城建成完工，以数字内容产
业和 ICT 产业为重点，以建设世界最好的信息基础设施为主要任务。2010
年底，韩国文化内容产业全部迁入，成为韩国信息城的核心，形成了以软
件产业为主的信息中心。该项目的规划建设对韩国国家层面创意产业的发
展有重要的借鉴意义。

首尔数字媒体城区位条件优越，体现为以下几个方面：首先，首尔是
韩国 IT 设施最发达的城市，具有先进的通信网络，同时也是韩国高素质
劳动力最集中的地区，韩国 60% 的毕业生都申请进入首尔的大学。其次，
首尔原先就具备一定的文化产业发展优势。早在 20 世纪 90 年代，已有 1
万多家小型数字媒体创新型企业集聚首尔。首尔政府对区域进行明确定
位，即媒体娱乐广播、电影动画制作、音乐网络教育。再次，数字媒体城
集聚了大量商务活动人群，周围有上岩千禧城、世界杯体育场、公共高尔
夫球场和外国人密集居住区。最后，首尔地理位置优越，是亚洲通向世界
的门户，航空等交通设施便利；首尔距离北京和东京两大周边地缘政治大
国首都也都在 3 小时之内。数字媒体城距首尔市中心较近，距市中心商业
区 7 公里路程，只需 20 分钟，距金浦国际机场仅 10 分钟，距仁川机场仅
30 分钟，往返首尔机场也仅需 30 分钟。

### （三）首尔文化"走出去"的经验启示

首先，首尔文化"走出去"拥有成熟的产业园区基地支撑。首尔政
府对文化产业园区的规划采取谨慎态度，加强前期的国内外的广泛调
研。从 1997 年规划到 2002 年开始建设共经历 5 年，从 2002 年开始开
发到 2015 年预计开发完成，共需经历 13 年。产业园区中的文化"走出
去"定位明晰，城内的重点领域集中在外向型的媒体娱乐广播、游戏、
电影和动画制作、音乐和网络教育，与其他国家开展分工与合作，以保
证本地的核心竞争力。首尔数字媒体城具有明确的规划前景，主要包
括：打造世界数字媒体内容制作基地；世界第一个数字媒体技术研发中
心；与世界各高校间开展合作；媒体研究和业务中心；亚洲东北部最好

的商业港湾。同时，产业园区因应形势发展，进行适当灵活调整。例如，首尔产业园区既倾向数字媒体企业，也给一般企业，尤其是中小企业以土地政策支持。首尔政府为推进文化"走出去"，还积极吸引外资企业进入，引进国外人才，对外资企业给予税收优惠、土地供给、办公楼出租等便利条件，还兴建日本学校、德国学校和美国学校等国际办学机构。此外，首尔政府采取大范围的激励机制强调价格激励，包括差异化定价、安装付款、早期付款的折扣价。

其次，首尔文化产业创意园区的文化产品在"走出去"过程中，尤其强调产品的适用性，政府引导企业加强调研开发适销对路产品。首尔及韩国政府通过驻外领事馆的大力协助，在文化产品输出的重要国家的大城市设立驻外文化院、文化研究机构。驻外文化机构的设置，一方面可以加强两国的文化友好交流，另一方面也可以起到调研他国文化政策、当地文化、民众消费习惯和特点的作用，为韩国企业制造适销对路的产品提供信息帮助。除了政府官方协调驻外机构外，很多首尔大型跨国文化企业也通过在当地国设立办事处以及企业网络等多种手段，加强调研，针对不同地区国家民众的消费习惯和特点，开发不同产品。例如：对中国、日本、新加坡、越南、马来西亚等亚洲地区，以影视、音乐为主逐步推出游戏、动画等；在美国、英国、法国、德国等欧美地区，则先将游戏、动画产品打入主要市场。按照韩国文化观光部的划分，韩流文化盛行国家和地区是：中国大陆、中国台湾、中国香港、日本、新加坡、越南、马来西亚。据韩国报纸报道，2003 年，在中国网络游戏市场上，75% 的产品是从韩国引进的；2005 年，韩国电视节目（KBS、SBS、MBC + 有线电视）出口额达 1.2349 亿美元，89% 出口到亚洲国家和地区，其中中国台湾地区为 11.4%、日本为 60.1%、中国大陆为 9.9%；2004 年，韩国电影出口额为 5828 万美元，出口到亚洲的有 4532 万美元（77.8%），而其中日本就占了 4040 万美元（占 69.3%）①。相对于亚洲地区的先影视后游戏的路径，韩国文化产品针对欧美文化的不同特点，在设计游戏的时候，直接采用符合欧美游戏大

---

①　徐世丕：《韩国网络游戏产业腾飞的三大支柱》，载《中国文化报》2004 年 12 月 12 日。

众习惯的内容产品①。这种依据不同国家民众不同消费习惯的因地制宜式的产品生产内容，让韩国文化在"走出去"过程中，一直保持着较好的口碑。

再次，首尔政府积极引导企业通过举办和参加国际性展销洽谈活动来开拓国际市场。国际经验表明，通过展会寻找客户的成本要远远低于其他销售渠道的成本。很多首尔大型文化企业通过举办各种形式的商业展会，展示文化产品的科技性和创新性，促进跨国文化贸易合作。2002 年国家拿出 17.1 亿韩元支持首尔企业参加在中、日、美、法、德、芬兰等国举办的 12 项有关音乐、动画、漫画、游戏、数字化文化产品的展销活动。在西班牙等 6 国举办 7 次文化产业投资洽谈会进行招商引资。2002 年 11 月文化观光部在首尔举办的"数字化文化暨广播影像展览会"，就有美国 CBS、日本 NHK、英国 BBC、中国 CCTV 等 24 个国家的 250 个单位的 6000 余人参展，共签约 1200 万美元。而随着全球化的深入发展，各国之间时空进度大大缩小，在这种状态下，通过会展、洽谈会等国际贸易载体形式，推介产品，已成为韩国文化"走出去"的一个重要经验。

最后，首尔跨国文化企业一般源自传统大型跨国企业，在吸收欧美发达国家文化企业发展经验后，大多采取规模化经营，集中力量开发属于企业自己的特色名牌产品。例如，CJ 是首尔较具代表性的食品关联企业，其主营业务是食品生产与加工，但进入 20 世纪 90 年代后，它开始进军作为业务多元化一环的文化娱乐产业。1995 年，CJ 作为斯皮尔伯格"梦工场 SKG"的亚洲地区电影配送合伙人，成立了 CJ 娱乐有限公司，实现了媒体娱乐业领域的多元化。现在 CJ 经营范围包括电影、音乐和有线广播等领域，确立了其在韩国的代表性媒体综合企业的地位。这些大型企业一旦实现产业转型升级后，会很快集中力量开发属于自己的特色品牌，形成规模效应。首尔在特色品牌开发和宣传上取得了很多成功的经验。例如，安在旭等影视明星、HOT 等歌星、流氓兔等名牌产品为提升国家形象和传播韩国文化发挥了重要作用。CJ 等大型文化企业集中力量开发具有国际竞争力的名牌产品，利用品牌取得更好的市场效应。目前，CJ 集团的海外销售总额占全部销售额的 15.5%，进军海外国家数为 10 个。

---

① 郑成宏：《韩国文化产业现状与借鉴》，载《当代韩国》2002 年秋季号。

## 第五节 基于文化竞争力视角下的北京文化 "走出去"对策建议

提升北京文化的国际竞争力是一项系统的综合性工程,同时更是市委市政府落实国家提出的文化大发展大繁荣的战略需要。一国或一个城市的文化产业的国际竞争力,直接体现为其文化产品在营销国际市场过程中的份额比重,以及出口导向性的文化产业竞争力等。从这个意义上来说,文化产值的劳动生产率越高,出口竞争力就越强,占有的国际市场份额也就越大,获得的国际利润也就越丰厚,从而能直接体现出一国或一个城市的文化整体竞争力的强弱。从前文北京文化"走出去"存在的问题以及韩国首尔政府主导、市场为先的竞争力发展思路分析,可以看出,文化能否"走出去",在于我们的体制机制、教育水平、战略意识、新闻传媒、人才选拔等方面的建设。就北京目前城市文化竞争力来说,基于北京文化"走出去"战略的短期和长远目标,当前主要应立足于增进世界对北京文化的了解和接受,确立以市场为导向的目标,扩大北京文化在国际上的亲和力与影响力。总之,北京对外文化传播和文化出口应更多地配合国家战略,体现我国的核心价值意识,以精品工程为载体,以企业为载体,尤其是激活民营企业的对外贸易活力,利用全媒体的传媒新途径,将北京市国际文化竞争力提升到一个新的境界。因此,政府在规划、设计北京文化"走出去"的时候,应立足实际、立足当下,着眼长远,分阶段推进。

**(一)"内容为王",要传承民族传统文化,树立精品意识,创造具有北京符号特色的文化内容和表现形式,生产体现中国传统文化元素且被国际市场认可的文化精品**

以北京丰富深厚的文化资源和非物质文化遗产为基础,结合时尚流行文化元素,创造丰富多彩、喜闻乐见、具有自主知识产权的文化精品,让文化在创新中再生,走一条有北京特色的文化发展道路。深圳东方韵演艺集团总经理李晓洁认为,中国演艺文化"走出去"最主要的困难是大部分国产文化产品只注重舞美而不注重好的故事和内容。"内容很重要,展示再漂亮也只是展示,走不进人心里,大家看过就看过了。所以中国艺术最需要的是讲述好自己民族的好故事,讲出来才能走进别人的世界。"因此，北京文化"走出去"一定要树立"大营销"的观念，建立强有力的营销机构，将自己优厚的文化资源优势更合理地开发利用，从"别人经营自己"转向"自己经营自己，自己经营别人"。进一步弘扬优秀文化传统，充分利用"文化遗产日"和民族传统节目，完善鼓励民族艺术发展的政策措施、建立健全文化遗产保护机制，加强对北京传统优秀文化资源的挖掘、整理、保护和利用，积极推进相关传统文化艺术教育工程，创造具有北京符号特色的文化外贸产品。推动北京传统技艺项目生产制作方式保护和产业化发展，发展传统工艺制品市场。例如，北京国家话剧院《恋爱的犀牛》剧组赴澳大利亚进行长达1个月的13场巡演，部分场次票源告罄，演出收入达70万元，成为在澳大利亚"中国文化年"的一大亮点。北京功夫剧《寻找功夫》和中国杂技团"3D"杂技音乐剧《再见，飞碟》赴台湾驻场演出104场，演出收入1000多万元，吸引岛内近20万观众，成为两岸迄今时间最长、场次最多、经济效益最好的商业演出。除文化内涵外，文化产品在技术表现手法上，要与国际市场接轨，让文化产业与高新技术相结合，为打造文化精品提供强有力的技术支撑。实施文化精品带动战略，鼓励文化企业走原创路线、精品路线，按照世界各地的消费方式和消费习惯，量身制作具有中华内涵的产品。

**（二）打造具有核心竞争力的航母型国际文化企业，树立从"文化交流"理念转变到"占有国际文化市场份额"的市场导向性的文化"走出去"国际竞争意识**

北京要想尽快提升文化的整体竞争力，必须拥有实力雄厚且具有航母旗舰意义的对外文化企业集团和一大批机制灵活、创新能力强的对外文化贸易中小企业集群。目前北京市正在积极筹建的北京文创国际集团，将有利于打破小文化壁垒，以大文化概念整合北京的文化资源，打造有世界影响力的旗舰对外文化集团公司。基于现阶段中国特殊国情，实施文化"走出去"战略必然要重视政府的主导作用，但是中华文化真正要"走出去"，最终是要通过市场主体的力量。从国外大国文化传播经验看，文化对其他国家的影响是靠市场力量实现，而且主要是通过市场主体实现，如美国的时代华纳、新闻集团、好莱坞、百老汇、迪斯尼等大型企业集团和企业集群。北京文化"走出去"也必须以市场为导向，科学选择目标市场，降低文化折扣度。北京可以借鉴国外发达城市文化输出经验，切实做到思想解放，确立文化"走出去"的战略地位，政府负责管理和扶持，鼓励自由经营、公平竞争，由市场去评判文化"走出去"产品的优劣。积极探索用产业、商业的形式推动文化"走出去"，通过参股、收购、合资乃至上市的方式在海外融资，以资本运营带动产品出口，实现与国际对接，实现高附加值贸易，努力在国际上形成强大的文化竞争力和影响力①。

**（三）积极争取国家支持，构建文化"走出去"发展战略的合力机制，制定统一的北京文化产业"走出去"发展规划，加大对"走出去"的文化产业的资金扶持力度**

充分利用区位地缘优势，与国家文化相关部门有效沟通，争取从国家层面获得更大的支持力度，推动北京文化贸易实现跨越式发展。建议市政府定期召开专题联席会议，及时通报和研究解决与北京文化"走出去"相关的新情况、新问题，逐步形成市委、政府及相关部门共同关心、支持和帮助实施北京文化"走出去"发展战略的合力机制。结合北京政治、文化和地缘优势，找准一级目标市场，尽快制定北京文化产业"走出去"的中长期战略目标，分析文化产品输出的可行性、出口结构搭配、出口渠道的有效性以及统计渠道等；出台政策支持体系，对"走出去"的重点企业和项目设计实施线路图，分配好重点任务，制定保障措施。要完善文化产品和服务贸易出口的政策，完善资金补贴，出口奖励、减免税收等政策，鼓励北京文化企业到海外收购、兼并、参股、租赁等经营活动，在境外兴办文化实体，兴建产业研发基地和销售网络。应参照国家对文化产品和服务的政策措施，建立具有北京特色的文化产品外向型发展机制，大力鼓励文化产品出口，加大资金支持力度、实行税收优惠政策、提供金融支持，要制定出具体的北京特色资金扶持奖励措施，提高出口的便利化水平。如深圳市文广新局不仅专门设有对外文化交流处，每年还有 500 万元的外向型文化贸易专项经费，其在及早谋划、扩大文化活动影响力上发挥了积极作用。

---

① 参见文化—中工网，http://culture.workercn.cn/c/2011/10/13/111013072953649191020_2.html。

### （四）实施人才培养工程，加大外向型专门人才培养力度，形成支持文化"走出去"智力资源供给机制

"人"是文化发展的根本动力与源泉。目前北京文化"走出去"需要懂跨国经营管理和国际市场营销、擅长涉外的项目策划、文化经纪、资本运作的经营管理人才；需要熟悉国际惯例和规则、擅长媒介市场运作、具有战略思维的外向型经营人才；需要具有开拓能力、创新精神和创新能力，能够管理跨国大型文化企业集团的经营管理人才。针对人才需求状况，在新时期文化发展中，应做好两方面的人才培养。一方面，稳定现有的文化人才队伍，加强在职培训，健全表彰北京文化领域涌现出的杰出代表人物和先进模范人物的机制。另一方面，加快后备人才培养，通过与高校等教育机构的合作办学，支持高校引进国际标准的办学理念和科学技术，培养国际高端文化人才。注重创意、创新技能培养。密切跟踪吸收国际先进技术，加强自主研发。在组织管理、资金扶持、生产经营等方面加强机制建设，通过制定奖励机制和措施，加强知识产权保护等政策为各类外向型研究人才在文化领域的发展提供保障。建议相关部门和企业与在京各大高校建立文化产业和文化贸易人才合作培养机制，并与国外文化中介机构、文化艺术展会、艺术节等文化机构建立合作机制，选派文化主管部门、文化企业等文化从业人员赴外进行各种培训、实习活动。加强对海外高端文化产业和文化贸易人才的引进。

### （五）着力转变政府的文化管理职能，建立健全文化产业和文化贸易的政策法规

文化"走出去"的战略既是文化竞争力的一个组成部分，其自身也是一个宏大的整体战略体系，需要多方面、各环节共同发力才可能实现。在文化"走出去"战略中，不能仅仅局限于考察科技创新对文化"走出去"的传播和流转环节之作用效果，更应该从文化管理制度等环节和方面进行全面考察。就我国目前国情而言，政府依然是文化管理的主体，无论是文化事业还是文化产业的"走出去"都离不开政府的职能管理。文化产业和文化贸易的发展离不开完善的制度环境和相关政策的支持体系。由于我国文化产业尚处于起步阶段，与文化产业发展相关的现行法律法规还不健全，针对性与可操作性不强，对文化企业的指导性和保护力度不

够。要促使文化产业顺应全球化发展的趋势，政府必须转变在文化产业发展中的角色和职能，实现从"办"文化向"管"文化转变，根据当前文化产业和文化贸易发展的实际情况，通过建立制度、出台政策、沟通协调、加强监管等方式建立适合我国国情的文化管理体制，创造和完善相关制度环境，把文化市场的管理纳入规范化和法制化轨道。就北京市而言，应积极主动，有所作为，从世界城市建设的高度着力开展研究推动首都文化"走出去"的地方性法规。

**（六）积极开展城市对外文化交流活动，发挥多元载体的文化传播作用，增强北京在国际城市文化多样生态格局中的影响力，提升在国际文化交流与竞争中的文化地位**

利用春节、国庆节、建交日等重要节日、纪念日，在北京组织举办高水平文化交流活动，增进世界对北京的了解。加强北京与友好姊妹城市间的文化交流，主动开展对外文化合作。北京文化企业可以选择资质、信誉良好的国外演出商合作经营，在合作中学习，在合作中运用，这是实现文化"走出去"的最直接、最有效的捷径。加强与我驻外机构合作，宣传推介北京优秀文化产品。借助国外著名的电影节、电视节、艺术节、书展、博览会等平台，积极推介北京文化产品和服务。精心选择参与单位及文化产品，认真组织代表北京水平的参展、参演团队，展现北京整体文化实力和城市形象。拓展民间交流合作领域，鼓励人民团体、民间组织、民营企业和个人从事对外文化交流。扩大商业性展演、展映和文化产品销售。加强哲学社会科学领域的国际交流，扩大北京哲学社会科学在世界的影响。把北京文化"走出去"工作与外事、外贸、科技、旅游、体育等工作结合起来，把展演、展映和产品销售结合起来。提升文化的国际交往能力，需要健全完善对外文化交流部门协调机制和区域协调机制。注重发挥北京市各部门、各级政府的积极性，利用双边和多边文化合作机制，统筹协调北京的对外文化交流工作，形成对外文化交流工作的合力。北京应加强与中央有关部委合作，加快海外文化中心建设，加强海外文化阵地建设。

**（七）培育品牌企业，举办大型文化节庆活动，以"引进来"更好地推动"走出去"**

目前，北京市的文化企业实力弱，经营品种单一，市场份额小。必须下功夫使北京市文化品牌企业尽快脱颖而出，成为我国文化产品的制造者和销售者、海外文化市场的开拓者、主体和跨国经营的承担者。北京市的文化企业也应向国际知名文化企业学习，逐步形成具有实力、创造力和国际信誉的企业①。比如，2012 年，北京市筹建北京文创国际集团，作为统筹北京市大文化资源、综合组织对外文化贸易的国际化高端服务平台，这将为北京市文化产品和项目提高国际营销能力、原创能力和资本运作水平提供重要支撑，是北京市发展对外文化贸易的里程碑事件。此外，通过投资，用企业运作的方式，带动中国文化"走出去"，同时也将英、美等发达国家的先进文化理念，引进到中国。要把"走出去"和"引进来"结合起来，完善内外联动、互利共赢，既能有效发挥利用外资在推动文化自主创新等方面的积极作用，又能创新对外投资和合作方式，推动文化企业在研发、生产、销售等方面开展国际化经营，加快培育具有国际竞争力的文化大企业集团。北京文化在"走出去"的同时，应加大力度引进国外大型跨国文化企业，举办大型文化活动，推介北京文化。应积极参与或主办国际性书展、节展期间的文化论坛和主宾国活动等，提升北京的文化影响力。探索打造一两个具有首都特色的大型文化节活动，学习"巴黎国际时装节"、"伦敦铁人三项赛"、"慕尼黑啤酒节"、"巴西圣保罗狂欢节"、"西班牙斗牛节"等，将"798"艺术节、国际旅游文化节、相约北京等活动提高档次，扩大规模，使其成为既有北京特点又有国际影响力的文化艺术节。此外，北京文化只有从精神上立起来，才能立于不败之地，才能长远地"走出去"。而读书是培育北京人文化精神的良方，政府可以考虑设立全市"读书节"。深圳把读书节做成了深圳的文化品牌，这值得我们借鉴。

### （八）大力发展公民社会，夯实文化"走出去"的根基

国外很多成功经验告诉我们，非政府组织和非营利性组织在提高国家文化软实力、推动国家文化多样性等方面发挥着独特的作用。从本质意义上来说，文化是无国界的，应创造一个有利于非政府组织发展的社会环境，要以文化自信所拥有的大国气度来面对非政府组织、非营利性组织的第三方声音。美国、英国、韩国等文化贸易大国，非政府组织极其活跃，

---

① 胡丹婷：《文化"走出去"的主力军》，载《浙江经济》2014 年第 4 期。

扮演着政府无法企及的角色，推动本国文化的跨境输出。美国没有专门的文化行政部门，但并不等于政府对文化的管理无所作为，政府拨款是其干预文化发展的基本途径，然而联邦政府不直接对文化机构拨款，而是通过国家艺术基金会、国家人文基金会和国家博物馆、图书馆学会等非政府组织对文化实施资助。随着中国综合国力的增强，中华文化"走出去"成为提升国家文化软实力的战略举措，并取得了明显的成效。同样，北京文化"走出去"也是向世界展示北京形象，塑造开放、包容、和谐、爱国的北京精神的重要手段。目前北京正在试点推动国家文化体制改革，非政府文化组织应该是重要的一个内容。一个循环良好的文化建设生态链条应该是政府、非政府文化组织、市场三者之间相互依赖、互相制约补充、良性互动的发展格局。作为首善之区的北京，应当加快改革，为非政府文化组织的发展创造一个良好的外部环境，采取有力措施，开展前期地方法规研究，着手进行非政府文化组织的自我改造，形成政府、非政府文化组织、市场的协作关系，使非政府文化组织成为文化体制改革的一个新支点。目前北京公民社会发育还不成熟，缺乏现代意义上的自治和公民社会精神。应通过有意识的、自觉的制度设计，组建和培育公民文化社会团体，文化体制改革才有可能获得实质性进展，北京文化才能真正实现大繁荣大发展，更加自信、更加大步地"走出去"。

### （九）改善文化外贸现状，大力提倡发展文化国际中介组织

社会中介组织是沟通政府与社会，平衡社会利益冲突的重要力量。文化中介组织不但在存量文化市场从事文化事业活动，而且在增量文化市场开辟文化产品的出口贸易，这就使它在文化市场的结构性演变进程中形成某种重构力量，一方面完善文化专业市场的结构，另一方面建构支柱文化产业。比如，美国纽约拥有非政府组织和非营利性组织 1.05 万家，其中大部分与文化直接有关，这有力地促进了纽约文化国际影响力的提升。根据纽约、伦敦和东京等世界城市文化输出和国际贸易的经验，北京在加强宏观经济调控和改善法治环境的同时，应加强国际文化贸易的营销网络建设，尤其是尽快建立健全国际文化贸易导向性的文化中介组织的法律法规，建立文化中介组织的破产退出机制，把好文化中介从业人员的准入关，加强对文化中介资格认定的管理。同时由于北京与世界城市相比，文化国际贸易的中介组织处于薄弱环节，因此还应积极支持北京文化企业与

国际知名演艺、展览、电影、出版中介机构或经纪人开展合作，既要"造船出海"，更要适时地把握好后发的"借船出海"，向规模化、品牌化方向发展。尤为重要的是，应赋予文化团体更多的自治权利，鼓励社会对文化事业提供更多的支持和参与机会。

### （十）增强问题意识，加强文化"走出去"战略理论和政策研究

从满足国内文化服务需求到文化"走出去"，乃是当下北京在推动首都文化大发展大繁荣过程中应有的问题意识。要深入研究北京市文化"走出去"战略的要素选择及有关模式，特别是如何通过文化的"走出去"来带动整体竞争力的提升。政府要集中力量，借助社科院等研究智囊，抓紧制定出北京文化产业"走出去"战略的基本政策，根据不断变化的国际市场需求和环境，不断研究新情况，解决新问题。此外，要统筹资源，成立外事、文联、文资办等多部门联席会议小组，及时、准确地发布国际市场对文化产品和服务的最新需求，以指导北京文化产业有针对性地实施"走出去"发展战略。当然，政策上的理论支撑是一个方面，与此同时，要着眼于国外文化市场的实践动态需求，成立攻关团队，深入分析当今世界文化消费市场的总体心理趋势、消费习惯及文化特点，充分考虑国外受众的欣赏习惯、审美情趣和消费心理，深入研究世界各国，特别是汉语言儒家文化圈国家和地区，欧洲、美洲、澳洲等世界各地华人居住的主要国家和城市，以及近年来与我国联系密切的各个国家和地区的文化市场导向，努力打造适销对路的文化项目和产品[1]。

---

① 浙江省委宣传部课题组：《提升浙江文化软实力》，载《今日浙江》2008 年第 2 期。

# 第八章　文化创新与首都文化竞争力

## 第一节　首都文化创新政策与现状

### （一）在推动文化体制创新上所取得的新突破

着力搭建文化创新服务平台，组建国有文化资产监督管理机构，构建文化金融服务体系，建立文化创意产业发展基金。2012 年 6 月，北京市国有文化资产监督管理办公室（以下简称"文资办"）成立。北京市文资办成立后，在六个方面推进工作：一是建章立制，完善各项制度，理顺国有文化资产监管体制机制；二是按照市政府授权和"管人管事管资产管导向"原则，履行政府出资人监管职能，确保国有文化资产保值增值；三是推进文化企事业单位改革重组，建立现代企业制度，打造"文化航母"；四是促进文化创意产业发展，落实文化创新、科技创新"双轮驱动"战略，整合中央和市属资源，培育文化新业态，推动文化与科技、金融等领域的融合发展，做强做大文化创意产业；五是发挥文化创新发展专项资金作用，推动文化领域重点项目和重点企业落地，健全文化投融资服务体系，放大政府资金效应，为首都文化创意产业发展提供资金支持；六是与兄弟部门密切合作，为推动首都成为全国文化精品创作中心、文化创意培育中心、文化人才集聚教育中心、文化要素配置中心、文化信息传播中心和文化交流展示中心做出努力。北京市文化体制改革要进一步深化，积极寻求有利于推动首都文化建设发展的机制。

### （二）首都设立百亿基金促进文化创新发展

北京市委提出建立北京文化发展专项资金，在整合资源的基础上，每年统筹 100 亿元，用于支持首都文化发展。市委市政府决定统筹管理使用

100亿元北京文化创新发展专项资金，目的是整合首都大文化资源。专项资金的使用不单是推动文化事业、产业发展，文化体制改革，还包括统筹管理旅游产业专项资金、体育产业专项资金和文化基础设施专项资金等，推动文化与科技、旅游、体育、金融等融合发展。中共北京市委十届十次会议后，出台了《北京市文化创新发展专项资金管理办法》以及配套的项目申报管理操作规程，并获专项资金联席会和市政府专题会审议通过。文化创新发展专项资金管理使用将构建项目决策、预决算、申报、论证评审、检查监督、项目评价六大机制，实现"决策有评估、预算有评审、过程有监督、结果有评价"四个目标，力争开创财政资金管理使用新模式。特别是在资金支持方式上实现创新，在补助、奖励和贷款贴息等传统支持方式的基础上，创新设立文化创意产业投资基金、股权投资、统贷平台、直接注资等支持方式，提升专项资金的使用效益。此外，在撬动社会投资、放大财政资金效应、防范财政资金风险、绩效考核评价上也将实现创新。

### （三）传统文化保护与管理创新举措

文化部在北京为国家级非物质文化遗产生产性保护示范基地颁牌，其中北京市珐琅厂有限责任公司、北京市内联升鞋业有限公司、北京市荣宝斋被列为第一批国家级非物质文化遗产生产性保护示范基地企业。对传统文化符号的保护，还体现在加强对老字号和名人名称进行保护方面，这是历史文化名城保护和非物质文化遗产保护的管理创新与新的形式探索。北京市《支持文化产业发展促进首都文化大繁荣的工作意见》对外公布，为加大文化企业市场准入扶持力度，加强对本市知名品牌的保护，北京市将放宽文化企业集团设立条件，并对老字号、驰名商标、文化名家名人姓名、大专院校名称等实行全行业保护。该意见强调，凡是经工商总局和市工商局认定的驰名、著名商标，经商务部和北京市确认的北京地区老字号，都可以向市工商局申请对企业名称中商标文字部分、老字号名称的保护。北京市将支持市级以上文化部门确认的文化名家、文化名人，使用或授权他人使用自己的姓名登记注册文化企业和个体工商户。

### （四）支持文化企业发展方面的创新政策

除了北京市委十届十次会议出台的支持文化创新的意见之外，首都其他部门也相继关注文化创新发展。为推动首都文化创意产业快速发展，充分发挥工商行政管理职能，2012 年 5 月北京市工商局出台新政策，发布《关于支持文化创意产业发展促进首都文化大繁荣的工作意见》，支持文化企业集团化发展，提升首都文化企业竞争力；支持文化事业单位改制重组，放宽文化企业出资方式；支持企业品牌建设，保护企业驰名商标；引导文化中介专业经营，规范有形文化市场发展。该工作意见在支持文化航母建设上提出了新举措，在支持文化企事业单位改制重组上提出了新模式，在支持文化企业品牌建设上提出了新方案，在支持文化中介企业培育发展上提出新办法，在支持广告业态发展上提出新思路，将对首都文化大发展大繁荣起到积极的促进作用。

### （五）支持文化金融方面的创新政策

北京市文资办还与国家开发银行北京市分行、中国银行北京市分行等 10 家银行签订文化金融创新发展合作协议，为北京文化创意产业发展提供授信额度 1000 亿元人民币。10 家银行承诺做好文化企业融资专项对接服务活动，开通"首都优质文化企业绿色审批通道"，为首都文化企业发展提供一揽子金融服务。北京市文资办还与万达集团有限公司、中国数字文化集团有限公司、中国华录集团有限公司、北京奇虎科技有限公司、盛唐时代文化传媒集团、中国国际文化传播中心等 11 家企业签订文化创意发展合作协议，一批重大文化项目将在北京落地，仅这一批签约项目总投资额度就达 608.7 亿元人民币。两项签约仪式预示着北京市文资办工作开局良好，希望社会各界积极参与首都文化建设，为推动首都文化大发展大繁荣建言献策、贡献力量。

## 第二节　首都文化创新与创新型城市建设的新进展

### （一）极力打造国家创新中心，建设有影响力的世界文化中心城市

北京"十二五"规划纲要明确提出，"把北京建设成为国家创新中心"，北京正在搭建首都创新资源平台，完善创新支持与服务体系，统筹推进重大文化科技融合，从 2012 年起，每年统筹 200 亿元财政资金，分别用于支持国家科技创新与文化创新重大专项。北京市委《关于发挥文化中心作用加快建设中国特色社会主义先进文化之都的意见》提出，打

造中国特色社会主义先进文化之都，把首都建设成为在国内发挥示范带动作用、在国际上具有重大影响力的著名文化中心城市。北京要建设成为全国文化精品创作中心、文化创意培育中心、文化人才集聚教育中心、文化要素配置中心、文化信息传播中心、文化交流展示中心，发挥好首都文化中心的表率引领作用、辐射带动作用、提升驱动作用、桥梁纽带作用、荟萃集聚作用。

### （二）推进公共文化服务创新管理工作取得良好进展

2012 年，北京市强调，要率先建成城乡一体化公共文化服务体系，完善市、区（县）、街道（乡镇）、社区（村）四级服务网络，用信息化、数字化提升服务水平；大力实施文化惠民工程，加强公共文化体育设施建设，统筹利用中央和市属、国有和民营文化资源，充分发挥首都各文化联盟的作用，推动公共文化服务均等化，更好地保障人民群众的基本文化权益。首都北京要以实施文化惠民为工作宗旨，全面落实文化惠民各项政策，努力构建符合首善之区要求的公共文化服务体系。北京市制定了由城市专业电影院、区（县）专业电影院、乡镇数字多媒体综合文化服务中心、行政村数字多媒体综合文化服务中心的全市四级电影设施网络建设规划，重点对郊区农村数字多媒体综合文化服务中心中的影院建设采取更加优惠的扶持政策。加强郊区农村数字多媒体综合文化服务中心的数字影院建设，采取政府招投标采购的形式，为全市的数字影厅配备数字电影放映设备，并提供建设配套资金，购买版权，提供场次补贴。2012 年国内影院建设继续快速发展，银幕数量迅猛增加。目前，北京中心城区的影院已经趋于饱和，怀柔、昌平、通州、房山、大兴等郊区县以及方庄、亦庄等区域都拥有了新影院。未来两三年，北京影院的数量还会持续增加，但各大院线会越来越注重打造影院品牌，以舒适环境、高品质服务来赢得观众。

### （三）文化交易市场服务体系新探索

北京正在逐步推广当代艺术品实名"身份证制度"。前两年，北京艺术品交易市场的火爆，使北京当仁不让地成为全国艺术品交易中心。但与市场迅猛发展不相符的是，北京艺术品市场还存在一些当代艺术作品格调不高、赝品泛滥、市场结构失衡、市场体系不完善、立法滞后等问题。在

"2012 首都文化创意产业发展论坛"上，北京市提出逐步推广艺术品实名登记制度，为进入市场的艺术品进行"身份证登记"，确保登记作品的唯一性、真实性，保障首都艺术品市场健康发展。北京市将逐步推开两个体系的建设：一是从当代原创艺术品做起，建立艺术品进入市场的"身份证制度"，以确保登记作品的唯一性、真实性、来源的合法性；二是加强艺术品市场信用体系建设，建立企业信用档案，对艺术品经营企业实行信用承诺制管理。基于这个规范化管理的制度体系，北京市希望解决当前艺术品交易市场中存在的两个问题：售假和私下交易。除建立当代艺术品"身份证制度"外，北京市还将通过培育艺术品一级市场，完善评估、鉴定、价格、监管体系，加快艺术品保税区建设，加快艺术品市场立法等工作，确保首都艺术品市场向健康方向发展。

### （四）北京文化创意产业的知识产权管理新探索

知识产权保护一直是文化创意产业业内争论与存疑的话题，与此相关的文化创意产业业务发展与保险业之间的合作在之前是罕见的，但是随着文化创意产业的深入发展，保险业支持文化创意产业的呼声越来越高。2012 年 9 月 27 日，北京市文化局与中国人保财险北京市分公司签署《文化产业保险战略合作协议》，双方将在文化保险市场的培育发展、重点文化项目建设等方面合作。作为文化部批准的首批文化产业保险试点单位，中国人保财险公司北京分公司与该局签署协议后，双方将在文化保险市场的培育发展、重点文化项目建设、信息技术建设及加强沟通交流四方面进行合作。同时，还将努力在北京建立规范、系统的文化创意产业保险管理体系，制定文化产业保险科学、规范的风险管理评估方案及标准，丰富文化创意产业保险险种，加强文化保险有关政策研究。与此同时，人保财险北京市分公司还与首都剧院联盟、北京画廊协会分别签署了《北京市文化演艺行业保险合作协议》和《北京市文化艺术品行业保险合作协议》。

### （五）创新型城市建设取得里程碑式进展

北京市已成功入选世界"设计之都"，早在 2010 年 6 月，经市委市政府批准，市科委、市委宣传部等 11 个委办局组成"申都委员会"，向联合国教科文组织郑重提交了世界"设计之都"申请表。同一时间，《全面推进北京设计产业发展工作方案》出台，并实施"首都设计创新提升计划"，利用 3 年时间培育多个设计产业企业，建成 2～3 个设计产业集聚区，要求到 2012 年，推动北京成为全国设计核心引领区。2012 年 6 月，北京获得"世界设计之都"称号，联合国教科文组织总干事伊琳娜·博科娃致函北京市市长，批准北京作为"设计之都"加入联合国教科文组织创意城市网络，至此北京成为继柏林、蒙特利尔、名古屋和上海、深圳等城市之后的第 12 个全球"设计之都"。北京在获得"设计之都"称号之后即表示将大力打造和建设"设计之都"，并将北京建设成为真正意义上的创意城市，这标志着北京市设计产业即将迸发出更强大的国际影响力，也势必将为本市实施科技创新、文化创新"双轮驱动"战略注入新的生命力。北京将履行申都报告中的承诺：加大对设计教育和设计产业的投入，加快设计人才的培养，扩大国际设计交流，不断吸引全球设计创意资源向本市集聚，加快北京建设中国特色世界城市的进程。北京可用联合国教科文组织名称和标识，参加联合国教科文组织的各种国际活动，分享其他城市成功发展经验，这将为北京设计产业进军国际市场创造更多机遇。

## （六）推进创新管理和创新文化服务

为加快文化产业创新，北京市有关方面采取了一系列措施。为了贯彻落实党中央对北京市在文化事业和文化产业发展中发挥示范带头作用的要求，北京市将实施思想道德引领战略、科技和文化创新的"双轮驱动"战略、文化精品战略、文化航母战略，并推动文化企业上市，促进文化与相关产业融合等措施，同时加强体制、政策、管理、服务、理论五个方面的研究创新，制定"1 + 6"政策体系。北京将搭建六大平台，推动文化的发展，即：搭建园区平台，发挥集聚效应；搭建融资平台，为文化创意产业的发展提供强有力的资金支持；搭建内容平台，让内容创新引领文化事业的发展；搭建科技平台，让文化插上科技的翅膀；搭建营销平台，让文化创意更好地走进市场；搭建人才平台，让文化创意产业的高端、领军人才更好地服务于北京文化大发展大繁荣。创新驱动以实现经济发展方式的转变。在科技创新方面，搭建了首都创新资源平台，实施了一系列先行先试政策，中关村国家自主创新示范区呈现出良好的发展态势。随着经济社会的发展，文化建设的重要性日益凸显，文化与科技的结合更加紧密，文化创新成为北京市实现科学发展、加快转变经济发展方式的重要方面。

在推动文化建设过程中，北京市将处理好政府主导与市场机制的关系，传统文化的传承与发展的关系，推动文化改革与扩大文化开放的关系，打造文化精品与发展大众文化的关系，使文化的大发展大繁荣更好地满足人民群众的需求，更好地发挥推动经济社会发展的重要作用。

## 第三节　首都创新型人才队伍建设与文化竞争力的提升

### （一）创新型文化人才队伍建设受到高度重视

十七届六中全会把人才建设摆在文化强国的突出位置，把我国经济与社会转型所面临的创新人才队伍培养等问题提上日程。创新人才队伍是首都创新型城市建设的根本性推动力量，北京应加快文化体制改革，塑造文化创新的良好社会环境和创新文化生态，重视对创意群体的调查与研究，积极寻求可持续发展的人才战略与方案，迅速扩大创新人才队伍建设，不断为文化创意产业注入创新动力。

北京市要率先实现创新发展，必须要先培养和建设德才兼备、锐意进取、结构合理、规模宏大的文化人才队伍。2010 年，北京市委市政府制定了《首都中长期人才发展规划纲要》（2010—2020），明确了做好新形势下首都人才工作的指导思想、指导方针、战略目标和重大举措，并提出了要加强高层次创新型科技人才队伍建设，加强青年人才工作和促进首都人才集群式发展。2011 年，北京市人力资源部门在人才组织工作方面也加强了力度。随着十七届六中全会的召开，市人力社保局人才工作领导小组成立，成员单位包括与人才工作相关的局属 25 个处室及事业单位，建立了联席会议制度。工作小组的成立旨在统筹指导局属单位和全市人力社保系统人才工作，整合资源，形成人才工作合力，积极推动全市人才工作健康有序发展。会上审议并原则通过了《北京市"十二五"时期人才发展规划》，要求结合工作职能做好基础性、长远性和战略性人才发展研究工作，对人才工作中的突破性和改革性工作要进行整体规划，积极探索；要通过开展具有社会影响力的重大活动，加大人才工作宣传力度，进一步创造良好的人才发展环境。并将培养打造创新创业型领军人才、紧缺专门人才、国际化人才、青年英才作为"十二五"的重点任务，设计了"十二五"时期将开展的 14 项重大人才工程等。北京市人才工作领导小组的成立必然将创意人才队伍建设的工作向前迅速推进。

### （二）当前北京市文化创意人才队伍建设现状

北京市文化创意人才快速增加，但总量仍然偏低。在这方面，北京市的情况与全国创意人才的总体情况是一致的。如目前我国影视动画人才总需求量至少在 15 万人以上，而实际从业者却不足 1 万人，这使得北京市的创意人才缺口非常大。根据北京市统计局数据，2006 年，北京市文化创意产业从业人员 89.5 万人，2009 年前 3 季度，北京市文化创意产业从业人员达到 102 万人，同比增长 37.2%，这是北京市文化创意产业吸纳就业首次突破 100 万，但是文化创意产业内各种创意人才的短缺逐渐加大。到了 2011 年，据了解仅仅动漫创新人才，业界需要的是 15 万 ~20 万，而每年能够提供的合格人才仅为 1 万人左右。文化创意人才的结构不合理。相比人才数量不足的矛盾，文化创意人才质量不高、结构不合理的问题更为严重，具体体现为以下方面。

第一，缺乏高端原创性的人才。根据我们的问卷调查，被调查的管理者认为本单位的创意人员中只有 22% 的比例算得上是创新型的，多数人才属于复制型或模仿型。这种人才结构导致原创产品很少，企业核心竞争力不足。北京市文化创意产业近年才获得快速发展，总体发展水平仍较低，直接导致的结果是产业中多的是掌握较低技术层次的加工匠、模仿性的创作人才，创意人才的金字塔结构严重失衡，高端原创性的人才极为缺乏。这在一定程度上制约了北京市创意产业向更高水平的上升。

第二，缺乏文化创意经营人才。将创意产业化，需要能将创意内容产业化和市场化的经营人才，一项好的创意产生之后，还需要文化创意经营人才将其商业化推向市场，进而被消费者接受。被调查者普遍认为，北京市严重缺乏擅长将创意作品"产业化"、"市场化"的经营管理人才和领军人物，由于缺乏将创意进行商业化的经营人才，导致很多创意的潜力不能充分发挥，文化创意企业的规模难以扩大。

第三，缺乏复合型人才。与传统产业相比，创意产业具有创新性、高增值性和高风险性等特点，是文化—经济—技术—管理等高度融合的产业，要求从业人员具备较为完善的知识结构，即不仅要有丰富的社科文化知识，还要有较高的技术水平和操作能力。我国传统的人才培养一般进行单一方面技能的培养，导致北京市非常缺乏复合型文化创意人才。

　　文化创意人才开发途径不完善。北京市要树立享誉世界的文化创意品牌，自然最终人才是关键。目前，北京市文化创意人才的开发主要是学历教育和在职培训。学历教育存在以下问题：文化创意相关专业设置较少，尤其是新兴的创意产业，如游戏、动漫等，设置相关专业的院校极少。目前已经开设的文化创意相关专业，也面临两方面的问题，其一，师资的缺乏。由于文化创意人才比较少，相应师资更为缺乏，且教师水平参差不齐，严重影响创意人才的培养。其二，培养计划中真正培养创意能力的环节并不完善。创意人才参加的在职培训多以定向的技能培训为主，培训时间较短、培训内容单一，导致效果并不理想。企业对创意人才进行的在职培训缺乏系统规范的设计，仅能在短时间内提高其某项技能，并不能有效提高他们的创意能力。

　　另外，人才培养的适应性是最大的问题所在。创意产业市场上的专业人才需求依然很旺盛。以动画及多媒体行业为例，虽然相应的动漫教育机构、动漫人才数量迅猛增长，但是动漫产业的发展仍出现人才告急的现象，随着动漫产业的发展壮大，这个缺口还会不断加大。在对中关村多媒体创意产业园区的几家动漫企业所进行的调查中发现，企业不但在校园招聘时找不到专业对口的学生，而且就算招进来了动画专业的毕业生，很多也无法胜任岗位要求。人才培养的适应性指的是所培养的人才是否受到市场的欢迎，北京的人才资源集聚在全国来说是首屈一指的，但是人才市场饱和与企业招不到人才的现象是同时存在的，专业人才无用武之地的现象是常常发生的，这就是由于人才是否具有适应性和是否对口问题所致。有些企业想出了解决办法，那就是尽量给在校学生提供实习机会，等到毕业的时候就基本可以上手了。看来，让学生在参与企业的实践中成长，积极探索产、学、研相结合的培养模式是一种很好的尝试，而当前大多数企业太过急功近利，都希望招聘到马上能够对其产生经济效益的文化创意人才，而缺乏对文化创意人才的培训和投资。迪斯尼乐园获得国家资助基金后，必须拿出25%用于人才培训，对每个生产环节的人都进行非常专业和完善的培训，培训机构也是经过挑选的，这才能打造出一场无可挑剔的演出。

　　研究发现，在10多年前英国文化创意产业也曾面临同样的人才困局。当时，英国政府启动了"创造性的伙伴关系"的文化项目，文化创意机构（电影院、电视工作室、艺术中心、网站设计组织等）与中小学校合作从事一些长期文化项目，为中小学生提供时装设计、广播电视、戏剧表演等的指导与制作等新技能，从而为创意产业的发展造就了一大批潜在的产业人才。在 10 多年的发展中，英国创意产业平均年增长率达到 6%，相关从业人员超过 200 万人，是英国雇佣就业人口最多的产业。北京当前所面临的文化创意产业深入发展，就是要发挥创新驱动的价值，英国在创意人才方面的经验值得借鉴。

### （三）加强北京创意人才队伍建设以提升首都文化竞争力

从可持续发展层面来看，创新人才资本是文化创意产业最核心的生产要素。当前，这些人才已经形成自己的特定群体，即创意群体[①]，在国外研究领域已经有明确的创意阶层这一概念[②]。创意群体是文化创意产业价值链的核心部分，而在创意经济的层面上，创意群体不仅是创新型国家建设的根本性推动力量，也是现代消费和生活方式的引领者，从我们的调研来看，他们主要集中在媒介消费网络相对成熟和信息共享程度相对高的城市。创意经济时代是以创造力来推动经济发展，这意味着未来世界的竞争是对这些创意人才的竞争。

在我国，以北京为首的城市优先制定了一系列吸引创意人才的政策，在北京文化创意产业发展规划中，明确规定优秀创意人才可优先调京，这些人才中的京外人才，可优先办理调京或办理《北京市工作居住证》，为创新人才优先解决户口问题。而且，为了积极引进和激励高端人才，北京还对文化创意企业聘用海内外高层次的管理人才、创意人才和营销经纪人才进行了优先的政策待遇，比如创意人才可以参照《北京市吸引高级人才奖励管理规定》予以奖励。另外，市政府还设立文化创意奖，对发展文化创意产业做出突出贡献的集体和个人给予表彰和奖励。

在"十一五"期间，北京大力倡导文化创意产业，创意人才不断涌现，创意人才队伍在不断扩大。由于创意人才队伍正在成长之中，可以暂时把他们称为创意群体，佛罗里达文本中的创意阶层指代的是创意经济比较成熟的状态，不过这些创意群体在未来必将成长为创意阶层。同其他阶层一样，创意阶层形成的根源是经济性的，由于创意是经济增长的驱动力

---

① 浙江省委宣传部课题组：《提升浙江文化软实力》，载《今日浙江》2008 年第 2 期。
② 郑成宏：《韩国文化产业现状与借鉴》，载《当代韩国》2002 年秋季号。

量，因此从影响力的角度而言，创意阶层已经或正在成为以创意经济主导城市或者国家的主导阶层。在美国约有 3800 万人属于这一阶层，其所占比例超过了美国总就业人口的 30%①，他们虽然还没有明确的群体意识，但有自己的生活方式特征，这一阶层将继续对当代人的工作方式、价值观、欲望乃至日常生活的基本架构产生深刻影响。

实施重大人才政策是国家中长期人才发展规划确定的任务，国家人才发展规划重大政策协调会于 2010 年 11 月 25 日在北京召开，其中就强调了创新型人才对建设创新型国家的重要性以及提出要为其提供良好的发展环境，并出台招募包括全球高端创意人才在内的各类人才计划。其中，北京率先响应中央有关精神，中关村在 2011 年初也确定了 "6 + 1" 的创新政策细则，为吸引创意人才，也研究确定了 "2011 年中关村人才特区引进人才专项计划"，目前正在进行人才的招募引进，这些都显示了北京市政府对创意人才的重视和改善人才发展环境的决心。借鉴国外相关研究理论成果，我们可以尝试对我国创意人才和创意群体进行广泛的调查研究，可以从理论分析与形势综述、调查方案设计与实施、调查数据分析与总结、理论建构与政策建议等方面进行探讨。

在此基础上，结合当前首都创新型城市建设背景，尝试研究以媒介消费网络完善革新与创意阶层互动为动脉的创意城市模式与系统的建构方法，探索创新型城市建设在创意群体集聚方面的策略与政策，为创意群体创设更好的信息共享空间和创意环境。从创意群体的根本特性方面对吸引他们的信息环境进行考察，以分析我国在培育和激励创意人才方面的形势并提出亟待改善的方面。中国创意群体正在利好的政策环境中慢慢成长，相信在不久的将来，这些群体通过成长和集聚必将成为我国创意经济时代的特殊阶层即创意阶层，这些创意人才必然成为中国创意驱动经济发展的领军人物。

首先，北京在集聚创意人才方面有自身的优势。北京市是我国的首都，政治和文化中心，为北京发展创意产业奠定了雄厚的基础。北京集聚了全国最优秀和最丰富的教育资源。北京市共有 353 所科研院所，科技人员达 30.1 万人；普通高等院校 77 所，其中设计类专业院校有 37 所，在校学生过万人；2 万多家覆盖广告、工业、艺术等领域的设计公司，从业

---

① 浙江省委宣传部课题组：《提升浙江文化软实力》，载《今日浙江》2008 年第 2 期。

人员达 10 万人；一大批文化创意产业领域的高科技企业及约 400 家跨国公司在北京设立了研发机构。

其次，北京市出台了一系列规划和政策对创意产业加强引导。仅 2007 年 6 月以来，已发布《北京市促进文化创意产业发展的若干政策》《北京市文化创意产业发展专项资金管理办法》《北京市文化创意产业集聚区认定和管理办法》《支持北京市文化创意产业发展的若干措施》等约 40 部相关政策。2006 年至今，北京市首批认定中关村创意产业先导基地、北京数字娱乐产业示范基地等 30 家文化创意产业集聚区，文化创意产业集聚发展的格局基本确立，这为创意人才的集聚打下了基础。

在外来创意人才的输入方面。随着北京文化创意产业的深入发展，越来越多的文化创意产业人员来到北京，将其优秀的创意、巨额的资金和丰富的运作管理经验一并带到北京，为首都文化创意产业的理论和实践发展提供了有益的补充和完善，丰富了首都文化创意产业资源和产业链元素，提升了北京文化大都市的国际形象。这些文化创意人士主要从事领域有影视制作与娱乐节目制作、音乐制作、卡拉 OK 厅经营、古玩贸易、数位休闲娱乐产业、艺术品收藏与贸易、婚纱影楼、体育休闲产业、图书版权贸易、广告策划、教育培训等。据业内人士保守估计，仅台湾来京的从业人员就有 2000 人左右，大多集中在朝阳区、海淀区，个体流动性强，企业小而灵活。这些文化创意人员主要是个体工作者（包括自由职业者），主要以"接单"的形式工作，多以相关职业技术、管理经验投入产业中。

按照佛罗里达的理论，一个创意社会或者说社区必须具备其所提出的"3T"理论中的几个条件（正如旧金山和波士顿所具备的）——技术（technology）、人才（talent）和宽容（tolerance）。第一，创意城市或者地区需要拥有强大的技术基础，比如众多的科研单位以及对技术的大规模投资，不过这是必要而不是充分的条件；第二，创意城市或地区必须具备能够吸引、留住人才的魅力，比如对创意阶层生活方式选择权的尊重；第三，创意城市或地区需要具有对多样性的宽容，这样才能吸引各种各样的创意人才，简单地说，可以归结为城市的创意环境，创意环境从根本上说就是人文环境，一个城市必须塑造出有利于经济繁荣的人文气氛。

十七届六中全会通过的《中共中央关于深化文化体制改革推动社会主义文化大发展大繁荣若干重大问题的决定》（下称《决定》），把人才建设摆在文化强国建设的突出位置，指出"推动社会主义文化大发展大繁荣，队伍是基础，人才是关键"，并且部署了"建设宏大文化人才队伍，为社会主义文化大发展大繁荣提供有力人才支撑"的一系列工作。当前，北京正处于经济和社会创新发展与全面转型的关键时刻，十七届六中全会《决定》中所说的人才队伍建设，就是强调创意群体在文化建设中所发挥的重要作用，强调要创造条件以加强对文化创新人才的培养，把创意人才队伍建设当成推动文化大发展大繁荣的重中之重。因此，北京要进一步更新观念，创新体制机制，加快培养造就德才兼备、锐意创新、结构合理、一定规模的创新人才队伍，以适应文化创意产业发展和社会发展整体转型的需要，从而加快社会主义文化大发展大繁荣。

首先，应该大力吸引外地或者外国创意人才来京工作，建设文化创意人才资源库和人才市场。允许国外文化创意人才来去自由，并制定相应政策方便创意人才家属的就业、就学，免除其后顾之忧，可以使国外文化创意人才安心在北京工作。吸引外地创意人才来京工作。北京市要集聚优秀的文化创意人才，必然要大量吸引外地的人才。针对外地人才来京工作的障碍，应从各方面尤其在户口、社会保险、子女就学方面对外地创意人才进行政策支持，目前北京市已经出台了一些相应的政策，但是力度不够，未来应继续加大针对外地文化创意人才尤其是高级创意人才的政策支持。由政府相关部门或由政府支持权威机构建立文化创意人才资源库，并建立实体及网络的文化创意专业人才市场，在文化创意企业与人才之间建立更为顺畅的沟通渠道。这一专业人才资源库和人才市场的建立，将会大大缩短企业招聘不同层次人才的时间，降低招聘成本，并有效激励文化创意人才提升专业能力。

其次，要全面建设文化创意专业人才评价体系，多方面支持创意专业的学历教育。由政府相关部门主导建设文化创意专业人才评价体系，尽量做到客观、专业、权威，以使企业、人才等各方真正接受。如上海早在2006年就已经建立了11个文化人才认证项目，涉及广播影视、新闻出版、文化艺术、文博考古、文化经营和公共文化六大领域。这一举措，可以有效缓解企业和创意人才间信息不对称的问题，使企业在招募、识别创意人才时效率更高。通过高等院校来培养创意人才，是发展文化创意产业、进行创意人才开发的重要途径。政府应支持现有大中专院校继续增加与文化创意产业相关的专业，并加大财政资金支持其发展。在学历教育中特别要注意创新能力的培养，加强教育期间学生与国外院校、企业的联系。支持民办多层次教育中与文化创意产业相关专业的发展，如本科、专科、中专、技校等。与公办教育相比，民办教育具有办学灵活、与市场结合密切等优点，所培养人才可与公办教育形成良好的互补，以适应北京市文化创意产业多专业、多层次人才的需求。对具有一定专业知识和技能的文化创意从业人员进行培训，是创意人才开发的一条捷径。特别对于那些高端的、复合型的创意人才而言，学校教育是远远不够的，系统性的培训更符合实际需要。培训的主体可以是学校、政府和企业。政府一方面应从税收、财政等各方面支持社会培训机构的发展，另一方面可以与培训机构联合培养北京市短缺的创意人才。

　　按照十七届六中全会的部署，北京在文化人才队伍建设的层次结构上要有新突破。建设一支宏大的文化人才队伍，要全面统筹各类不同层次人才的发展。从人才层次结构来说，可分为基层人才、中级人才和高端人才，其中抓好基层文化人才和高端文化人才这两支队伍建设尤为重要。高端文化人才是当前文化建设最稀缺的资源，高层次领军人物和专业文化工作者，是社会主义文化建设的中坚力量。高端人才尤其是领军人才往往具有"连锁效应"和"磁场效应"，建设宏大的文化人才队伍，首先要重视造就高层次领军人物和高素质文化人才队伍。基层文化人才队伍是文化改革发展的基础力量，应制定相关政策积极引导优秀人才向基层一线流动，调动和发挥基层文化人才的积极性，创造更多更好的文化产品，满足人民群众日益增长的精神文化需求。要让更多优秀中青年文化人才主持重大课题、领衔重点项目，涌现更多善于开拓文化新领域的拔尖创新人才、懂经营善管理的复合型人才、适应文化走出去需要的国际化人才。要制定实施基层文化人才队伍建设规划，设立城乡社区公共文化服务岗位，壮大文化志愿者队伍，最终形成专兼结合的基层文化工作队伍。

## 第四节　文化名家领军创新工程与首都文化竞争力

### （一）北京文化名家领军与创新工程的必要性

　　文化是民族的血脉，是国家和民族振兴的力量，大力推进社会主义文化大发展大繁荣，实现中华民族伟大复兴，这是前无古人的壮丽事业。而文化名家是国家和民族文化的优秀代表，不仅在文化事业和文化产业中具有不可估量的作用，而且也与一个国家和民族的文化精神息息相关。

一个杰出的文化人物，往往能够推动一个阶段重要的文化生产的飞跃，乃至改变一个地区、一个时代的文化生态。回溯我国文化发展的历史长河，正因有了屈原、李白、杜甫、苏轼、李清照等文化名家，才有了楚辞的多姿多彩、唐诗的恢宏气象、宋词的光彩夺目等。今天，在新的时代，传承民族文化，创造文化财富，培养高度文化自觉和文化自信，提高全民族文明素质，增强国家文化软实力，努力建设社会主义文化强国的重任，也需要文化名家。

一般而言，名家是指在某一学术或技能方面有特殊贡献的著名人物，而文化名家就是在文化生产、文化管理、文化经济或文化传播等文化领域有着重要贡献和重要影响力的文化领军人物。要了解一个国家或民族之文化的最快捷方式就是先去了解他们的文化名家。在当前我国文化建设的背景下，文化名家是高素质文化人才队伍的核心组成部分；在文化人才队伍的建设中，文化名家作为文化建设的领军人才具有特殊的感召地位和标志意义。

我国正在加快文化事业和文化产业发展步伐，而文化建设与发展离不开文化名家。高层次文化建设领军人物和数以千万计的专业文化工作者，将成为社会主义文化建设的中坚力量，名家大师和民族文化代表人物则是这一中坚力量的核心，他们的数量和质量能否适应文化繁荣发展的现实需要，尤其是否具有国际影响力的文化名家，将关系到国家文化软实力的提升，也将关系到2020年文化改革与文化建设发展奋斗目标的实现。在文化越来越成为民族凝聚力和创造力的重要源泉，越来越成为综合国力竞争的重要因素，越来越成为经济社会发展的重要支撑的大背景下，如何建设生气蓬勃、群星闪耀的文化人才队伍，如何培养造就一批德才兼备、锐意创新、造诣高深、成就突出、具有时代影响力和感召力的文化名家、大师以及文化建设各个层面的领军人物，成为摆在我们面前的一个重要课题。

以习近平同志为总书记的党中央高度重视文化建设，非常关心文化领域的人才培养，各级政府也采取措施鼓励文化创新人才队伍建设，这为文化人才成长提供了坚实的政治和政策保障。党的十七届六中全会更是把中国的文化建设发展提高到了前所未有的战略高度，并把文化人才队伍建设摆在文化强国建设的突出位置，这使我国经济与社会转型所面临的文化人才这一关键问题被提上日程。实施文化名家领军战略对于加速追赶型、跨越式发展，提升区域和城市整体形象等具有重要的、直接的现实意义。同时，它对于更大范围实施文化名家领军战略乃至辐射全球也不乏借鉴意义。

随着文化事业和文化产业的深入发展，党和政府对打造文化名家领军人物这项工作给予了极大的重视。2010年6月，《国家人才发展规划》（2010—2020）把"文化名家领军工程"确定为12项重大人才工程之一。党的十七届六中全会通过的《决定》提出，要"造就高层次领军人物和高素质文化人才队伍"。可见，在当前文化经济的背景之下，我国要加快造就一批人民喜爱、有国际影响的名家大师和民族文化代表人物。

实施文化名家领军工程是贯彻落实人才强国战略的一项重大举措，是国家人才发展规划确定的12项重大人才工程之一，目的在于培养造就一批造诣高深、成就突出、影响广泛的宣传思想文化领域杰出人才，进一步提高国家文化软实力。主要任务是：每年确定一批哲学社会科学、新闻出版、广播影视、文化艺术和文物保护、文化经营管理、文化科技等方面的名家，对他们承担重大课题、重点项目、重要演出以及开展创作研究、展演交流、出版专著等活动给予重点资助扶持。文化名家的遴选分期分批进行，2011年组织开展首批推荐工作，到2015年入选文化名家计划为1200名左右，对工程进展情况进行中期评估。到2020年完成工程目标，对工程进行评估和总结，届时由国家资助的文化名家将达到2000名。

我们不仅需要文化名家，还需要文化名家在适当的时候发挥其领军作用，这和文化名家本身同样重要。文化发展与建设需要文化创作者，文化大发展大繁荣离不开文化建设者，文化大师或者文化名家是这一群体的顶尖人物，文化精品也往往是由这些名家来完成的，而文化软实力的提高正是建立在无数文化名家的努力工作之上。

从文化建设的整体来看，文化名家领军工程与文化精品工程是一脉相承的。这个时代呼唤思想大家和文化名家的产生，呼唤文化名家的传世精品。没有文化名家的诞生，就没有文化精品，如果不实施文化名家领军工程，文化精品工程也会受到影响，因此文化名家领军工程在一定意义上对文化精品工程有促进作用。纵观当今科学技术发展进程，一个杰出的领军人才，往往能够带动一项重大技术的突破，乃至一个学科、一个产业的兴起。因此，对于文化名家的培育是文化建设工作的一项重要工程，应当花费大力气去研究和具体实施。

文化名家领军工程着眼于对成就突出的高端文化人才的激励和资助，

为他们创新、创业、创优提供良好条件，积极推动文化事业、文化产业繁荣发展。文化名家领军工程还强调对文化名家的培养，着眼于培养人才，扶持资助优秀中青年文化人才主持重大课题、领衔重点项目，从中遴选文化骨干和名家大师后备力量；并进一步优化文化人才的层次、类型、地区分布结构，形成一支热爱文化事业、熟悉文化市场运行规律的文化经营管理人才队伍。

文化名家领军工程是我国建设宏大文化人才队伍的重要措施之一，这一举措得到了各级政府的高度重视。北京市委十届十次会议通过《关于发挥全国文化中心示范作用加快建设中国特色社会主义先进文化之都的意见》，把"实施文化名家领军工程，建设首都文化人才高地"作为首都文化发展繁荣的九大工程之一，并将促进其发挥作为全国文化中心的示范和引领作用，北京应该在文化名家领军工程中起示范作用。文化名家领军工程不仅是文化建设的任务，也是一项在政府支持和引导下的文化工程，在未来的五年到十年之内，文化名家领军工程将得到重点扶持，以造就更多文化名家和文化大师。随着文化名家领军工程的有效实施，各领域文化领军人才必将不断涌现，将加速宏大文化人才队伍的建设，也将进一步提升民族文化品牌形象和首都文化的竞争力。

**（二）首都文化名家领军与创新工程部署**

2010年6月，《国家人才发展规划》（2010—2020）把文化名家领军工程确定为12项重大人才工程之一；党的十七届六中全会通过《中共中央关于深化文化体制改革推动社会主义文化大发展大繁荣若干重大问题的决定》，提出要"造就高层次领军人物和高素质文化人才队伍"；北京市委十届十次会议强调要把"实施文化名家领军工程，建设首都文化人才高地"作为首都文化发展繁荣的八大工程之一。以首都北京为代表，随着文化建设的深入发展与转型，各地政府对打造文化名家领军工程给予了极大的重视。

北京市委在《关于发挥文化中心作用加快建设中国特色社会主义先进文化之都的意见》中进一步发出"实施文化名家领军工程，建设首都文化人才高地"的号召，并对首都文化人才队伍建设做了重要部署：第一，建立首都高端文化人才数据库和重大文化项目首席专家制度；第二，实施"四个一批"人才培养工程；第三，统筹组织实施创新型人才、复合型人才、外向型人才、科技型人才及宣传文化人才的培养、培训和素质提升计划；第四，多渠道吸引海内外优秀文化人才来京创业，吸引优秀文化人才服务基层；第五，采取股权、期权、年薪制等多种方式，激励文化创新人才。

按照这一工作部署，首都文化人才队伍建设还应该重视以下方面。

首先，加强文化名家培育。文化名家领军工程就是要在文化的生产、管理、经济或传播等领域打造有重要贡献和重要影响力的文化领军人物。这些文化名家领军人物具有典型示范和人格扩展的意义，对社会主义核心价值体系的形成和巩固有着不可估量的作用。首都实施文化名家领军工程，不仅对于加快创意人才队伍建设、加强文化名家培育、完善文化人才激励机制等有着重要促进作用，还将有利于文化事业、文化产业的深入发展和转型。应着眼于培养造就一批造诣高深、成就突出、影响广泛的宣传思想文化领域杰出人才，每年重点扶持、资助一批哲学、社会科学、新闻出版、广播影视等名家，开展创作研究、展演交流等活动。推动各单位文化高端人才的交流与合作，形成全方位和立体式的专业人才服务支撑体系。制定和完善首都高端文化人才引进、培养和使用的相关政策措施，建立首都高端文化人才数据库和重大文化项目首席专家制度，培养一批德艺双馨的文化名家和各领域的领军人物，建立文化名家数据库，加强宣传，在全球化视野下实施文化名家走出去战略。

其次，重视以创新为根本特点的宏大人才队伍建设。建立宏大文化人才队伍是十七届六中全会所提出的文化人才战略重要内容之一，要加快文化建设和繁荣，就要努力构建一支锐意创新、规模宏大的首都文化人才队伍。宏大人才队伍建设将为首都文化事业和文化创意产业的深入发展输入强劲的动力，而创新能让这支人才队伍创造更多的高附加值的创意产品。建设宏大文化人才队伍，首先要重视造就高层次领军人物和高素质文化人才队伍，高层次领军人物和专业文化工作者，是社会主义文化建设的中坚力量，而基层文化人才队伍是文化改革发展的基础力量，应制定相关政策积极引导优秀人才向基层一线流动。为提高自主创新能力，促进首都创意产业的强劲发展，还应该每年重点支持和培养一批具有发展潜力的中青年科技创新领军人才，每年重点扶持若干名创新人才典型。按照市委市政府的号召，培养一批具有世界眼光、创新精神和经营能力的文化领军人物，培养一批精通战略规划、资本运作等专业知识的文化创意产业经营管理人才。

最后，不断强调文化创新，完善文化创新人才的激励机制。文化创新是创新型城市的根本特征，伦敦、纽约等城市的文化创意产业的成就与实践一再证明，创意群体的壮大需要良好的文化创新氛围，北京要打造宏大创新的人才队伍，这一队伍建设的根基也在于这个城市的文化创新氛围。因此，要强化北京的城市创新文化氛围，健全机制，创新方式，拓展领域，提高质量，建立完善的文化创新人才激励机制，多渠道吸引海内外优秀文化人才来京创业。采取多种方式，激励文化创新人才的创新创业行为，扶持资助优秀中青年文化骨干参与主持重大课题、承担重点项目，充分调动各层各单位文化工作人员创新创作的积极性。建设宏大文化人才队伍，强调文化人才的管理创新，在激励创新人才方面设立创意作品、创意人才的各类层次奖项，全方面统筹组织，实施创新型人才与复合型文化人才的培养、培训和素质提升计划。

按照十七届六中全会关于建设宏大文化人才队伍的工作部署，北京在创意人才队伍建设的层次结构上还应该有新突破。只有建设一支宏大的文化人才队伍，才能真正建立起适合北京文化创意产业深入发展与转型需要的人才要求。从人才层次结构来讲，我们可以把宏大文化人才队伍分为基层人才、中级人才和高端人才。北京建设文化人才高地也离不开基层文化人才队伍的贡献，基层文化创新人才队伍是文化建设发展的基础力量，因此也应制定相关政策积极引导优秀创新人才向基层一线流动，调动和发挥基层文化创新人才的积极性，创造更多更好的文化产品，满足人民群众日益增长的精神文化需求。要制定实施基层文化创新人才队伍建设的方案与措施，设立城乡社区公共文化创新服务岗位，培养专兼结合的基层文化工作队伍，从而最终有利于宏大文化人才队伍的建设与壮大。

而高端文化创意人才是当前文化建设最稀缺的资源，高层次领军人物和专业文化工作者，也是社会主义文化建设的中坚力量；高端人才尤其是领军人才，在塑造社会主义核心价值观方面具有磁场作用，而在宣传社会主义核心价值观方面具有辐射作用。因此，建设宏大文化人才队伍，首先要重视造就高层次领军人物和高素质文化创新人才队伍。

第一，发挥文化名家引领作用，践行社会主义核心价值观。践行社会主义核心价值观和建设社会主义核心价值体系，这是中国特色社会主义文化的根本指导思想，首都作为全国文化中心应该成为践行这一指导思想精神的首善之区。有效实施文化名家工程，就是发挥文化名家引领作用以践行社会主义核心价值观的重要措施。文化名家领军具有典型示范和人格扩展意义，对城市精神有着塑造作用，对社会主义核心价值体系的形成和巩固有着不可估量的作用。文化名家的精神特质一般具有感召力，首都文化名家领军工程就是要通过名人文化的不断渗透，践行北京精神和社会主义核心价值观。让这些文化名家参与公共活动，扶持、资助一批哲学社会科学、新闻出版、广播影视等文化名家，开展创作研究、展演交流等活动，让文化名家走进市民以在人格上影响大众。首都应发挥文化名家的磁场和聚焦作用，发挥其在塑造和宣传社会主义核心价值观方面的辐射作用。

第二，科学发掘文化名家资源，提升首都文化软实力。首都文化名家资源尤为丰富，需要科学合理地发掘和进行品牌研究、传播，从而使其成为首都城市形象和文化品牌战略的亮点。首先，历史文化名人资源在当代文化经济中发挥着巨大效应，要认识到文化名人资源的巨大价值和开发潜力，全方位分析现存的历史文化名人资源，对资源的数量规模、空间分布、历史时代、开发条件、品牌现状等进行客观分析与评价，探讨以历史文化名家资源来提升首都文化软实力的路径。其次，宣传文化名家以扩大文化名家的影响力，为首都文化经济的发展服务，定期举办一些高规格、高标准的名人纪念、学术研讨和演出活动，吸引省内外、国内外有关人士来参观考察、学习交流。最后，深度挖掘历史文化名家的文化内涵，对与此相关的礼仪、节庆、民俗、民间艺术等进行深入调查研究，做好品牌策划，并设计开发出参与性和体验性较强的新型旅游产品。

第三，实施文化名家领军工程，完善文化名家服务体系。文化名家服务体系的建立与完善是首都文化名家领军工程有效实施的标志和保证。应建立以文化名家为中心的社会服务网络，从策划、评论、宣传、营销、投融资等方面形成全方位立体式的专项人才服务支撑体系。不断完善名家培养、评价、使用、激励保障等机制，着力打造文化名人品牌，以文化名人品牌大力推进文化创意产业深入发展与转型；应支持文化名人发挥自身优势，积极申报领先的重大课题、重大项目，并给予资助，对具有重大学术价值或具有国际水平和国内领先水平的课题，根据其学术价值和影响力给予奖励；为文化名人创新创业提供融资服务，建立由政府相关部门和金融监管部门组成的文化名人创业投资融资服务联席会议，建立文化名人创业政府投资引导基金，制定相关基金管理办法，引导社会资金进入对初创期文化名人企业进行投资。通过制度和服务创新，鼓励文化名人创新创业。

第四，实施文化名家领军工程，倡导文化名家走出去。文化名家在文化创作、制作或管理领域具有创新和领导力，他们是文化"走出去"战略的积极参与者。实施文化名家领军工程，就是要培养一批德艺双馨的文化领军人物，在国内外加强宣传力度，在全球化视野下实施文化名家走出去战略，这不仅对于加快首都文化人才队伍建设和完善文化人才激励机制等有重要促进作用，还将有利于文化"走出去"战略进一步实施。首都文化名家领军工程强调"文化名家走出去"，就是要推进文化"走出去"实践进程，不仅是文化"走出去"整体战略的重要部分，也是首都城市形象与文化品牌传播的有利途径。在全球文化竞争和国家文化安全的背景下，首都文化名家不仅要走向全国，而且要走出国门，把民族文化精神带向世界。可借鉴现代媒介传播体系，利用文化名家的品牌效应来探索"文化名家走出去"战略的可行性，以提升文化名家对外影响力来提升首都文化软实力。

实施文化名家领军工程，建设首都文化人才高地，这是首都建设宏大文化人才队伍的迫切需要，也是当前文化创意产业深入发展与转型的客观要求。做好文化名家领军工程的顶层设计，完善相关政策措施与具体实施方案，为首都国家文化中心建设培养更多的文化领军人物，发挥首都在文化建设中的引领与示范作用。实施文化名家领军工程，首都高层次文化领军人物和高素质文化人才必将不断涌现，将加速首都建成具有世界影响力的著名文化中心城市，也将进一步提升首都城市形象和文化竞争力。

## 第五节　首都文化创新与科技创新融合

### （一）科技与文化融合的未来趋势

当今社会，文化创意产业的发展从来都离不开科技的支撑，没有以强大的科技为后援的创意也不可能是真正的创意。2012年5月，刘云山在文化与科技融合座谈会上的讲话提出，要在更高的起点上推动文化与科技的融合；2011年7月，文化部、科技部建立部级会商制度，标志着文化科技工作机制在部级层面有了重大突破；随后，由文化部组织实施的2012年度国家科技支撑计划项目"文化资源数字化关键技术及应用示范"和"文化演出网络化协同服务及应用示范"启动。这意味着以先进科技带动我国数字文化创意产业和演艺业发展的两大国家工程进入了具体实施阶段。

以"文化融合科技，创新引领转型"为主题的第七届中国北京国际文化创意产业博览会在北京国际展览中心举行，国内外 2000 多家文化创意及相关产业企业、机构参展。本届博览会高举文化科技融合的旗帜，全方位集聚文化创意产业市场要素，搭建文化贸易、投资融资、信息传播、科技创新、人才配置五大互动平台，助力中国文化创新转型发展。北京的文化创新发展，要进一步破解文化发展难题，努力开创首都文化建设的新局面，全面促进首都文化事业和文化创意产业的发展繁荣，构筑北京文化建设与发展繁荣的新格局。

2012—2013 年，北京市政府在坚持创新驱动的基础上，进一步强调推进文化与科技融合。文化创意产业的发展从来都离不开科技的支撑，没有以强大的科技为后援的创意也不可能是真正的创意。只有加快科技应用步伐，才能提升文化发展的层次，优化文化发展的结构，增强文化发展的后劲，让文化借助科技的翅膀飞得更高更远。北京的文化创新发展，要进一步破解文化发展难题，努力开创首都文化建设的新局面，全面促进首都文化事业和文化创意产业的发展繁荣，构筑北京文化建设与发展繁荣的新格局。

### （二）"建设有世界影响力的文化科技创新之城"的提出

打造科技文化创新之城，这是北京在创新型城市建设道路上的里程碑。北京市委十届十次全会和第十一次党代会都强调，要加快建设推进具有世界影响力的文化中心城市建设，这成为 2012 年首都文化建设发展中的重要概念和命题，也将成为今后一个时期首都文化建设的紧迫任务。"具有世界影响力的文化中心城市"这一口号，是北京在国内纵向一体化城市体系和国际横向一体化世界城市格局体系中提出的文化发展战略目标。

2012 年下半年以来，北京分别在科技创新大会（郭金龙）、中国文化产业高端峰会（鲁炜）以及中关村国家自主创新示范区（郭金龙）等处多次强调科技文化融合，确定要把首都建设成有世界影响力的科技文化创新之城。这一口号的提出，不仅是"世界城市"、"三个北京"后的又一重大战略概括，也是北京实施"双轮驱动"的进一步推进，其成效如何将意味着北京是否能够率先实现创新转型和建成有世界影响力的区域创新中心。基于此，我们应该首先对北京打造科技文化创新之城的战略与情势进行分析，在对世界范围内典型创意城市比较研究的基础上，分析北京科技与文化融合以及"双轮驱动"的现状和瓶颈，考察首都的创意生态系统，进而探索其打造科技文化创新之城的路径与对策。

在全球范围内，具有科技文化创新特征的城市多集中在发达国家，如纽约、伦敦、首尔等，在学术领域内，对城市的科技文化创新进行研究的成果也不少。其中，美国创意经济学家理查德·佛罗里达（Richard Florida）在对欧美创意城市调研之后指出，科技与文化融合创新发展是这些创意城市的典型特征，文化创意产业是其经济支柱。理查德·佛罗里达在《创意阶层的崛起》中提出区域科技文化创新的"3Ts"模型和生态特征，香港大学文化政策研究中心的许焯权在此理论基础上创造性地发展出适应香港地区的"5Cs"模型，其相关研究成果已渐被运用于邻近地区或城市，近两年"3Ts"和"5Cs"理论正在引起国内政府和学界关注。而在对科技文化创新之城的特征、形成及要素构成方面，英国创意经济学家查尔斯·兰德利（Charles Landry）则在《创意城市》中对创意城市的科技资源、文化资源以及创新驱动要素进行了解析。

在我国，从创新型城市建设的角度对城市科技创新的研究成果是极其丰富的，从文化创意产业角度对城市文化创新进行探索的研究成果也不少，这些对我们的研究有一定借鉴意义。但从 CNKI 对中国期刊全文数据库的检索结果来看，从文化创新与科技创新融合的角度来探索的并不多，佛罗里达和兰德利两位教授也从未把科技创新与文化创新隔离开来，而是特别强调一个城市文化创新对于城市创意生态建设的重要性。而科技文化创新之城的提出是基于科技与文化的双层维度，因此对科技文化创新之城的研究也应以一个全新视角来展开，其背景是城市全面创新转型，其理论与实践基础是"双轮驱动"和创新驱动。要探索首都打造科技文化创新之城的对策与路径，不仅要强调新时期深入贯彻"双轮驱动"和创新转型战略，还要研究如何完善首都创意生态系统，以最终把首都建成国家文化中心、国家创意中心和有世界影响力的科技文化创新城市。

具有世界影响力的文化中心城市，至少包含三个重要维度：一是首都文化建设发展在国内要发挥全国文化中心示范带动作用，在文化建设发展上要立足北京服务首都，服务全国文化的繁荣发展；二是北京作为国家首都，在文化建设发展方面要在国际上产生重大影响力并且具有显著竞争力；三是北京作为世界城市格局中的文化中心城市，在世界文化城市中要凸显自身。基于这三个维度，通过在国际国内的文化影响力与竞争力的坐标中考察北京的文化影响力及竞争力问题，研究发现，北京在这两级坐标上与国外许多重要城市相比都存在差距。

第一，北京的文化产业名列前茅，但公共文化服务滞后，在全国排名第 22 位。北京市公共文化服务各项主要指数得分和排名分别为：公共文化投入综合指数第 5 位，公共文化机构综合指数第 26 位，公共文化活动综合指数第 9 位，公共文化享受综合指数第 24 位。这说明，一是公共设施的数量与北京庞大的人口相比仍显不足，二是普通市民对公共文化活动参与的积极性不高，评价指标的人均数表明对公共文化服务体系参与度不高，二者共同造成了人们对公共文化偏低的享受度。

第二，从四组世界城市竞争力排名来看，北京的世界城市竞争力仍然较低：在前 3 组排名中均未进入前 10 名，在第 4 组排名中北京的世界城市竞争力虽然进入了前 10 名，但位置仍然靠后。与纽约、伦敦、巴黎、东京相比，北京的文化设施如北京公共图书馆数量仅为纽约的 10.9%、伦敦的 6.3%、巴黎的 2.9%、东京的 6.4%，每 10 万人图书馆占有量北京位于其他四城市之后并相差较大；北京的美术馆和剧院数量远低于其他四城市。这说明，北京的公共文化设施、公共文化活动和公共文化参与度有待于进一步加强。

"具有世界影响力的文化中心城市"应当在发挥全国文化中心示范作用的基础上体现北京在世界城市体系中的文化实力和竞争力。第一，从国内文化建设发展的坐标上看，北京作为国家首都，首都的文化建设发展应该在当代中国社会主义文化建设发展中发挥引领示范的作用。第二，从国际文化体系的坐标上看，北京的文化建设在世界城市格局和首都城市格局中都具有重要性和紧迫性；北京作为国家首都，首都的文化建设应该在当代世界文化格局和文化价值体系中体现自身的话语权地位。

科技与文化融合也是当前北京文化创意产业发展和城市转型的瓶颈，是北京市委市政府急切关注与亟待解决的问题之一，而科技文化创新之城的提出，正是北京在寻求科技文化融合解决方案方面的积极努力，不仅是对文化产业理论的重要补充，而且及时地为北京市相关部门提供相应的调研数据和对策建议，因而具有重要的理论价值与现实意义。

北京作为国家首都和全国文化中心，毫无疑问是全国文化中心城市，但在世界城市文化发展的坐标上，北京作为国际性大都市与国外许多重要城市相比仍有较大差距，在文化建设和创新发展上虽有一定影响，但公共文化服务建设上还比较滞后，仍然缺乏核心竞争力。因此，北京建设具有世界影响力的著名文化中心城市依然任重而道远。

## 第六节　首都文化创新方面的对策与建议

### （一）创新政策的连续性还应该继续保持

从"十一五"开始，尤其是"十二五"以来，北京市陆续出台了一系列促进文化创新的政策和文件，这些政策和文件的出台，对于促进首都文化创新发展取得了一定的良好效果。但是，从政策到市场到企业的发生效率来看，任何创新政策要想取得瞩目的成绩，都不是一蹴而就的，需要一定的周期。目前，北京市创新政策虽然取得一定成绩，呈现出一定的创新态势，但是真正的创新局面还没有到来。因此，需要进一步分析当前文化创新发展中所遇到的问题，积极寻找对策，对原有政策中的漏洞进行修补。一是围绕可持续创新的政策体系，应以首都发展战略定位为目标，系统推进城市化进程中的首都文化创新政策的制定与落实；二是围绕可持续创新的管理体系，进一步明确首都城市文化管理与服务思路下的城市运行分类指导原则，围绕可持续创新的文化创意产品体系，开发和推广文化创意产品，实现创意经济，为转变首都经济方式和构建城市宜居环境而努力。

### （二）公共文化管理与服务创新还需要加大力度

首都公共文化服务在"十一五"和"十二五"期间已经取得较好的成就，初步形成四级公共文化服务体系，但是从整体上讲，北京的文化产业虽名列前茅，但公共文化服务滞后，在全国排名第22位。北京市公共文化服务各项主要指数得分和排名滞后，这些指标分别为以下四项：公共文化投入综合指数，公共文化机构综合指数，公共文化活动综合指数，公共文化享受综合指数。其中，公共设施的数量与北京庞大的人口相比仍显不足，普通市民对公共文化活动参与的积极性不高，评价指标的人均数表明对公共文化服务体系参与度不高，二者共同造成了人们对公共文化享受度偏低，公共文化服务建设上还比较滞后，仍然缺乏核心竞争力。从国内文化管理与服务创新发展的坐标上看，首都的文化创新应该在管理与服务方面引领全国。

### （三）文化创新不够还体现在首都的文化竞争力不够

根据最近数据，从 4 组世界城市竞争力排名来看，北京的世界城市竞争力仍然较低：在前 3 组排名中均未进入前 10 名，在第 4 组排名中北京的世界城市竞争力虽然进入了前 10 名，但位置仍然靠后。与纽约、伦敦、巴黎、东京相比，北京的文化设施如北京公共图书馆数量仅为纽约的 10.9%、伦敦的 6.3%、巴黎的 2.9%、东京的 6.4%，每 10 万人图书馆占有量北京位于其他四城市之后并相差较大；北京的美术馆和剧院数量远低于其他四城市。这说明，北京的公共文化设施、公共文化活动和公共文化参与度有待于进一步加强。从国际文化体系的坐标上看，北京的文化建设在世界城市格局和首都城市格局中都具有重要性和紧迫性；北京作为国家首都，首都的文化建设应该在当代世界文化格局和文化价值体系中体现自身的话语权地位。

### （四）科技与文化融合还需要取得实质性进展

文化创意产业的发展从来都离不开科技的支撑，没有以强大的科技为后援的创意也不可能是真正的创意。"十二五"期间，北京更加强调文化创新与科技创新以及二者融合方面的发展，2012 年 5 月，刘云山在文化与科技融合座谈会上的讲话提出，要在更高的起点上推动文化与科技的融合。12 月，北京市政府召开专题会议，研究《关于实施"双轮驱动"战略加快推进文化科技融合发展的意见》和《北京市推进文化和科技融合发展三年行动计划》（2013—2015）等事项。这说明北京对这一议题的重视，要求推动文化科技融合发展，实现科技创新、文化创新"双轮驱动"，加快转变首都经济发展方式。推动文化与科技的融合，有助于打造文化发展的新平台、拓展文化发展的广阔空间，有助于转变文化发展方式、提升文化发展的质量效益。只有加快科技应用步伐，才能提升文化发展的层次，优化文化发展的结构，增强文化发展的后劲，让文化借助科技的翅膀飞得更高更远。当前，文化科技融合的发展还只是处于初步发展阶段，已经取得社会的普遍认可，但是在文化创意产业实践中还需要继续践行这一理念。在"十二五"后半期，首都北京还是应该高举文化科技融合的旗帜，全方位集聚文化创意产业市场要素，搭建文化贸易、投资融资、信息传播、科技创新、人才配置五大互动平台，助力北京文化创新转型发展，争取在文化科技融合方面取得实质性进展。

### （五）对创新型人才队伍建设还需要更加重视

北京市委市政府高度重视，大力实施首都人才发展战略，近年来认真落实国家"千人计划"，加强实施"北京海外人才集聚工程"，吸引和培养高层次创新型人才，与首都现代化建设需要相适应的高素质人才队伍逐渐壮大。"十二五"前半期，首都创意人才发展与集聚成就突出，积极响应十七届六中全会精神，加快创意人才的培养和集聚，为首都文化创意产业和全国文化中心建设提供创意人才支撑。北京人才队伍发展水平与世界先进水平相比还有比较大的差距，也面临着国内兄弟省、区、市人才竞争，这些都是北京创意人才队伍建设所面临的挑战。在世界和全球城市建设的视野上，由于北京市文化创意产业起步较晚，发展状况相比于国外发达水平较落后，创意人才这个群体刚刚开始发展壮大，无论是创意人才的数量还是质量，都距离创意产业的要求有较大差距。由于遭遇创意人才发展的瓶颈，北京乃至全国创意产业可持续、高质量发展的原动力明显不足。从可持续发展层面来看，创新人才资本是文化创意产业最核心的生产要素，创新人才队伍是首都创新型城市建设的根本性推动力量，北京应加快文化体制改革，塑造文化创新的良好社会环境和创新文化生态，重视对创意群体的调查与研究，积极寻求可持续发展的人才战略与方案，迅速扩大创新人才队伍建设，不断为文化建设注入创新动力。

# 参考文献

## 一 著作

1. 《现代汉语词典》，商务印书馆 1983 年版。

2. 杨越明：《中国电视的对外传播》，知识产权出版社 2012 年版。

3. 约瑟夫·S. 奈：《软力量》，钱程、吴晓辉译，东方出版社 2005 年版。

4. 汤林森：《文化帝国主义》，冯建三译，上海人民出版社 1999 年版。

5. 倪鹏飞：《中国城市竞争力理论分析与实证研究》，中国经济出版社 2001 年版。

6. 彭立勋等：《文化软实力与城市竞争力》，中国社会科学出版社 2008 年版。

7. 牛继舜编著：《世界城市 文化力量》，经济日报出版社 2012 年版。

8. 徐京波、翟建军：《区域软实力研究与建构》，红旗出版社 2011 年版。

9. 陈志、杨拉克：《城市软实力》，广东人民出版社 2008 年版。

10. 北京市人大常委会课题组：《推进全国文化中心建设》，红旗出版社 2012 年版。

11. 彭兴业：《首都城市功能研究》，北京大学出版社 2000 年版。

12. 倪鹏飞、彼得·卡尔·克拉索：《全球城市竞争力报告》（2011—2012），社会科学文献出版社 2012 年版。

13. 屠启宇主编：《国际城市发展报告》（2012），社会科学文献出版社 2012 年版。

14. 陈宇飞：《文化城市图景》，文化艺术出版社 2012 年版。

15. 李建盛等：《中国特色社会主义先进文化之都建设研究》，知识产权出版社 2012 年版。

16. 李建盛、陈玲玲主编：《北京公共文化服务体系与惠民工程建设》，知识产权出版社 2012 年版。

17. ［英］罗伯特·保罗·欧文斯等：《世界城市文化报告》（2012），黄昌勇、侯卉娟、章超等译，同济大学出版社 2013 年版。

18. 曹爱军、杨平：《公共文化服务的理论与实践》，科学出版社 2011 年版。

19. 于群、李国新主编：《中国公共文化服务发展报告》（2012），社会科学文献出版社 2012 年版。

20. 高福民、花建主编：《文化城市：基本理念与评估指标体系研究》，商务印书馆 2012 年版。

21. 李建盛主编：《北京文化发展报告》（2012—2013），社会科学文献出版社 2013 年版。

22. 赵玉明主编：《中国广播电视年鉴》（2012），中国广播电视年鉴社 2012 年版。

23. 陈若愚主编：《中国广播收听年鉴》（2012），中国传媒大学出版社 2013 年版。

24. 汪明峰：《城市网络空间的生产与消费》，科学出版社 2007 年版。

25. ［美］迈克尔·波特：《国家竞争优势》，李明轩，邱如美译，华夏出版社 2002 年版。

26. WC, Global Entertainment and Media Outlook, Price Water Coopers, 2008.

27. 王岗主编：《北京历史文化资源调研报告》，中国经济出版社 2013 年版。

28. 王强主编：《北京市历史文化资源若干典型案例研究》，经济科学出版社 2013 年版。

29. 黄滢、马勇主编：《中国最美的老街：历史文化街区的规划、设计与经营》，华中科技大学出版社 2014 年版。

30. 单霁翔：《城市化发展与文化遗产保护》，天津大学出版社 2006 年版。

31. 北京市规划委员会编：《北京朝阜大街城市设计——探索旧城历史街区的保护与复兴》，机械工业出版社 2006 年版。

32. 张鸿雁：《城市文化资本论》，东南大学出版社 2010 年版。

33. 林志宏：《世界文化遗产与城市》，同济大学出版社 2012 年版。

34. 孙俊桥：《城市建筑艺术的新文脉主义走向》，重庆大学出版社 2013 年版。

35. 刘仲华主编：《朝阜历史文化带研究》，知识产权出版社 2013 年版。

36. 程尔奇主编：《北京皇城的历史演变及其保护利用研究》，知识产权出版社 2013 年版。

# 二　论文

1. 赵德兴、陈友华、李惠芬等：《城市文化竞争力指标体系研究》，载《南京社会科学》2006 年第 6 期。

2. 花建：《文化竞争力的多元视角和评估指标》，载《中国文化报》2005 年 7 月 26 日。

3. 罗能生、张希、肖丽丽：《中国文化软实力影响因素实证研究》，载《经济地理》2011 年第 7 期。

4. 万君宝：《西方文化竞争力研究的五种视角》，载《上海交通大学学报》（哲学社会科学版）2007 年第 6 期。

5. 祁述裕：《国际文化竞争力与中国文化产业的发展》，载《国家行政学院学报》2001 年第 5 期。

6. 刘本锋：《论增强我国文化竞争力》，载《求实》2003 年第 8 期。

7. 谭志云：《西部地区文化竞争力比较研究——基于因子分析与聚类分析法》，载《青海社会科学》2009 年第 2 期。

8. 谭宏：《重庆城市文化竞争力研究》，载《重庆文理学院学报》（社会科学版）2009 年第 5 期。

9. 王资博：《论文化竞争力建设的内在逻辑》，载《东南大学学报》（哲学社会科学版）2012 年第 S3 期。

10. 门洪华：《中国软实力评估报告》（上），载《国际观察》2007 年第 2 期。

11. 孙亮：《"文化软实力"指标体系的建构原则与构成要素》，载《理论月刊》2009 年第 5 期。

12. 宁越敏、唐礼智：《城市竞争力的概念和指标体系》，载《现代城市研究》2001 年第 3 期。

13. 徐桂菊、王丽梅：《城市文化竞争力评价体系的构建》，载《山东经济》2008 年第 5 期。

14. 徐康宁：《论城市竞争与城市竞争力》，载《南京社会科学》2002 年第 5 期。

15. 费孝通：《经济全球化和中国"三级两跳"中的文化思考》，载《光明日报》2000 年 11 月 7 日。

16. 刘松泉：《文化力在城市竞争力构成要素中的地位和作用——兼评时下城市竞争力评价某些流行标准的缺失》，载《中国文化报》2006 年 1 月 10 日。

17. 吴忠：《提升城市文化软实力的意义与路径选择》，载《学术界》2011 年第 5 期。

18. 匡纯清：《论城市文化"软实力"》，载《湖南工业大学学报》（社会科学版）2008 年第 4 期。

19. 罗能生、郭更臣、谢里：《我国区域文化软实力评价研究》，载《经济地理》2010 年第 9 期。

20. 余晓曼：《城市文化软实力的内涵及构成要素》，载《当代传播》2011 年第 2 期。

21. 谭志云：《城市文化软实力的理论构架及其战略选择——以南京为例》，载《学海》2009 年第 2 期。

22. 宋黔晖：《"首善之区"应提升文化软实力》，载《南方日报》2008 年 5 月 14 日。

23. 沈昕、凌宏彬：《提升区域文化软实力研究：概念、构成、路径》，载《理论建设》2012 年第 4 期。

24. 叶皓：《关于提升南京文化竞争力的思考》，载《南京社会科学》2008 年第 3 期。

25. 周国富、吴丹丹：《各省区文化软实力的比较研究》，载《统计研究》2010 年第 2 期。

26. 郭晓君、吴亚芳：《提升我国城市文化竞争力的路径选择》，载《管理世界》2006 年第 11 期。

27. 成晓军：《惠州城市文化竞争力问题的几点思考》，载《惠州学院学报》（社会科学版）2006 年第 1 期。

28. 蒯大申：《世界文化中心城市何以可能?》，载《社会观察》2004 年第 1 期。

29. 彭兴业：《首都城市功能叠加论》，载《北京行政学院学报》2001 年第 1 期。

30. 吕祖荫：《关于首都作为文化中心的一些设想》，载《前线》1985 年第 1 期。

31. 张敬淦：《历史文化名城的可持续发展——论全国文化中心的建设》，载《北京规划建设》1997 年第 4 期。

32. 陈伟、张晓芳：《全球化背景下首都建设世界级文化中心的必要性研究》，载《经济视角》（中旬）2012 年第 3 期。

33. 孔建华：《论首都文化——20 年来北京文化发展战略的构建与演进》，载《新视野》2012 年第 4 期。

34. 郑师渠：《"首善"之区与北京文化建设》，载《北京师范大学学报》（社会科学版）2004 年第 5 期。

35. 孙占军：《首都文化定位与文化产业的思考》，载《北京观察》2006 年第 1 期。

36. 贺艳：《创意产业在国外》，载《经济》2009 年第 7 期。

37. 闻瑞东：《国外发达城市文化软实力的提升及启示》，载《社科纵横》（新理论版）2011 年第 3 期。

38. 丛海彬、高长春：《创意中心城市竞争力的国际比较及其启示》，载《城市发展研究》2010 年第 8 期。

39. 王琪：《世界城市创意产业发展状况的国际比较》，载《上海经济研究》2007 年第 9 期。

40. 杨红：《伦敦博物馆文化给海南博物馆文化发展的启示》，载《海南人大》2012 年第 1 期。

41. 巫志南：《永不落幕的嘉年华——巴黎·纽约·伦敦扫描》，载《社会观察》2004 年第 1 期。

42. 邓鑫：《巴黎　一座城市的文化软实力》，载《深圳特区报》2011 年 10 月 31 日。

43. 尹明明：《巴黎文化政策初探》，载《现代传播》（中国传媒大学学报）2010 年第 12 期。

44. ［法］奥迪勒·苏拉尔、卡里纳·卡莫尔：《巴黎独特的文化韵味及其文化产业布局》，载《毛泽东邓小平理论研究》2012 年第 6 期。

45. 辛文：《国外文化产业投融资体系简析》，载《文化月刊》2010 年第

3 期。

46. 黄辉：《巴黎文化产业的现状、特征与发展空间》，载《城市观察》2009 年第 3 期。

47. 任一鸣：《巴黎公共文化发展及其启示》，载《文化艺术研究》2012年第 4 期。

48. 邓鑫：《巴黎如何打造"文化之都"》，载《南京日报》2012 年 1 月 8 日。

49. 曹允迪：《2006·日本电影》，载《电影艺术》2007 年第 5 期。

50. 《世界城市文化报告 2013：用数字考量城市文化实力》，载《中国文化报》2013 年 11 月 15 日。

51. 冯春萍、宁越敏：《美日大都市带内部的分工与合作》，载《城市问题》1998 年第 2 期。

52. 卢明华、李国平、孙铁山：《东京大都市圈内各核心城市的职能分工及启示研究》，载《地理科学》2003 年第 2 期。

53. 张鸿雁：《城市定位的本土化回归与创新："找回失去 100 年的自我"》，载《社会科学》2008 年第 8 期。

54. 王晓红：《国际化城市文化发展战略的比较研究》，载《首都经济贸易大学学报》2006 年第 3 期。

55. 翁敏华：《东京无形民俗文化财概貌及其保护经验》，孙逊、杨剑龙主编：《全球化进程中的上海与东京》，上海三联书店 2007 年版。

56. Peng Er Lam. "Japan's quest for 'soft power': attraction and limitation", *East Asia*, 2007, 24（4）：349－363.

57. Wang Ping. "China must promote its cultural industry", China Daily, 2007, 12：12.

58. 张庭伟：《超越设计：从两个实例看当前美国规划设计的趋势》，载《城市规划汇刊》2002 年第 2 期。

59. 刘士林、朱宁嘉、汤莉华等：《2009 世界都市文化发展报告》，载《文化艺术研究》2010 年第 3 期。

60. 王琳：《美国智库的发展状况》，载《求知》2012 年第 10 期。

61. 张振安：《美国"智库街"藏龙卧虎》，载《领导文萃》2008 年第 4 期。

62. 王庭熙：《美国建筑文化的若干特点》，载《中外建筑》1996 年第

5 期。

63. 瞿世镜：《国际大都市文化竞争力比较》，载《上海行政学院学报》2004 年第 6 期。

64. 马树华：《公共文化服务体系与城市文化空间拓展》，载《福建论坛》（人文社会科学版）2010 年第 6 期。

65. 王珠、唐鑫：《建设世界先进水平的公共文化服务体系》，载《前线》2013 年第 2 期。

66. 石崧、黄普、卢柯等：《上海国际文化大都市发展规划战略探索》，载《上海城市规划》2012 年第 3 期。

67. 徐翔：《北京公共文化服务的网络化建设与发展分析》，李建盛、陈华、马春玲编《首都网络文化发展报告》（2011—2012），人民出版社 2012 年版。

68. 王林生：《伦敦城市创意文化发展"三步走"战略的内涵分析》，载《福建论坛》2013 年第 6 期。

69. 杨荣斌、陈超：《世界城市文化发展趋向——以纽约、伦敦、新加坡、香港为例》，张晓明、胡惠林、章建刚编：《2004 年：中国文化产业发展报告》，社会科学文献出版社 2004 年版。

70. 黄鹤、郑皓：《国际视野下北京城市文化设施比较分析》，载《北京规划建设》2012 年第 3 期。

71. 李国新：《日本的公民馆及其基本制度》，于群、李国新编：《中国公共文化服务发展报告》（2012），社会科学文献出版社 2012 年版。

72. 唐莹莹、王松霞：《北京：比较视野中的国家文化中心建设》，载《北京联合大学学报》2012 年第 1 期。

73. 王其亨、张风梧：《再现圆明园百年变迁格局》，载《天津大学学报》（社会科学版）2010 年第 5 期。

74. 张纯：《地方创意环境和实体空间对城市文化创意活动的影响——以北京市南锣鼓巷为例》，载《地理研究》2008 年第 2 期。

75. 吕斌：《南锣鼓巷基于社区的可持续再生实践——一种旧城历史街区保护与发展的模式》，载《北京规划建设》2012 年第 6 期。

76. 单霁翔：《把尊严还给文化遗产》，载《人民日报》（海外版）2010 年 8 月 13 日。

77. 耿波：《北京建设世界城市的范式创新与文化使命》，载《城市问题》

2011 年第 1 期。

78. 单霁翔：《城市文化与传统文化、地域文化和文化多样性》，载《南方文物》2007 年第 2 期。

79. 《文化软实力：北京走向世界城市之路》，载《光明日报》2010 年 3 月 5 日。

80. 杨早：《北京的城市性格》，载《同舟共进》2010 年第 5 期。

81. 王建伟：《北京历史文化街区保护与利用过程中需要明确的四组关系——以朝阜大街为视点》，载《北京联合大学学报》2013 年第 5 期。

82. 郑寅：《纽约和华盛顿之比较》，载《开放导报》1994 年第 5 期。

83. 邵培仁：《论中国媒介的地理集群与能量积聚》，载《杭州师范学院学报》（社会科学版）2006 年第 5 期。

84. 王晨：《构建现代传播体系 提高国际传播能力》，姜加林、于运全主编：《构建现代国际传播体系》，外文出版社 2012 年版。

85. Kratke, S. & Taylor, P. J. "A World Geography of Global Media Cities". European Planning Studies, 2004, 12 (4).

86. 陶建杰：《十大国际都市文化软实力评析》，载《城市问题》2011 年第 10 期。

87. 闻瑞东：《国外发达城市文化软实力的提升及启示》，载《社科纵横》（新理论版）2011 年第 3 期。

88. Townsend, A. M. "Networked Cities and the Global Structure of Internet", American Behavioral Scientist, 2001, 44 (10).

89. 陈少峰：《提升文化国际竞争力的立体化视角》，载《人民论坛》2011 年第 8 期。

90. 刘彦武：《文化走出去战略的地缘政治学分析》，载《中华文化论坛》2014 年第 1 期。

91. 周黎明：《中国文化走出去的薄弱环节》，载《对外传播》2014 年第 3 期。

92. 王亚宏、刘硝磅、黄晓南等：《中国文化产业"走出去"的困惑与希望》，载《文化月刊》2010 年第 3 期。

93. 徐庆峰、吴国蔚：《对我国文化产业"走出去"策略的探讨》，载《经济问题探索》2005 年第 12 期。

94. 邹盛瑜、蔡朋杞：《浅谈中国文化"走出去"战略中的制约因素及瓶颈突破》，载《时代文学》2008 年第 18 期。

95. 黄志坚等：《创新文化走出去的模式》，载《时事报告》2010 年第 2 期。

96. 徐世丕：《韩国网络游戏产业腾飞的三大支柱》，载《中国文化报》2004 年 12 月 12 日。

97. 郑成宏：《韩国文化产业现状与借鉴》，载《当代韩国》2002 年秋季号。

98. 胡丹婷：《文化"走出去"的主力军》，载《浙江经济》2014 年第 4 期。

99. 浙江省委宣传部课题组：《提升浙江文化软实力》，载《今日浙江》2008 年第 2 期。

100. 刘燕飞：《传统文化图书出版"走出去"的文化传播思考》，载《出版科学》2014 年第 1 期。

101. 徐庆峰、吴国蔚：《对我国文化产业"走出去"策略的探讨》，载《经济问题探索》2005 年第 12 期。

102. M. E. Porter. The Competitive Advantage of Nations, New York：The Free Press, 1990：173 – 178.

103. 牛春梅：《北京公共文化服务推十大工程》，载《北京日报》2011 年 10 月 29 日。

104. 毛少莹、袁园：《发达国家和地区的公共文化服务及其发展趋势》，于群、李国新主编：《中国公共文化服务发展报告》(2012)，社会科学文献出版社 2012 年版。

105. 周玮、白瀛、黄小希：《中华文化"走出去"　展示国家新形象》，《中国青年报》2011 年 10 月 8 日。

# 后　记

　　本书是北京市社会科学院 2013 年重点课题"首都文化竞争力研究"的最终研究成果。该课题由刘瑾主持，徐翔、王建伟、刘波、陈红玉等人为课题组成员。全书大纲在北京市社科院文化研究所李建盛所长富有启迪性的指导下，由刘瑾和徐翔数易其稿而形成。各位课题组成员为本书稿的完成提供了大量资料并撰写了相关章节的文字：导论、第一章、第二章、第四章由徐翔执笔；第三章、参考文献、后记刘瑾执笔；第五章由刘瑾、王建伟执笔；第六章由刘瑾、徐翔执笔；第七章由刘瑾、刘波执笔；第八章由陈红玉执笔，全书由刘瑾统稿。

　　党中央提出建设中国特色社会主义文化强国以及文化大发展大繁荣的方针政策，为大江南北如火如荼进行的文化建设进行顶层设计。北京早在 20 世纪 90 年代中期就积极主动地迈出了着力发展文化产业的步伐，在文化竞争力的发展和城市结构的转型提升上对全国也产生了一定的示范带动作用。如何在平衡好首都文化战略需求定位和现有发展格局、平衡好产业化的文化经济与公共性的文化服务和文化建设、平衡好政府管理与市场调节机制、平衡好文化的经济效益和社会效益以及城市综合效益的基础上，打造文化向度的"中国特色世界城市"，从内容、资源、产业、传播、创意、贸易等角度充实和提高北京的文化竞争力，最大限度地发挥好全国文化中心作用以及确立北京在世界城市体系中的地位，是当前以及未来北京面临的任重而道远的文化课题。基于国内外日益激烈的文化竞争格局和"文化转向"背景，本书主要针对首都文化竞争力的现状和发展从若干方面进行了考察和探讨，以期对推进首都文化建设有所助益。

　　整本书稿的研究和完成，得到北京市社会科学院的经费资助和相关部门、领导的关切，得到每一位课题组成员及相关同事的大力支持。书稿的最后出版也离不开中国社会科学出版社刘艳编辑的热心帮助。所有的努力与合作最后都化成这些文字，在此表示真挚的感谢！

由于时间和水平所限，书中的疏漏和不当之处在所难免，敬请广大学界同人、专家学者、读者批评指正！

刘　瑾

2013 年 12 月 25 日于北京